案说

直接查案　旁观看案　三方说案

—— 税务稽查精选案例集 ❶

谭耀华　王华　谭景文　著

- 以真实案例为原型
- 浅显易懂还原案情
- 抽丝剥茧排查分析
- 异象发现蛛丝马迹
- 数据比对锁定疑点
- 法理情思审慎包容

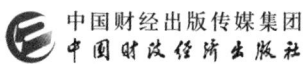

中国财经出版传媒集团
中国财政经济出版社

图书在版编目（CIP）数据

案说：税务稽查精选案例集.1/谭耀华，王华，谭景文著. -- 北京：中国财政经济出版社，2020.12
ISBN 978 – 7 – 5223 – 0248 – 5

Ⅰ.①案… Ⅱ.①谭… ②王… ③谭… Ⅲ.①税务稽查－案例－中国 Ⅳ.①F812.423

中国版本图书馆 CIP 数据核字（2020）第 261709 号

责任编辑：陈志伟　　　　　责任印制：史大鹏
封面设计：卜建辰　　　　　责任校对：李　丽

案说：税务稽查精选案例集1
ANSHUO：SHUIWUJICHA JINGXUAN ANLIJI YI

中国财政经济出版社 出版

URL：http://www.cfeph.cn
E – mail：cfeph@cfeph.cn
（版权所有　翻印必究）

社址：北京市海淀区阜成路甲 28 号　邮政编码：100142
营销中心电话：010 – 88191522
天猫网店：中国财政经济出版社旗舰店
网址：https://zgczjjcbs.tmall.com
北京时捷印刷有限公司印刷　各地新华书店经销
成品尺寸：170mm×240mm　16 开　19.5 印张　301 000 字
2021 年 2 月第 1 版　2021 年 11 月北京第 2 次印刷
定价：79.00 元
ISBN 978 – 7 – 5223 – 0248 – 5
（图书出现印装问题，本社负责调换，电话：010 – 88190548）
本社质量投诉电话：010 – 88190744
打击盗版举报热线：010 – 88191661　QQ：2242791300

前言
QIANYAN

2020年,网络上关于新型冠状病毒肺炎的热搜、微博等信息不断。专家学者的发声似乎也在向我们传递着一个信号:这场抗击新型冠状病毒肺炎的战役已经打响并将产生长时间的影响。各行各业的从业者无时无刻不在感受着新冠肺炎疫情导致经济下行的紧迫感和压力。可以一键重启、重新来过吗?我们每个人都在不停地思考着……

宅家期间,干点啥呢?突然想起来何不趁着疫情放假的时间赶紧完成已承诺出版社稿约、被"追债"了三年、但是屡屡因各种原因而暂时搁置了的那本关于税务稽查的案例书稿呢!

怎么设计书稿的框架?

是以行业专项检查作为切入点?不妥!这种写作方法早已呈现在国家税务总局历次出版发行的稽查案例集中了。

那么就以区域专项整治谋划布局?也不好!这种方法也有被系统内某些省、市局作为内部参考资料发行过了。

要不然就以查处个案时查补入库的税款多少来排序?好像也欠妥!有些稽查案件虽然查补入库税款多,但是并不一定具有可借鉴的典型性啊。

那怎么办?要不就以税务稽查执法风险为着眼点,在中国判决文书网上收集稽查案例以后再进行分析?也不合适!若从查找、梳理、评估税务稽查工作中的风险角度看,似乎从制度层面上论述更有说服力。

一时间陷入迷茫,居然不知何去何从。

迷惘的状态持续了好几天,突然有一天想起一位既是领导又是老师的长者曾经说起培训的真谛:一堂好的培训课,不是显摆我们自己懂得多少高深的知识,也不在于你一个人能做多少高难度的业务,更不在于你有多少绝招,关键是你能教给学员多少。一个好的培训，应该是一个框架的不断细化、逐渐发散、总结提炼，这样也符合了成年人培训时大脑的记忆习惯和思考习惯。大道至简，其实就是一句话，让你的学员能听得懂、记得住、用得到、做得好。税务稽查也是一样嘛！它的终极目标并不是你查处了多少大案要案、检查了多少重点行业、查补入库了多少税款。最重要的是通过涉税违法案件的查处，是否进一步提高了税收征收管理水平，是否进一步规范了区域税收秩序，是否进一步提高了纳税人的税法遵从度，是否进一步增强了纳税人依法纳税、诚信纳税的意识，是否进一步强化了检查人员规避执法风险的理念。

有了！那就以以往年度组织查处的税务稽查典型案件为原型，以讲述案例和故事的形式，从第三方的视角进行讨论，联想、分析问题，进而引导读者确认问题，然后明确问题该由谁解决，如何解决。

当前经济发展日新月异，深刻重塑着世界经济和人类社会面貌；同时，税务稽查工作也必将时刻处在不断发展的变化之中，当前税收政策的频繁更新迭代和偷逃税手段的升级翻版就是最好的例证。2019年国家税务总局结合新时期稽查工作要求和干部培训工作实际，提出了完善税务稽查工作、加强稽查队伍建设的工作要求。为更好地发挥税务稽查的重要作用，锻造稽查"铁军"，国家税务总局稽查局以优化知识结构、培养法治观念、提升能力素质为主线，以提高岗位胜任能力为重点，突出实战导向为目标，坚持干什么学什么，缺什么补什么，侧重培训项目实践性和培训方式实战化，以达到学以致用、学用相长的效果，实现学习成果在稽查工作实践中的创新性转化和创造性应用。

基于此，作者适时调整了案例篇幅及布局，紧紧围绕现行税制和税务稽查体制，结合实务案例剖析涉税业务中的疑点、重点和难点，并结合岗位练兵的要求，力求贴近基层、贴近岗位、贴近实际，实现案例与工作的紧密结合，期望对读者有所裨益。

但是，因近年来税务部门对虚开增值税发票、骗税等案件查处力度的不断加强，其敏感性引发的社会各界关注程度和范围也不断地扩大，或直接导致了未过脱敏期的案件不宜写出来、发出来、讲出来。遗憾与偶然，或是人生之常态。以偶然为架构，以遗憾为填充，两全想必是很难的。

需要说明的是，文中观点均为作者团队的观点，本书是基于作者团队多年的税务稽查实践著成。书中案例均来源于业务实践，不一定代表作者所在单位和各案稽查人员的立场，也无意针对任何稽查局、任何税务稽查人员。

随着经济业态的变化及税收实务的与时俱进，本书内容也将进行修订与升级。由于这是一项混杂了包含着"直接查案、旁观看案、三方说案"形式的开创性、探索性工作，虽然作者付出了艰辛的努力，但毕竟学力有限，加之时间匆忙，难免有错误、纰漏和片面之处，敬请读者提出宝贵意见（联系邮箱：283980522@qq.com）。

著　者

2021 年 1 月

目录
MULU

案例1："正当理由"的是与非
　　——以江南永城有限公司诉江南省税务二分局一审行政判决为例……… 1
　【引言】…………………………………………………………………… 1
　案件起因：价格明显偏低 ……………………………………………… 1
　质证辩驳：聚焦正当理由 ……………………………………………… 10
　见仁见智：思考、理解与探讨 ………………………………………… 14
　【后记】…………………………………………………………………… 15

案例2：公告获疑点　信息促稽查
　　——由一则证监会公告引发的稽查案件 …………………………… 17
　线索：大额现金交易引发关注 ………………………………………… 18
　追踪：重点事项监控锁定方向 ………………………………………… 25
　挖掘：获取数据支撑疑点分析 ………………………………………… 30
　启发：思维理念促进稽查转型 ………………………………………… 40

案例3：换个视角看政策
　　——由一则税收政策批复说开去 …………………………………… 49
　费思量 …………………………………………………………………… 50
　剪不断 …………………………………………………………………… 52
　理还乱 …………………………………………………………………… 57

案例4：数据模型推演剖析　深挖细节破译迷局

　　——某交通运输企业少缴税款案 ·· 61

　　收入成本疑窦丛生 ·· 61

　　查前分析抽丝剥茧 ·· 63

　　数据模型深度计算 ·· 64

　　【后记】 ·· 68

案例5：巧借他力　妙成税事

　　——"平昌置业"涉税案件剖析 ······································ 71

　　【引言】 ·· 71

　　基本情况 ·· 72

　　检查经过 ·· 73

　　作茧自缚 ·· 78

　　一波未平 ·· 80

　　一波再起 ·· 82

　　疑云再起 ·· 83

　　拭目以待 ·· 89

　　启示建议 ·· 91

案例6：隐形"翅膀"终折翼　不法"飞翔"补税忙

　　——××市飞翔房地产开发有限公司稽查案例 ·················· 94

　　缘起 ·· 94

　　深入 ·· 95

　　异见 ·· 108

　　无常 ·· 114

　　空蒙 ·· 117

案例7：招商＆"招伤"

　　——案例解析土地出让金的返还 ································· 119

　　【引言】 ·· 119

　　基本案情 ·· 119

议讼焦点 ……………………………………………………… 120
　　法理分析 ……………………………………………………… 122

案例8：网络，并非税法之世外桃源 ……………………………… 136
　【引言】 ………………………………………………………… 136
　　偷税法人成为网销新星 ……………………………………… 137
　　深入调查求证细节 …………………………………………… 138
　　比对分析锁定疑点 …………………………………………… 141
　　以点带面打造模型 …………………………………………… 144

案例9：关联交易，缘何成了稽查的痛
　　——天乐燃气关联交易稽查案件剖析 ……………………… 146
　【引言】 ………………………………………………………… 146
　　疑点凸显 ……………………………………………………… 146
　　税企分歧 ……………………………………………………… 148
　　权衡利弊 ……………………………………………………… 156
　　无言的痛 ……………………………………………………… 157

案例10：瞒一时，瞒不了一世
　　——由一起举报案件引发的思考 …………………………… 159
　【引言】 ………………………………………………………… 159
　　昔日夫妻，同心商海创事业　现世冤家，反目举报誓送监 …… 160
　　团队协作，抽丝剥茧解谜团　开拓创新，锲而不舍索真相 …… 179
　　依法维权，定分止争诉法律　高自标誉，不达楼兰拗不还 …… 238
　　顶层设计，断案常思何方乱　一分为Z，横看成岭侧成峰 …… 292

案例1:"正当理由"的是与非

——以江南永城有限公司诉江南省税务二分局一审行政判决为例

【引言】

在稽查实践中,经常看到税务机关以"因销售房产价格偏低并且无正当理由"为由,依照《中华人民共和国税收征收管理法》《土地增值税暂行条例》等政策规定,充分行使核定征税权的案例。据中国裁判文书网显示,各地法院在司法实践中对这一问题的裁判观点也不尽一致。这就给税务稽查的行政执法带来了极大挑战和法律风险,稍有不慎就可能陷入无尽的行政复议和法律诉讼等风险之中。

针对这种现状,这里特选取中国裁判文书网中一则较为典型的行政诉讼案例进行剖析,旨在通过在目前尚无法律、法规和其他规范性文件对"正当理由"明文规定的情况下,探讨规章制度尚未明确"房地产企业以低价销售房产的正当理由"的问题,从而提醒税务稽查应注意的法律风险。

案件起因:价格明显偏低

原告:江南永城有限公司(以下简称"江南永城")

被告:江南省税务局第二税务分局(以下简称"二分局")

案情:"江南永城"成立于2005年6月7日,注册资本金1 000万元,主要从事旅游服务业及房地产投资服务。自然人股东刘浩和张霞分别持有公司股份 51% 和 49%。

"江南永城"认为：第一，在 2006 年取得现"宜园别墅"项目所在的土地使用权后，虽资金不足，但为避免缴交"土地闲置费"还是于 2007 年开工建设。

【人物内心：房地产系列小知识

问：老师，什么是闲置土地啊？

答：闲置土地，是指国有建设用地使用权人超过国有建设用地使用权有偿使用合同或者划拨决定书约定、规定的动工开发日期满一年未动工开发的国有建设用地。

另外，对于已动工开发但开发建设用地面积占应动工开发建设用地总面积不足三分之一或者已投资额占总投资额不足 25%，中止开发建设满一年的国有建设用地，也可以认定为闲置土地。

追问：那闲置土地费是什么呢？

再答：因土地闲置而未动工开发满一年的，由市、县国土资源主管部门报经本级人民政府批准后，向国有建设用地使用权人按照土地出让或者划拨价款的 20% 所征缴的费用，就是闲置土地费。

再问：那万一有特殊原因呢？

还答：别着急，这正是我想补充的。如果因政府及有关部门的行为造成动工开发延迟的，国有建设用地使用权人应当向国土资源部门提供土地闲置原因说明材料，经审核属实的，可以延长动工开发期限、调整土地用途或者规划条件、由政府安排临时使用、协议有偿收回国有建设用地使用权以及置换土地等方式处置。

还问：那么有哪些情形是属于政府及有关部门的行为造成动工开发延迟的呢？

又答：归纳一下，大概分为下面这些情况：

（一）因未按照国有建设用地使用权有偿使用合同或者划拨决定书约定、规定的期限、条件将土地交付给国有建设用地使用权人，致使项目不具备动工开发条件的；

（二）因土地利用总体规划、城乡规划依法修改，造成国有建设用地使用权人不能按照国有建设用地使用权有偿使用合同或者划拨决定书约定、规定的用途、规划和建设条件开发的；

（三）因国家出台相关政策，需要对约定、规定的规划和建设条件进行修改的；

（四）因处置土地上相关群众信访事项等无法动工开发的；

（五）因军事管制、文物保护等无法动工开发的；

（六）政府、政府有关部门的其他行为。

还有一种情况比较特殊，但是处理时也划归为这一类情况办理的：因自然灾害等不可抗力导致的土地闲置。】

不久"江南永城"还是受到资金不足的影响而停工。为了避免形成"半拉子"工程，刘浩、张霞研究决定，将待建的商品别墅一分为二：每人承担7套别墅建设资金的引资任务，向自己亲朋好友以内部认购的方式筹措资金。经不懈努力，先后有多名购房人同意以每平方米4 000元的价格购买12套别墅，并先行出资，以弥补原告建设资金的不足。这样，"宜园别墅"项目才得以重新复工建设。

但是，由于刘、张二股东参与房地产开发时间不长，对房地产开发的流程以及成本控制与核算不熟悉，一方面直接导致账套不健全、记账不规范；另一方面小区配套设施不齐全，工期拖延，施工质量也差。更为重要的是，以单价4 000元/平方米收取各位购房者的房款后，"江南永城"与客户并未签订正式的商品房买卖合同。施工质量差导致的房屋质量问题，工期拖延导致的逾期交房，让客户拒绝追加购房款，刘、张二人碍于情面又不好强行追索，这时的暂时搁置或许能缓和一下公司与业主之间的矛盾。直到2011年，在给购房客户办理房屋产权证时才了解到，此时税务机关已经对此类别墅设定了6 580元/平方米的最低计税价格。为了顺利办证，尽管"江南永城"没有以该价格售房，但也只能与客户商量按该价格补签合同并开具发票，并按照最低计税价格预缴土地增值税1 077 122.97元。

【人物内心：

等等，列位看官，还记得江南被批准为国际旅游岛是什么时间吗？2010年1月4日国务院发布《关于推进江南国际旅游岛建设发展的若干意见》后，江南国际旅游岛建设正式步入正轨。在尚未成为国际旅游岛的2008年至2009

年，以当时销售行情和房产档次分析，4 000元/平方米的销售价格虽然不高，但对照"宜园别墅"的实际环境、配套设施、环境景观，以及考虑到购房者实际上是在正式预售房产前就先期认购、先行出资，参与建设等具体情况，价位的确属于"事出有因"。"江南永城"以"二分局"2011年8月核定的最低计税价格6 580元/平方米计算缴纳2007年的实际售房行为，貌似也不是个理儿啊？】

第二，"二分局"将"宜园别墅"项目的销售时间确定为2011年，将销售收入按照远脱离实际情况的单价9 450元/平方米调增收入12 384 423.10元，不仅与事实相悖，更是于理无据。

1. 2011年是"江南永城"的开票时间，并非"宜园别墅"项目的销售时间。"江南永城"为避免项目停工，两股东分别寻求资金，动员自己的亲朋好友出资购房。刘浩父母、张霞的配偶李某提供的资金流水证实房产的销售发生时间为2008-2009年的事实，而并非最后开票的2011年。

2.《中华人民共和国税收征收管管法》（以下简称《税收征管法》）《中华人民共和国土地增值税暂行条例》（以下简称《土地增值税暂行条例》）及国家税务总局相关文件，赋予了税务机关对纳税人计税依据明显偏低又无正当理由的，有权核定其应纳税额的职权。但是，核定应纳税额的前提必须是法律规定的同期、同类、同质的商品房。"宜园别墅"项目虽名为"别墅"，但无论从环境、设计和施工质量来看，都并非豪华住宅，无论是以2009年、还是2011年，乃至当下2014年的市场行情也都不可能以9 450元的价格成交。

"二分局"在测算"宜园别墅"项目销售价格时，是以县住建局在全县范围内众多开发项目中抽样选取的五个项目在2011年1月至5月的销售情况做的统计，不能完整体现当时整个房地产市场的真实价格。同时，县住建局在统计报告中也是仅仅只列出了"中华坊""阳光苑"和"海蓝福源——桃花源"三个项目。三个项目同为300平方米左右的非普通住宅，但"二分局"所委托的中介机构估值时却只选取售价10 000元/平方米左右的两个项目，对售价为6 500元/平方米的"中华坊"项目却视而不见，又不能说明理由，故"二分局"所谓的"市场价格"的依据不足。

【人物内心：

抽样调查时若调查范围的覆盖面不全，抽样调查的样本数量不足以及样本轮换的不及时等因素，都会导致抽样调查的系统性误差。】

同时，"二分局"对二股东刘浩、张霞的房产价格按照开票价格6 580元予以核定，对同样取得"宜园别墅"项目的其他购房者却认定了不同价格，更是违背了"同地段、同项目、同建造、同结构、同景观、同品牌、同开发"基本同价格的市场规律。

第三，"江南永城"认为"二分局"责成缴纳税款过程中违法。

《税收征管法》及相关法律、法规等规定"纳税人申报的计税依据明显偏低，又无正当理由的，税务机关有权核定其应纳税额"时，其收入按下列方法和顺序确认：（1）按本企业同期、同类商品房的平均销售价格确定；（2）按本企业近期、同类商品房的平均销售价格确定；（3）由税务机关参照当地当年、同类商品房的市场价格或评估价值确定"。本条款明确规定了对于销售价格明显偏低其收入确定的方法和顺序。即本企业同期、同类商品房的平均价格和最近时期同类商品房的平均价格优先于税务机关参照当地当年、同类商品房的市场价格或评估价值。"二分局"在"江南永城"两股东购房价格6 580元/平方米的同期、同类平均销售价格已明确的情况下，仍然忽视了法律规定的价格确认顺序，跳过第（1）（2）项，直接采用第（3）项来确定被告商品房销售价格无法律依据。

第四，"二分局"在土地增值税清算过程中并未完全依照法定程序进行土地增值税的清算，严重违反法定程序直接导致处理结果不当。

1. 首先，"二分局"在土地增值税清算过程中所委托的江南省亚信会计师事务所并非国家税务总局《土地增值税清算鉴证业务准则》《关于加强土地增值税征管工作的通知》具体规定的税务师事务所，相关经办人是注册会计师而非税务师，该事务所出具的《鉴证报告》因违反行政规章、规范性文件的规定，故不能作为清算土地增增值税的合法依据。

2. 其次，"二分局"所提供的《初审报告》《审核报告》《会议记录》等证据提示，在整个清算过程中，"二分局"均无亲自或委派他人实地核查"宜园别墅"项目的土地性质、临海位置、绿化景观、容积率的痕迹，同时也不能提供实地核查中所应具备的执法文书，"二分局"不能证明其确实进行过对"宜园别墅"项目销售价的实地查看和比对，进行过价格确定工作，其核定价格的程序严重违法。

第五，由于"江南永城"初次涉及房地产开发，对房地产开发的流程以及成本控制与核算一知半解，导致账目不规范不健全，账目混乱，造成成本资料、收入凭证、费用凭证残缺不全，使"二分局"难以确定扣除项目金额，另外，"二分局"又怀疑"江南永城"的计税依据偏低，又无正当理由，使土地增值税的清算工作受阻。"江南永城"的现状符合江南省局以核定征收方式征收土地增值税的标准，请求"二分局"实行核定征收方式征收土地增值税。

故，"江南永城"认为"二分局"在"宜园别墅"项目土地增值税清算过程中，违反法定程序，适用法律错误，错误认定原告的收入并采取了错误的查账征收方式，必然导致其错误的清算结果。故请求法院判决撤销"二分局"清算缴纳税款具体行政行为的同时，判令"二分局"对"宜园别墅"以核定征收方式征收土地增值税。

"二分局"针对"江南永城"的诉求，辩称：

2013年10月23日，"二分局"向已符合土地增值税清算条件的"江南永城"送达《土地增值税清算通知书》，要求其在90日内办理清算申报手续。

【人物内心】
温故而知新：土地增值税清算的条件有哪些？
《土地增值税清算管理规程》从纳税遵从和税务管理两个不同维度规定了土地增值税清算的节点：
从纳税遵从维度：纳税人符合下列条件之一的，应进行土地增值税的清算：（一）房地产开发项目全部竣工、完成销售的；（二）整体转让未竣工决算房地产开发项目的;(三)直接转让土地使用权的。

从税务管理维度:符合以下条件之一的,主管税务机关可要求纳税人进行土地增值税清算:(一)已竣工验收的房地产开发项目,已转让的房地产建筑面积占整个项目可售建筑面积的比例在85%以上,或该比例虽未超过85%,但剩余的可售建筑面积已经出租或自用的;(二)取得销售(预售)许可证满三年仍未销售完毕的;(三)纳税人申请注销税务登记但未办理土地增值税清算手续的;(四)省级税务机关规定的其他情况。这里要注意的是,对所列的第(三)项情形,应在办理注销登记前进行土地增值税清算。】

第一,在受理"江南永城"报送的清算资料后,发现"宜园别墅"项目的14套商品房销售合同时间均为2011年8月22日,销售价格均为6 580元/平方米,销售价格与当地当年同类商品房相比明显偏低且无正当理由:

1. 对于14套商品房的销售时间应确定为2011年8月22日。"江南永城"提供《房产认购协议书》辩称"房产销售实际发生在2008—2009年期间,而2011年是开票时间,应该以4 000元/平方米销售价格计税"。但是《商品房买卖合同》显示,合同签订时间均为2011年8月22日,并且8月31日开具购房款发票。同时,《房产认购协议书》是两股东个人与购房者之间签订的。股东以个人名义与购房者签订售房合同并不能代表"江南永城"。

2. 房屋售价6 580元/平方米明显偏低。参照当地住建局《关于2011年1—5月商品房销售情况的复函》,结合"桃花源"项目别墅(销售2套,面积共521.29平方米,销售总金额5 981 597元,销售均价为11 474.61元/平方米)和"阳光苑"项目别墅(销售1套,面积为349.64平方米,销售金额400万元,销售均价为11 440.34元/平方米),别墅销售均价为11 460.85元/平方米。根据《最高人民法院关于适用〈中华人民共和国合同法〉若干问题的解释(二)》第十九条"转让价格达不到交易时的指导价或者市场价百分之七十的,一般可以视为明显不合理的低价"。可见"宜园别墅"与当地同期同类商品房销售价格相比,6 580元/平方米的销售价格明显偏低。

【人物内心:
什么是售价明显偏低?目前税法体系中尚未明确规定,权威机构也未作出准确的解释。但是，最高人民法院在2009年的法释〔2009〕5号文件《关于适用〈中华人民共和国合同法〉若干问题的解释（二）》中第十九条，解释了在合同纠纷中如何确定"明显不合理的低（或高）价"：对于合同法第七十四条规定的"明显不合理的低价"，人民法院应当以交易当地一般经营者的判断，并参考交易当时交易地的物价部门指导价或者市场交易价，结合其他相关因素综合考虑予以确认。转让价格达不到交易时交易地的指导价或者市场交易价百分之七十的，一般可以视为明显不合理的低价；对转让价格高于当地指导价或者市场交易价百分之三十的，一般可以视为明显不合理的高价。

从上述规定可以看出，超过或低于30%，一般可视为"明显不合理"，但是否必然是"明显不合理"？不一定！还需看是否有"正当理由"。」

3. "二分局"以9 450元/平方米的单价核定销售房屋收入合理。根据省地税局"对商品房销售价格明显偏低的，由税务机关参照当地当年、同类商品房的市场价格或评估价值确定"的规定和县住建局《关于2011年1－5月商品房销售情况的复函》，并经实地查看，结合小区的临海位置、绿化景观、容积率等因素与当地当年同类商品房销售价格对比，最终决定按照9 450元/平方米进行核定调整。基于两名股东的售价6 580元/平方米视为合理正当理由，其余12套均按9 450元/平方米进行调整，调增收入12 384 423.10元，补缴营业税及附加681 143.27元，补缴土地增值税8 727 998.63元。

【人物内心：

全国人大常委会法制工作委员会对《中华人民共和国税收征收管理法》第三十五条第（六）项"纳税人有下列情形之一的，税务机关有权核定其应纳税额：纳税人申报的计税依据明显偏低，又无正当理由的"作出的释义是，纳税人申报的计税依据，与其相同或者类似的纳税人相比，明显偏低，但是该纳税人又不能作出合理解释的。这主要是针对有的纳税人采用各种方法减少应纳税额而作的规定。

对于纳税人售价明显偏低且无正当理由的，应当由税务机关进行核定应纳税额，其实是税务机关基于对于纳税人规避纳税的反避税考虑。其实该规定是一柄双刃剑，在规定税务机关有权核定纳税人应纳税额的同时，为了规范税务机关执法行为，更加全面地保护纳税人的利益，防止税务机关随意核定应纳税额，税务机关在核定时要充分考虑纳税人提交的关于价格偏低的申辩材料，看纳税人所谓的价格偏低是否有避税的动机，是否有合理、正当的理由。如果没有避税动机的，又有合理正当的理由，即使这种价格明显偏低，税务机关也不核定。当纳税人申报的销售价格明显偏低时，税务机关需要关注纳税人合法理由的申辩情形，不能简单地以纳税人交易价格低于税务机关内部把握的最低计税价格就一律进行核定。

《征管法》同时又明确，税务机关核定应纳税额应当经过一定的程序，遵循一定的方法。国务院税务主管部门应当制定有关的规定。所以税务机关在行使不动产交易价格核定权时，应完善计税价格核定制度，明确核定价格标准、合法制定核定的实施程序以及对纳税人异议的处理等规定，从而预防权力寻租，既确保核定依据、程序的合法性，又保证核定结果的合理性。

本案中"二分局"对"一房两价"的差异化处理也着实让人郁闷：两股东的房产与其他购房者的取得方式一致，但其价格是按照开票价格6 580元予以审定，而对其他购房者同样的房产却认定出了不同的价格，又不说明理由，个中缘由实在让人琢磨不透。

税务机关不是专业的房产价格评估部门，仅仅根据从房管局获取的2011年1－5月的零星销售数据，就对其2007年签署《房产认购协议书》、实际房产销售发生在2008－2009年期间的计税价格进行核定，是不是涉嫌滥用执法权呢？】

第二，"二分局"作出的缴纳税款、限期缴纳税款等行政行为适用法律正确。"二分局"审核"宜园别墅"项目收入情况时，结合其他别墅小区同期同类商品房销售情况，发现《商品房买卖合同》成交价格明显低于市场价格。若按照"本企业同期、同类商品房的平均销售价格确定"或"本企业近期、同类商品房的平均销售价格确定"，其前提是被答辩人在同期或近期存在同类商品房。但是事实上，"江南永城"在"宜园别墅"项目中不存在其他房产及公司名下也无其他房产开发项目，而且"江南永城"14套商品房的销售时间均是2011年5月之后的8月22日。

第三，"二分局"采用查账征收方式进行土地增值税清算审核合法。2013年"江南永城"向"二分局"申报土地增值税清算，并根据查账征收方式的需要，向答辩人提供了"土地增值税清算申报表""清算附表"等资料。"江南永城"报送的清算资料基本齐全，账簿记载清晰、凭证表示充分，可以确定转让收入和扣除项目金额，依法应采用查账征收方式进行清算审核。

质证辩驳：聚焦正当理由

税、企双方争议焦点聚集在"江南永城"是否存在"销售价格明显偏低且无正当理由"。

"江南永城"认为：

一、"宜园别墅"项目实际销售时间是 2007 年，参考当时同类房产售价、该小区的实际环境、配套设施、环境景观，以及应考虑各购房者实际上是先期认购、先行出资，参与建设等具体情况，4 000 元/平方米的销售价格应属于合理的商业目的。况且"宜园别墅"已经按照税务当局规定的 6 580 元/平方米最低计税价格预缴土地增值税，不存在"销售价格明显偏低"。

【人物内心：
我们注意到，"二分局"在进行价格确认时的依据，是××省地税局 2009 年发布的《关于土地增值税清算有关问题的通知》第三条第三项"对商品房销售价格明显偏低的，由税务机关参照当地当年、同类商品房的市场价格或评估价值确定"执行的。

但是，国家税务总局 2010 年 5 月 19 日施行的《关于土地增值税清算有关问题的通知》，对土地增值税清算时收入如何确认，明确规定了"土地增值税清算时，已全额开具商品房销售发票的，按照发票所载金额确认收入"确认原则。从法律效力层面看，无论从法律位阶还是发布时间，江南省地税局 2009 年的《通知》不能对抗国家税务总局 2010 年发布的通知，"二分局"可能适用法律、法规和规章错误。】

二、即便存在"销售价格明显偏低"的情况，当时的房价也不可能达到税务机关调整的 9 450 元的价格。"二分局"测算"江南永城"销售价格是以县住建局复函为依据，该复函列出三个项目，其中"中华坊"项目售价为 6 500 元/平方米，而税务机关却没有参考。

【人物内心：

县住建局复函列出了三个不同楼盘在 2011 年 1 月至 5 月的销售情况，但税务当局在使用《复函》时却只选取售价 10 000 元/平方米以上的"阳光苑""桃花源"两个项目，而对销售价为 6 500 元/平方米的"中华坊"视而不见又未说明理由着实令人费解。

判决显示："二分局"在使用核定的房地产价格时，其提供的《初审报告》《审核报告》《会议记录》均认定涉案项目的销售时间为 2009 年 12 月至 2011 年 8 月，但在最终确认房地产销售时间仅以 2011 年 8 月 22 日签订的《商品房买卖合同》为准，岂不是自相矛盾？】

三、"二分局"委托会计师事务所以及会计师进行鉴证，违反了国家税务总局《土地增值税清算鉴证业务准则》的规定，上述鉴证人均不具有税务师资格，故鉴证报告违反法定程序。

【人物内心：

"二分局"以江南省亚信会计师事务所出具的《土地增值税清算定项鉴证报告》为基础作出初审报告等，而相关政策规定该会计师事务所不具备清算鉴证的资格，所以出具的《报告》违反行政规章、规范性文件的规定，亦不能作为核定土地增值税清算的依据。】

"二分局"申辩：

一、证据显示，"江南永城"两股东与购房者签订《房产认购协议书》在先，而后才取得了房产预售资格，该协议违反相关法律规定，应属无效合同。所以签订《商品房销售合同》的 2011 年 8 月 22 日才是房屋的销售时间。

二、根据县住建局复函，并经实地查看，从小区的临海位置、绿化景观、容积率等综合因素与盈滨岛当年同类商品房销售价格对比，应该按照 9 450 元/平方米进行核定调整。

【人物内心：

但是据判决书显示，"二分局"在使用核定的房地产价格时，其提供的

《初审报告》《审核报告》《会议记录》等一系列核定税款的证据无法证明,在清算过程中税务当局对"宜园别墅"项目的土地性质、临海位置、绿化景观、容积率等事项进行过实地核查。在适用江南省地税局《关于土地增值税清算有关问题的通知》时,未充分考虑使用土地的性质及其使用年限。

同时,"二分局"在使用省地税局《关于土地增值税清算有关问题的通知》时,忽视了法律规定的价格确认顺序,跳过第(一)(二)项,直接使用第(三)项来确定商品房销售价格缺乏法律依据。】

法院观点:

一、我国《税收征管法》等法律、法规,赋予了税务机关对认定计税依据明显偏低又无正当理由的税收核定权,以及根据实际情况对土地增值税清算决定采取核定征收或查账征收方式的权利。但认定"江南永城"房屋销售价格明显偏低且无正当理由的结论缺乏事实根据。

【人物内心:

由于目前税收法律、法规及规范性文件体系中尚无"正当理由"的明确规定,因此,在税务机关作出认定其计税偏低的情形下,纳税人又不能对此作出合理、合法解释的,税务机关可以按《征管法》第三十五条规定核定其应纳税额。但是,现行《税收征管法》中并没有以数字形式量化出判断标准,这也是法律赋予了税务机关行使自由裁量的权利。当然,税务机关行使自由裁量权,在保障国家税权的同时,应当秉承基本的税收法治精神,充分保护纳税人的权利。

《辞海》中对"正当"的解释是,通常指人的行为的合理性和合法性。即只要不违反法律、不违反道德底线,都可以认为是正当的。在经济、政治、法律等领域中,正当指一个人的行为、要求、愿望等符合社会的政策和行为规范的要求,或者符合社会发展的需要和人民的利益。例如:在新型冠状病毒还在蔓延的时候,部分省市已经开始复工,某个人因其企业资金困难急于用钱,在融资无望企业面临倒闭的情况下,于2020的2月,将其2018年原价880万元购进的户型面积292平方米的跃层住房,以520万元的价格转让给他人用于本企业流动资金的周转,房产部门对该住房核定的基准价为700万元。那么试问,税务机关能否对其作出"价格明显偏低"的结论进而核定征收呢?不一定！我们应参照市场价格判定是否属于"价格明显偏低",同时还应结合此时其是否有正当的理由一起来判断。

需要注意的是,税务机关进行核定征收的前提,一个是价格明显偏低,一个是无正当理由。二要素必须齐全,否则就不能核定征收。】

二、对收入的确认问题适用法律错误,违反法定程序:

(一)受税务机关委托进行土地增值税清算鉴证业务的事务所未具备土地增值税清算鉴证的资质,其作出的鉴证报告违反法定程序。

【人物内心:

"江南永城"认为二分局以江南省亚信会计师事务所出具的《土地增值税清算定项鉴证报告》(以下简称"鉴证报告")为基础作出初审报告等,根据《土地增值税清算鉴证业务准则》的规定,因该会计师事务所不具有文件规定的税务师资格,违反法定鉴证程序,其所出具的《鉴证报告》不能作为核定土地增值税清算依据。国家税务总局〔2011〕第67号公告《关于税务师事务所公告栏有关问题的公告》(虽然此文件已在2020年4月15日被废止,但是在案件诉讼过程中,该文件还属有效)中第一条规定,国家税务总局发布的业务文件中,凡涉及"有资质的中介机构"字样的,统一解释为"税务师事务所等涉税专业服务机构"。通观其他诸如"其他涉税专业服务机构如果从事涉税鉴证业务,必须具备注册税务师执业资质,成立税务师事务所,加入注册税务师协会,纳入税务机关和注册税务师行业监督管理""未在国家税务总局网站公告的其他中介机构,一律不得承办涉税鉴证业务;对其出具的涉税鉴证业务报告,各地税务机关不予受理""凡经国家税务总局网站公告的税务师事务所,跨省开展涉税鉴证业务不受地域限制;其出具的涉税鉴证业务报告,各地税务机关应当受理"等条款,结合这里的"等涉税专业服务机构"是不是只能理解为仅仅只有税务师事务所才有土地增值税清算鉴证的资质呢?】

(二)接受委托的会计师事务所仅凭县住建局复函的相关内容便确认"宜园别墅"项目的价格,其鉴证报告违反了鉴证业务准则相关规定。

（三）"二分局"提供的证据显示：在清算过程中，"二分局"不能证明其确实进行过对"宜园别墅"项目销售价的实地查看和比对以及进行过价格确定等工作，因此，"二分局"核定"宜园别墅"项目价格的程序违法。

（四）"江南永城"向县地税局提交土地增值税清算资料审核认定申请后，"二分局"对该申请未进行审验、答复，违反了清算工作程序。

综上，判决："二分局"在对"宜园别墅"项目的土地增值税清算过程中，违反法定程序，适用法律错误，撤销《土地增值税清算税款缴纳通知书》《限期缴纳税款通知书》，重新对"江南永城"开发的"宜园别墅"项目进行土地增值税清算。

见仁见智：思考、理解与探讨

限于篇幅，对于"销售价格明显偏低且无正当理由"的是非争论，本案例仅从以上几点展开分析。事实上，关于"售价明显偏低且无正当理由"的争议与法律风险远不止如此。在当前全面依法治国的宏观背景下，涉税法律制度的微观运行将越来越全面和严谨。

一、思考

《土地增值税暂行条例》第九条第（三）项规定，纳税人转让房地产的成交价格低于房地产评估价格，又无正当理由的，税务机关有权按照房地产评估价格计算征收。但是如何确保"房地产评估价格"具体实施，保障评估的客观公正性却"形同虚设"。毕竟，评估房地产价格的权限只能由规定的第三方中介机构作出。

二、理解

我们设定"无正当理由，价，低，房地产"为关键词，搜索国家税务总局网站法规库，与房地产税收直接相关、现行有效的不足20个文件。但遗憾的是，即使这些文件也未对"正当理由"作出明确规定。

【人物内心：

问：好事啊！这样的话判定是否构成"正当理由"不就是属于税务机关自由裁量权的范围了？

答：从执法角度看，对税务机关确实有利。但是，在行使自由裁量权、保障国家税收征税权的同时，我们应遵从依法治国的原则和税收法治的精神，应当充分保护纳税人的合法权益。所谓权利即是义务！】

该案提示的信息是，土地的性质、使用年限、地理位置、项目设计、建筑结构、绿化景观、本企业同期同类商品房平均销售价格以及容积率等，都是司法机关予以认可的"正当理由"。

三、探讨

2019年7月16日发布的《中华人民共和国土地增值税法（征求意见稿）》，仍沿用了"无正当理由"的规定，因目前法律体系中尚缺乏"正当理由"的明确规定，可能造成税务机关自由裁量权的滥用。建议有关部门在制定法律时参考现有法制体系中正在实施的《中华人民共和国企业所得税法》《中华人民共和国个人所得税法》，以及正在征求意见中的《中华人民共和国增值税法》《中华人民共和国消费税法》等，以"不具有合理商业目的"取代"无正当理由"。

建议税、企双方关注现行税制中"正当理由"的合规风险。税务当局在制定、修改或废止规章制度或重大事项时，应当严格审查其中是否包含直接涉及企业切身利益的内容。如果涉及，建议参考法律规定要求及自身实际情况，采取适当的操作步骤和方式进行规定。企业方面则应当避免不进行风险控制程序或者合规程序不合法的情况，否则可能导致内控制度与税收规定冲突而不能作为裁判的依据，进而增大本可合法处理的事项被认定为违法。

【后记】

李克强总理在国务院召开全国深化"放管服"改革转变政府职能电视电话会议上指出：要尊重经济规律，持续深入推进"放管服"改革，最大限度减少政府对市场资源的直接配置和市场活动的直接干预，优化营商环境。（来源：中国政府网）

现代商业的飞速发展，商业模式的不断创新，导致企业一些正当经营行为被税务机关认定为违法。税务机关因所处立场和执法角色的不同，不能因为不了解新兴的商业模式而错下论断。税务机关在行政执法过程中应注重行政行为的合法性，充分尊重企业的自主经营权，不应干预企业的正常经营行为。而企业也应当从商业模式合法性、经营行为责任性等方面积极维护自身合法权益。

与本案例类似情节的诸如新疆瑞成房产公司案、韶关盈锦置业案等行政诉讼案，因坊间已经有不少版本的大家解读，故不在这里过多赘述。

案例2：公告获疑点　信息促稽查
——由一则证监会公告引发的稽查案件

　　偶然的机会，笔者从证监会网站看到一则交易公告，凭借对税收问题的敏感和多年稽查工作经验，通过运用信息化技术和大数据思维，分析出可能存在的涉税风险。后经当地税务机关检查核实，最终查补、追缴入库个人所得税3 638.10万元、企业所得税700.63万元、印花税9.53万元及相应滞纳金，取得了很好的效果。

——题记

【人物内心：

若冷不丁问你2017年3月16日是个什么日子？恐怕会像莎翁所说的"一千个观众眼中有一千个哈姆雷特"那样，每个人对待这个时点可能会见仁见智：可能是股市成功投资者怡情微醺的小酌之日，也可能是仲春三月花市楼市股市暖暖的祥和一天……

嗯，虽然有点文不对题，但也不错啊。其实这天，也是笔者拿着上级一纸调令挂职广陵的日子。】

　　当真离别的时候，脑洞里时不时迸出的火花，如勾兑着岁月的陈酿。七八小时的车程昏昏欲睡，一阵阵清脆的手机铃音伴随着可恶的广告唤醒了舟车劳顿的我。索性，打开手机，常用的社交软件没有消息，群消息都没有。于是百无聊赖地刷刷动态、看看朋友圈，然而就在收起手机的瞬间恰好看到还未完全锁屏的手机蹦出一则公告的标题，顿时，脸上流露出一丝莫名的兴奋。

线索：大额现金交易引发关注

屏幕上，2017年3月10日发布的貌似提醒投资者一定要关注的"最新消息"不断在公告栏的显著位置飞播滚动：《龙柏股份：1.9亿元收购瑞鑫公司缓解钛矿供应》《龙柏股份：关于现金收购瑞鑫公司100%股权的公告》。

不知是对关键数据近乎于神经质的职业敏感，还是月薪不足半万对亿元财富向往的长期压抑，眼眸中跳动着绿油油的光彩，瞬间提取出："1.9亿、现金、股权"！点进去：

图1 "404页面找不到"图示

404（见图1）？这难不倒我！

于是重新打开手机浏览器，按照谭老师在讲解《信息化稽查实践应用》课程时讲授的搜索指令"filetype"的用法，麻溜儿地键入"龙柏集团股份有限公司 现金1.9亿元收购瑞鑫公司 100%的股权 filetype：pdf"关键词句，诚不欺我，果然顺利搜索到了两则有关龙柏集团股份有限公司收购瑞鑫股权的消息。

【案例资料1】 网讯：龙柏股份拟1.9亿元现金收购瑞鑫 缓解钛矿供应紧张

3月13日讯 龙柏股份（00×××1）13日晚间公告，2017年3月10日，公司拟以现金1.9亿元收购由自然人韩石与纪文英合计持有的某市瑞鑫工贸有限责任公司100%的股权，收购完成后，瑞鑫将成为公司的全资子公司。公司并与瑞鑫签署了《钛矿采购框架协议》，根据该《协议》，公司预计未来三年采购瑞鑫钛精矿的总量约为48万吨（其中2017年度约15万吨，2018年度约16万吨，2019年度约17万吨）。

公司表示，瑞鑫公司是西南边陲某地区钛中矿加工综合实力较强的一家企业，具有十多年钛矿采购、加工及贸易经验，在目前钛精矿供应短缺的情况下，公司收购瑞鑫公司，可以缓解钛矿供应紧张的矛盾，保障公司原材料的供应稳定，从而提升公司的盈利能力和行业竞争力。

【案例资料2】 龙柏集团股份有限公司关于现金收购瑞鑫公司100%股权的公告

本公司及董事会全体成员保证公告内容的真实、准确和完整，没有虚假记载、误导性陈述或者重大遗漏，并对其内容的真实、准确和完整承担个别及连带责任。

特别提示：

1. 标的资产存在估值风险。

本次交易存在估值风险。由于宏观经济波动等因素可能影响瑞鑫工贸有限责任公司的盈利能力分析，本次交易存在一定的估值风险。

2. 标的公司存在原材料价格波动的风险。

标的公司生产的钛精矿消耗的原材料主要是钛中矿。近期，该类原材料价格波动较大，未来不排除继续波动的可能，原材料价格的波动将对标的公司经营带来风险。

3. 本次交易不构成关联交易。

4. 本次交易不构成《上市公司重大资产重组管理办法》规定的重大资产重组。

5. 本次交易无需提交公司股东大会审议批准。

一、交易概述

1. 交易基本情况

2017年3月10日，龙柏集团股份有限公司（以下简称"龙柏集团"）拟以现金 1.9 亿元收购由自然人韩石与纪文英共同持有的瑞鑫工贸有限责任公司（以下简称"瑞鑫"）100% 的股权，收购完成后，瑞鑫将成为公司的全资子公司。

2. 董事会审议情况

2017 年 3 月 10 日，公司召开第五届董事会第三十二次会议，审议通过了《关于现金收购瑞鑫公司 100% 股权的议案》。

3. 根据《深圳证券交易所股票上市规则》《公司章程》等相关规定，上述交易不构成关联交易，无须经公司股东大会批准。上述交易无须经过其他有关部门批准，不构成《上市公司重大资产重组管理办法》规定的重大资产重组。

二、交易对方基本情况

1. 韩石

韩石，中国籍自然人，身份证号码：42010419731124××××，住址：S 市雁山区房山×××，现任瑞鑫公司董事长兼总经理。

2. 纪文英

纪文英，中国籍自然人，身份证号码：51040219680228××××，住址：B 省 A 市东区锦衣东街 49 号×××，现任瑞鑫公司监事。

韩石、纪文英 2 位自然人与公司及截至 2016 年 12 月 31 日公司的前十名股东在产权、业务、资产、债权债务、人员等方面不存在关联关系，以及其他可能或已经造成公司对其利益倾斜的关系。

三、交易标的基本情况

1. 基本情况（见表 1）

表 1

公司名称	A 市瑞鑫工贸有限责任公司
公司类型	有限责任公司（自然人投资或控股）
注册资本	800 万元人民币
法定代表人	韩石
设立日期	2004 年 3 月 3 日
统一社会信用代码	91000000000088888
注册地点	东区珠江新城二楼 3 号
经营范围	矿产品、化工产品加工（不含化学危险品）；销售：金属材料、建筑材料、机械设备、电器设备、矿石（涉及行政许可的除外）、日用杂货、办公用品、五金、交电、化工（不含化学危险品）、橡胶制品。（依法须经批准的项目，经相关部门批准后方可开展经营活动）

2. 股权结构（见表2）

表2

序号	股东名称	持股数量（万股）	持股比例（%）
1	韩石	520	65
2	纪文英	280	35
合计		800	100

3. 标的公司主要财务数据（见表3）

表3　　　　　　　　　　　　　　　　　　　　　　　　　　　　　　　　　单位：元

项目	2017年2月28日	2016年12月31日
资产总额	140 898 217.75	64 254 898.95
负债总额	87 009 589.13	14 108 810.70
应收账款	—	15 591 726.75
净资产	53 888 628.62	50 146 179.25
项目	2017年1—2月	2016年度
营业收入	51 994 800.00	165 972 667.66
营业利润	3 774 380.49	35 000 799.35
净利润	3 742 449.37	28 179 583.79
经营活动产生的现金流量净额	−3 871 096.23	5 929 681.50

上述瑞鑫公司2016年度财务数据已经具有证券期货业务资格的××会计师事务所（特殊普通合伙）审计，并出具了标准无保留意见的××会师报字〔2017〕第ZE10042号《瑞鑫工贸有限责任公司审计报表及审计报告》，2017年2月财务数据未经审计。

四、交易的定价政策及定价依据

本次交易标的资产定价参考具有证券期货业务资格的评估机构银言资产评估出具的《资产评估报告》中确认的评估值，经交易各方协商确定。

银言资产评估分别采取了收益法和资产基础法对瑞鑫公司100%股权进行评估，并最终选取收益法评估结果作为最终评估结果。根据银言资产评估出具的银言评报字〔2017〕H第0141号《评估报告》，截至评估基准日（2016年12月31日），瑞鑫公司的账面净资产为5 014.62万元，采用收益法评估后的净资产（股东全部权益）价值为19 149.00万元，增值额为14 138.38万元，增值率281.86%。因此，瑞鑫公司100%股权的评估价值为19 149.00万元，经双方协商，双方一致同意标的资产的交易价格为1.9亿元。

五、交易协议的主要内容

2017年3月10日，公司与瑞鑫公司全体股东签订了《股权转让协议》，主要内容如下：

1. 协议主体

受让方：龙柏集团股份有限公司（甲方）

转让方：韩石（乙方一）

纪文英（乙方二）

2. 协议签署时间：2017年3月10日

3. 股权转让价格、付款期限及其方式

甲方同意以合计19 000万元人民币的价格收购乙方所持有的瑞鑫公司100%股权，即甲方同意支付12 350万元人民币收购乙方一所持有的丙方65%股权，同意支付6 650万元人民币收购乙方二所持有的丙方35%股权。

本《协议》生效之日起10个工作日内，甲方将应支付的股权转让款的20%按照持股比例分别打入乙方一、乙方二各自指定的银行账户。在乙方完成工商变更登记后10个工作日内，甲方支付剩余的80%的股权转让款。

4. 标的资产的过户

乙方一、乙方二应自收到甲方支付的股权转让款10个工作日内，将所持瑞鑫公司股权全部过户至甲方名下，办理完成相关工商变更登记事项。

5. 其他事项

（1）自2016年12月31日至标的资产过户至甲方名下之日为过渡期。于过渡期内，任何与瑞鑫丙方相关的收益的100%均归属于甲方享有，若发生亏损，则全部由乙方承担。

（2）甲、乙双方同意并确认：瑞鑫截至本《协议》生效日所留存的未分配利润均归属于甲方所有。

公司将以自筹资金支付本次股权转让款。本次交易不构成关联交易，不属于《上市公司重大资产重组管理办法》规定的重大资产重组。该事项不需提交股东大会审议。

六、本次交易的目的和对公司的影响

钛矿是生产钛白粉最主要的原材料，A市是我国钛矿主要原产地，钛矿资源丰富。钛白粉及钛矿经过近几年的调整，大量采选矿厂倒闭，导致钛精矿供不应求，价格暴涨。瑞鑫公司是当地钛中矿加工综合实力较强的一家企业，具有10多年钛矿采购、加工及贸易经验，在目前钛精矿供应短缺的情况下，公司收购瑞鑫公司，可以缓解钛矿供应紧张的矛盾，保障公司原材料的供应稳定，从而提升公司的盈利能力和行业竞争力。此外，公司全资子公司龙柏钛业股份有限公司目前由于选矿能力不足，每年有部分原矿外卖。公司收购瑞鑫公司，可以增强公司的选矿能力，从而提高钛矿自给能力。

七、备查文件

1. 公司第五届董事会第三十二次董事会决议；
2. 公司第五届监事会第三十次会议决议；
3. 标的公司《审计报表及审计报告》（××会师报字〔2017〕第××10042号）；
4. 标的公司《评估报告》（××言评报字〔2017〕××第0141号）。

特此公告。

龙柏集团股份有限公司董事会
2017年3月10日

现金！现金！现金！即便是涵盖了"现金和现金等价物"的"广义现金"，公告里的收购股权要用1.9亿元的现金对价，还是不由得让笔者大吃一惊！

【人物内心：

各位请注意，一般来讲，证监会网上发布的公告基本是针对全体股民而言。全体股民虽然存在年龄、文化、职业结构，以及收入水平、金融知识、股金结构等诸多不同，但是证监会是按照国务院授权履行行政管理职能，依照法律、法规对全国证券、期货业进行集中统一监管，监管股票及债（证）券的发行、上市、交易、托管和结算，维护证券市场秩序，保障其合法运行的国家机关。它所发布的公告，应该是严格按照会计准则规定执行的标准进行发布，所以公告内容中的"现金"应该指的是企业现金流量通指的、涵盖"现金和现金等价物"的"广义现金"，而不是日常会计核算中会计科目的微观"现金"。】

公告显示，龙柏集团收购瑞鑫公司100%的股权，以1.9亿元现金作为收购股权的支付对价。这就有些奇怪了，瑞鑫公司的净资产无论是在信息截止日的2016年12月31日还是2017年2月28日，都是5 000多万元，但收购价竟然达到 1.9 亿元，溢价率之高超乎想象。疑问随之而来：

被收购的企业瑞鑫公司值 1.9 亿吗？

瑞鑫公司以对价 1.9 亿元的现金资产处置 100% 股权，其股权的初始投资成本是多少？计税基础为多少？本次重组是否又涉及企业所得税？

瑞鑫公司的两名股东韩石、纪文英分别持股 65% 和 35%，在本次处置股权的事项中，是否又涉及个人所得税呢？

在资金借贷困难、银根紧缩、现金为王的当下，斥资 1.9 亿元的自有资金购买股权是否会对上市公司的现金流产生影响？

龙柏集团为什么会有这样决策？是背后不为人知的利益输送？还是存在内幕交易的情况？

……

细细研读这则公告，虽然该公告披露的还只是拟订事项，股权转让成功与否尚不具有最终确定性，而确定该笔股权交易的关键是"公告信息的分析利用""证监会的批复文件""资金流向的辅助判别"和"股权交割的具体时间"4 个监控关键节点。针对该项股权交易可能产生较大税额的影响，出于对税务稽查的职业敏锐、对税收事业的尊重敬畏、为防止此次股权交易过程中可能造成的税款流失，于是顺手拨打了好友、刚好是当地主管税务机关稽查局局长的手机。

（我）刘局长，突然发现一个您那里的稽查案源，感兴趣不？

（局）哎呀，谭老师，这可太好了！这真是打瞌睡遇到个软枕头！我们正在搞国、地税联合稽查，正在筛选案源呢。

（我）今天看到一个上市公司发布的收购股权的公告，你们那里企业的股东出卖股权，对价是 1.9 亿。初步分析应该涉及个人所得税、印花税，可能还会有企业所得税的问题，税款应该不小啊。我把两个链接发给您，您看一下。

（局）谭老师，好人做到底吧。你再把案情分析写一下发给我，这样也省得我费事啊。

……

【人物内心：
感情是给自己找事儿啊？虽然一脸不情愿，但是为了不使国家税款流失，不负朋友嘱托，继续对瑞鑫公司转让股权事项持续关注吧。】

追踪：重点事项监控锁定方向

一、交易标的基本情况（见表4）

表4

公司名称	A市瑞鑫工贸有限责任公司
公司类型	有限责任公司（自然人投资或控股）
注册资本	800万元人民币
法定代表人	韩石
设立日期	2004年3月3日
统一社会信用代码	915203××××××××××
注册地点	东区珠林院二楼13号
经营范围	矿产品、化工产品加工（不含化学危险品）；销售：金属材料、建筑材料、机械设备、电器设备、矿石（涉及行政许可的除外）、日用杂货、办公用品、五金、交电、化工（不含化学危险品）、橡胶制品（依法须经批准的项目，经相关部门批准后方可开展经营活动）

A市瑞鑫工贸有限责任公司（以下简称"瑞鑫公司"），实际经营业务主要为钛精矿的干磁选生产、加工和购销。瑞鑫公司为增值税一般纳税人，企业所得税实行查账征收。

通过查询《全国企业信用信息公示系统》我们得知，瑞鑫公司的主要产品是"工业用二氧化钛"（商标注册号为"1××90542"）。2017年4月2×日，瑞鑫公司投资人由韩石、纪文英变更为龙柏集团股份有限公司，龙柏集团股份有限公司注册资金800万元。瑞鑫公司法定代表人由韩石变更为李大海。

【人物内心：

等等，商标注册号？在搜索信息时居然发现该公司申请注册了商标专用权！试想下，若是一家企业有了注册商标专用权，能为它带来什么样的好处呢？各位请思考。益处包括且不限于以下方面：

1. 便于消费者认牌购物，为创名牌打基础。

2. 商标注册证是商品获准进入商场销售的凭证。

3. 商标注册人拥有商标专用权，受法律保护，别人不敢仿冒，否则就可以告其侵权，获得经济赔偿。

4. 商标是一种无形资产，可对其价值进行评估，可以通过转让，许可给他人使用，或质押来转换实现其价值。

那么问题来了，这次的龙柏集团以1.9亿元现金收购瑞鑫公司100%的股权交易中，是否有转让无形资产的因素呢？如果有这个因素的话，或许会涉及企业所得税问题。但是，从目前资料看不置可否，尚有待于结合其他资料的收集、整理与分析后进行判定。】

二、注册资本金

瑞鑫公司于2004年3月3日注册时的资本金是800万元人民币。

【人物内心：

这可是在16年前的2004年，那时的注册资本可是真金白银的实缴制！实缴制下800万元注册资本表明了其资金实力是非常雄厚的。换个角度我们再算算账，假定当时中国的真实通胀率为6.36%。据此我们可以推算，当年的39.85万元就相当于2017年100万元的购买力，也就是说2004年800万元的资金实力相当于2017年的2008万元。】

三、关于评估增值事项

公告显示：截至评估基准日（2016年12月31日），瑞鑫公司的账面净资产为5 014.62万元（如表5所示），采用收益法评估后的净资产（股东全部权益）价值为19 149.00万元，增值额为14 138.38万元，增值率281.86%。

表5   单位：元

项目	2017年2月28日	2016年12月31日
资产总额	140 898 217.75	64 254 898.95
负债总额	87 009 589.13	14 108 810.70
应收账款	—	15 591 726.75
净资产	53 888 628.62	50 146 179.25

龙柏集团出资1.9亿元现金收购瑞鑫公司，瑞鑫公司评估增值281.86%，意味着龙柏集团对瑞鑫公司的生产经营前景十分看好。正如搜索到的公告称：瑞鑫公司是当地钛中矿加工综合实力较强的一家企业，具有十多年钛矿采购、加工及贸易经验。在目前钛精矿供应短缺的情况下，加之集团全资子公司龙柏钛业股份有限公司目前由于选矿能力不足，每年有部分原矿外卖，此时龙柏集团收购瑞鑫公司，不仅可以缓解钛矿供应紧张的矛盾、保障公司原材料的供应稳定、提升公司的盈利能力和行业竞争力，而且还可以增强公司的选矿能力，提高钛矿自给能力。

【小贴士：

资产基础法从资产重置的角度间接地评价资产的公允价值，在评估企业整体资产时不能合理预测各项资产组合的获利能力。

收益法是从资产的预期获利能力和面临风险的角度去评价资产，符合市场经济下的价值观念，即价值取决于使用价值。但未来收益及风险的准确预测存在一定难度。】

四、资产、负债要素分析

公告显示，"钛矿是生产钛白粉最主要的原材料，A市是我国钛矿主要原产地，钛矿资源丰富。钛白粉及钛矿经过近几年的调整，大量采选矿厂倒闭，导致钛精矿供不应求，价格暴涨"。恰与企业公布的财务数据中营业收入由"2016 年度 165 972 667.66 元"月均销售额 13 831 055.64 元，到"2017 年 1－2 月 51 994 800.00 元"月均销售额 25 997 400.00 元相吻合，即由"产品供不应求价格暴涨"因素导致了同期销售收入的激增。如表 6 所示：

表 6   单位：元

项　目	2017 年 1－2 月	2016 年度
营业收入	51 994 800.00	165 972 667.66
营业利润	3 774 380.49	35 000 799.35
净利润	3 742 449.37	28 179 583.79
经营活动产生的现金流量净额	－3 871 096.23	5 929 681.50
项　目	2017 年 2 月 28 日	2016 年 12 月 31 日	变动数
资产总额	140 898 217.75	64 254 898.95	76 643 318.8
负债总额	87 009 589.13	14 108 810.70	72 900 778.4
应收账款	—	15 591 726.75	
净资产	53 888 628.62	50 146 179.25	

公告中"标的公司主要财务数据"显示：截至 2017 年 2 月 28 日，资产总额 140 898 217.75 元，较 2016 年 12 月 31 日 64 254 898.95 元，增加了 76 643 318.80 元。企业资产和负债两个月之间同时增加 7 000 多万元，可能存在哪些原因呢？请思考。

1. 可能涉及融资借款？

资料显示瑞鑫公司的净资产只有 5 300 多万元，增加的 7 000 多万元资金，如果推测是从金融机构的借款，在当下银行、信托、债券等融资渠道收紧的情形下显然在资产结构上缺乏合理性支撑。那么瑞鑫公司是否存在收到政府补助挂账未确认收入的问题？或者会不会存在民间借贷的情形呢？因此时搜索、掌握的信息不全面，尚无法对该事项进行判断，但应引起主管税务机关的关注。

2. 可能涉及大额预收账款？

如果该企业2017年导致负债增加的7 000多万元是由于收到预收账款而形成的，我们假定不考虑企业收回以前坏账的情况，预收账款本期增加7 000多万元、公告显示的本期主营业务收入是5 000多万元以及上期应收账款本期收回1 500多万元。综合以上三项数据，"本期销售商品提供劳务收到的现金流"应该在1.5亿元以上才合乎情理！而我们从公告信息中看到的企业本期"经营活动产生的现金净流量为–387万元"，这意味着如果2017年负债的增加全部是由于预收账款引起，则"购买商品、接受劳务所支付的现金"应该大于1.5亿元。那么问题来了。

瑞鑫公司是否存在预收货款发出商品后未及时按照税法规定记载销售收入计算税金的问题？

瑞鑫公司是否购进固定资产加大了生产能力？

在选矿企业倒闭严重的情况下，大量囤积原材料行为的真实性如何？

公告所披露的瑞鑫公司报表本身数字是否失真？

……

很多的疑问都应当引起我们的关注。

3. 可能涉及大量采购原材料未付款？

我们再假设，如果该企业2017年负债增加的7 000多万元是由于大量采购原材料应付账款构成的，综合"应收账款本期期末余额为0元"的因素，那么上期期末1 500多万元的应收账款余额将形成本期的"销售商品提供劳务收到的现金"，"本期经营活动产生的现金净流量为–387万元"，则意味着本期"购买商品接受劳务所支付的现金"应不少于1 800多万元，加之原材料采购应付款7 000多万元，则本期原材料采购金额至少在9 000万元左右。但是在目前融资渠道显著收紧的情况下，赊账的真实性有多大？结合货物的平均采购单价1 680元/吨，9 000万元的原材料矿石怎么着也得5 300多吨，原材料的堆放场所得有多大？是自有的场地还是租赁的货物存放场所……

当然，这一分析还需综合考虑上期应付账款本期偿还金额以及本期预付账款金额等因素。由于目前尚未掌握更多的应付账款和预付账款信息，我们在假定不考虑上期应付账款本期偿还金额，以及本期预付账款金额的情况下做出如上判断，后期还需进一步获取该公司应付账款及预付账款变动情况予以佐证。

挖掘：获取数据支撑疑点分析

为取得更多信息数据，以进一步分析验证该企业可能涉及的税收疑点，笔者尝试着利用互联网与大数据等先进的信息化手段，通过使用某款"爬虫软件"进行网络数据扒取，以期得到更加详实的数据支撑，如图2至图5所示。

图2　某互联网采集管理平台操作图示1

图 3　某互联网采集管理平台操作图示 2

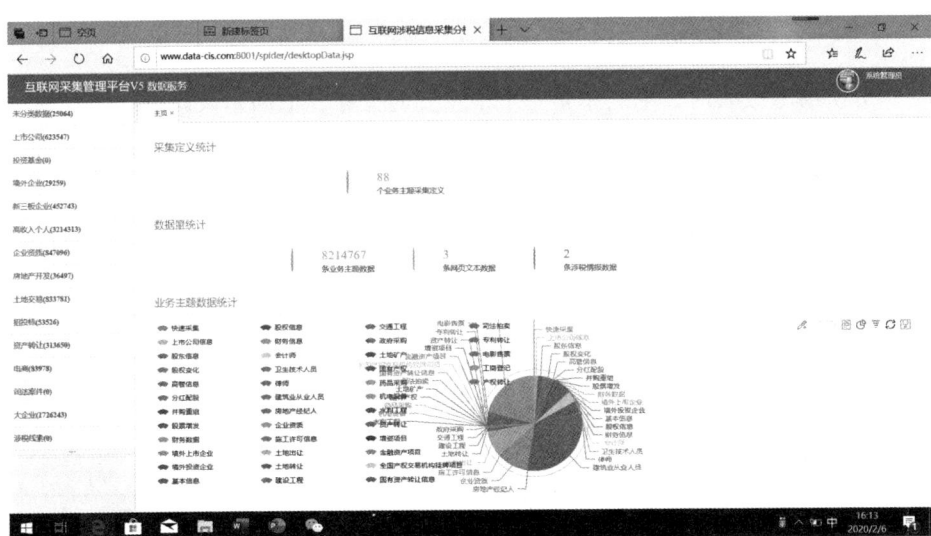

图 4　某互联网采集管理平台操作图示 3

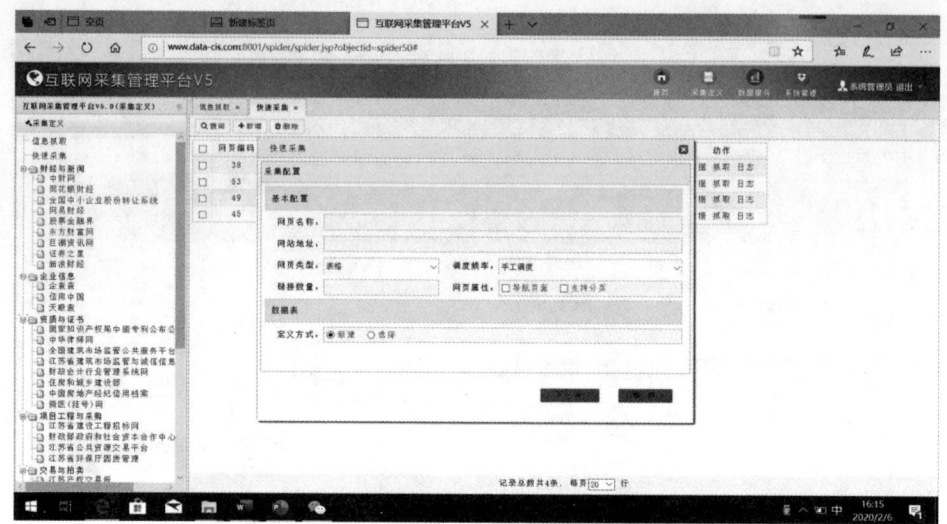

图 5　某互联网采集管理平台操作图示 4

通过对瑞鑫公司信息采集抓取、过滤匹配等环节，扒取了瑞鑫公司的部分财务报表数据，笔者据此进一步开展了以下分析：

一、毛利率分析

分析财务报表时，毛利率是一个很重要的指标，毛利率太高可能怀疑财务造假，太低又说明产品竞争力不强。因此，毛利率太高或太低都不正常，这并非悖论，而是符合自然规律的。我们利用获取到的报表数据进行了数据筛选、清理、整合，本案中，由于钛精矿的供不应求、价格暴涨或导致企业公布的财务数据中营业收入的增加，但是却与同期毛利率急剧下降相互矛盾：企业毛利率由10.91%下降到8.18%，2017年1－2月份的销售收入占到2016年全年销售收入的31.35%，如表7所示。这意味着导致2017年1－2月销售收入上升、毛利率下降的速度之快应该是产品的价格涨幅远没有成本上升速度快。

表 7　　　　　　　　　　　　　　　　　　　　　　　　　　　　　　单位：元

项目	2017 年 1－2 月	2016 年度
主营业务收入	51 994 800.00	165 842 667.66
主营业务成本	47 742 208.80	147 742 679.84
毛利	4 252 591.20	18 099 987.82
毛利率（%）	8.18	10.91

但是，无论是资产、负债要素分析中第 2 种还是第 3 种情况，能够大量购入原材料应该意味着企业的生产经营状况良好，照理说毛利率应该上升而不应下降。如此一来，我们是否可以合理地怀疑企业有虚增成本或者隐匿收入的可能呢？因该公司历史销售数据目前尚未完全采集，但是根据上述情况对该公司数据的测算一定程度上也说明了某些问题。

二、存货与实际经营情况的配比分析

根据网络获取 2017 年 2 月的"资产负债表"（见表 8）提示：存货 28 959 120.16 元，预收账款 86 252 611.35 元，大额存货与企业实际经营情况和钛精矿市场行情不匹配，可能存在未按照税法规定及时记销售收入挂往来账款的涉税风险。

表 8 单位：元

10	应收股利	4	0.00	0.00	预收账款	36	0.00	86 252 611.35
11	应收利息	5	0.00	0.00	应付工资	37	0.00	0.00
12	应收账款	6	16 412 872.65	0.00	应付福利费	38	0.00	0.00
13	其他应收款	7	126 752.40	1 137 815.22	应付股利	39	0.00	0.00
14	预付账款	8	0.00	42 398 007.56	应交税金	40	4 338 816.48	-3 878 206.67
15	应收补贴款	9	0.00	0.00	其他应交款	41	0.00	0.00
16	存货	10	710 091.57	28 959 120.16	其他应付款	42	4 272.65	4 920.05

三、固定资产与实际经营情况的配比分析

公告显示，标的公司的主要财务数据中"营业收入"项目如表 9 所示。

表 9 单位：元

项目	2017 年 1 - 2 月	2016 年度
营业收入	51 994 800.00	165 972 667.66

我们通过公告列示的瑞鑫公司财务报表中的营业收入，2016 年度营业收入 165 972 667.66 元、2017 年 1 - 2 月营业收入 51 994 800.00 元可以推算出 2016 年月均销售收入 13 831 055.60 元、2017 年月均营业收入 25 997 400 元，再一次从收入的维度验证了收入增加、供不应求的趋势。

我们通过获取国内钛精矿 2016 年至 2017 年 2 月的 TiO2≥46% 的价格行情走势见图 6、图 7，可以清晰地看到钛精矿价格频繁波动，以至于在 2017 年 2 月钛精矿 TiO2≥46% 价格走势已经飙升至 1 800 元/吨。根据获取到的国内某知名钒钛交易中心的数据显示，2017 年 2 月钛精矿销售金额均价约为 1 680 元/吨。

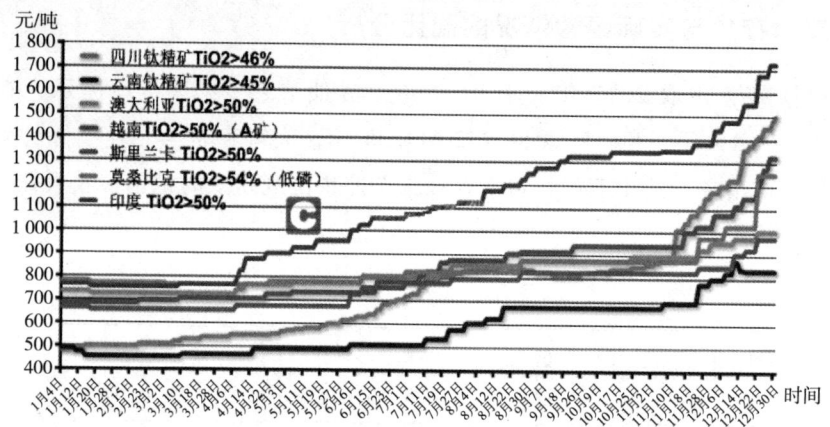

图 6　2016 年 1－12 月国内钛精矿行情走势图——中国铁合金在线

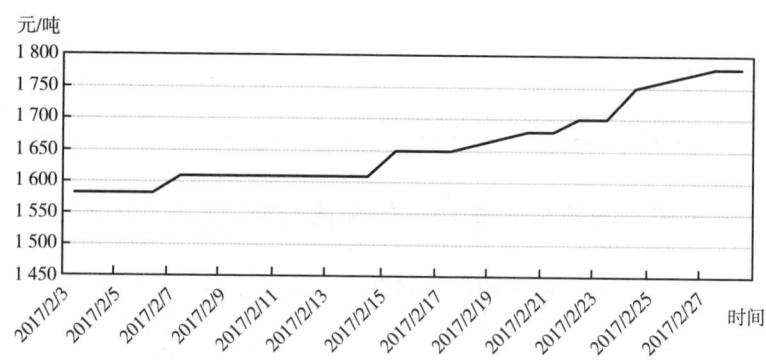

图 7　钛精矿 TiO2≥46% 2017 年 2 月价格走势

根据网络获取的数据测算，2017 年实现销售收入 2 月份金额与本年累计数均为 51 994 800.00 元，主营业务成本均为 47 742 208.80 元（如表 10 所示），与公告文本中 2017 年 1－2 月的营业收入 51 994 800.00 元一致，说明 2017 年 1－2 月实现的销售收入与主营业务成本均发生在 2 月份。

表 10　　　　　　　　　　　利润表

填表日期：2017 - 03 - 10
所属期：2017 - 02 - 01 至 2017 - 02 - 28　　　　　　　　　金额单位：人民币元

项目	行次	本月数	本年累计数
一、主营业务收入	1	51 994 800.00	51 994 800.00
减：主营业务成本	2	47 742 208.80	47 742 208.80

根据搜索到的国内某知名钒钛交易中心数据显示，2017 年 2 月钛精矿销售金额均价约为 1 680 元/吨，可以推算出 2017 年度的月均销售钒钛产品数量约 30 949.28571 吨，我们量化分析时应考虑节假日休息以及行业定期维检等因素，年产量应大约 36 万吨。

但是，2017 年 3 月 10 日公告的"龙柏集团拟以现金 1.9 亿元收购由自然人韩石与纪文英共同持有的××市瑞鑫工贸有限责任公司 100% 的股权，收购完成后，瑞鑫将成为公司的全资子公司。公司与瑞鑫签署了《钛矿采购框架协议》，根据该协议：公司预计未来三年采购瑞鑫钛精矿的总量约为 48 万吨（其中 2017 年度约 15 万吨，2018 年度约 16 万吨，2019 年度约 17 万吨）"的消息，似乎与瑞鑫公司的实际产能矛盾。

【人物内心：

这很矛盾啊！记不清是哪一年的诺贝尔经济学奖获得者说，作为一家企业的根本目标就是利润最大化。这不仅是企业的天职，更是仅有的一个责任。而这个龙柏集团就让人搞不懂了！明明 2017 年的销售量可以达到 30 万吨，为什么在签署《钛矿采购框架协议》时，只制定了 15 万吨的战略规划，在价格暴涨、供不应求的大环境不但不扩张生产规模，反而限制产量实在是有悖于常规！而逆向思维考虑的话，龙柏集团签署《钛矿采购框架协议》之前，想必应该也进行了详实的调查，也是根据瑞鑫公司的实际产能才得出的预计采购量，否则也不好向股东交差啊？那么如果龙柏集团的预计采购量属实的话，瑞鑫公司明明年产量只能 15 万吨，那么从公司发布公告中的销售收入所推导出来的产能该作何解释呢？】

同时，我们再来研读、比对获取到的国内该行业龙头企业的产能信息，年销售收入 418 388.01 万元，折算销售数量为 249 万吨，其匹配的固定资产规模则是 626 550.03 万元。其年产 30 万吨钒钛产品控股子公司的固定资产规模也在 2 亿元以上，而对比获取到的瑞鑫公司最新报表数据（见表 11 至表 13）显示，其账面原值为 2 663 万元的固定资产规模根本不足以与销售收入相匹配。这不仅与龙柏集团收购瑞鑫公司的目的相悖，同时更与我们已掌握瑞鑫公司现有数据呈现出来的生产销售能力相矛盾，那么瑞鑫公司究竟是收入掺有水分？还是成本不实？甚至是否存在虚开发票、虚增收入的情形应引起主管税务机关的关注。

表 11　　　　　　　　　　　　利润表摘要　　　　　　　　　单位：万元

指标	2017 年一季	2016 年末期	2016 年三季	2016 年中期
营业收入	236 516.17	418 388.01	206 388.80	131 732.56
营业成本	167 995.84	363 633.65	191 638.73	122 342.62
营业费用	7 628.11	17 959.59	9 280.56	6 189.36
管理费用	12 020.93	36 724.97	16 876.94	10 446.15
财务费用	2 896.42	9 582.69	6 266.79	4 183.31
营业利润	68 730.82	54 968.57	14 758.71	9 398.26

表 12　　　　　　　　　　　　资产负债表摘要　　　　　　　　单位：万元

指标	2017 年一季	2016 年末期	2016 年三季	2016 年中期
总资产	1 896 048.52	1 804 856.36	2 488 346.18	668 230.89
流动资产	529 476.28	458 204.46	1 142 904.02	284 293.80
货币资金	138 485.10	130 339.07	831 067.76	103 118.85
存货	134 568.09	128 067.01	112 188.01	70 761.63
应收账款	102 739.26	81 756.40	86 156.31	43 641.64
其他应收款	3 500.94	3 051.43	2 805.43	1 936.24
固定资产净额	610 209.57	626 550.03	562 257.12	244 631.17
无形资产	138 888.26	142 001.82	136 736.53	14 926.42

表 13　　　　　　　　　　　　资产负债表
适用于执行《企业会计制度》财务报表
纳税人识别号：　　　　　税款所属期：2017-02-01 至 2017-02-28
填表日期：2017-03-10　　　　　　　　　　　　　　　　单位：元

固定资产原价	26 633 137.19	26 633 137.19
减：累计折旧	7 054 663.89	7 165 591.34
固定资产净值	19 578 473.30	19 467 545.85
减：固定资产	0.00	0.00
固定资产净额	19 578 473.30	19 467 545.85

四、个人所得税风险分析

除上述分析疑点之外,由于被收购企业瑞鑫公司的所有者系自然人韩石与纪文英,本次收购是大额现金交易,增值率高,主管税务机关应当重点关注该交易涉及的个人所得税风险。股权结构如表14所示:

表14

序号	股东名称	持股数量(万股)	持股比例(%)
1	韩石	520	65
2	纪文英	280	35
	合计	800	100

【画外音:

当地国税、地税联合检查小组按照自选案源程序实施联合稽查。

某日,对瑞鑫公司的财务总监就有关问题进行了询问:

问:总监好!今天请您过来是就检查过程中一些问题,向您询问,我们是××省××市国家税务局稽查局的工作人员,我是刘××,他是吴晓旭,这是我们的税务检查证件,证件号码为×××,请您核对查阅,是否有异议?

答:哎呀,我看过了,没有异议啦。刘局,您这是干嘛呢,也太认真了吧?我们都是老熟人,不必要这么拘礼吧?

问:根据《中华人民共和国税收征收管理法实施细则》第八条的规定,如果您认为我们两人与您或您的企业有利害关系,您可以申请回避,您是否申请回避?

答:不需要,没有利害关系,不申请回避啦。

问:我们在此次税务检查过程中,对于获知的您及公司的商业秘密或个人隐私将予以保密,但税收违法行为不在保密范围之内,您是否清楚?

答:清楚。

问:在此次询问过程中,您要如实回答我们所提出的问题,并就所回答的问题的真实性承担相应的法律责任,您是否清楚?

答:清楚。

问:你们钛白粉这个行业的生产工艺都有哪些啊?

答:行业的生产工艺流程有硫酸法、氯化法、盐酸法和碱融法这几种。但是目前世界上生产钛白粉的较为常用的工艺是硫酸法和氯化法两种生产工艺。但是因为硫酸法生产钛白粉不但产生高能耗、高污染，而且硫酸法生产带来较多"三废"，从利益最大化角度看，不利于企业的持久经营，所以我们现在采取的是最为先进的氯化法。

问：咱们公司会计记账是不是随意性很大啊？

答：不不不，刘局长，我们公司虽然规模不是很大，但是绝对没有弄虚作假，都是严格按照会计准则和税法的规定及时、准确地记账，保证会计核算的客观性、正确性和会计信息的质量，也是及时足额缴纳税款的。这些年财政局还授予我们会计核算质量达标单位呢。

问：咱们公司近期有没有进行过什么新增设备或者设备改造或者重大技术革新呢？

答：没有，这个绝对没有。我们公司规模不大嘛，也是响应国家环境治理的号召，才采取的氯化法生产。而且氯化法工艺生产的钛白粉生产流程短、连续化操作、单系列装置规模大、"三废"排放少，优势明显，并且氯化法工艺生产的钛白粉性能更加优良。所以我们能维持这种生产就谢天谢地了。

问：那这就奇怪了，和你们同样的生产工艺流程、相同的产品构成，就连生产指标基本不相上下的×××企业，要达到年产30万吨的生产规模，固定资产规模得有2个亿左右，而您家的固定资产只有2 600万，但是销售规模却和他家几乎一致。来来来，您告诉这是怎么回事嘛？

答：（沉默）刘局，我下午和主管生产的副总一起过来，给您解释这个问题。

问：行啊，先看一下这个询问笔录，没意见就签个字。其他的下午来了再说吧。

答：我先不签吧，下午还要来的。我得赶紧先回去开会了，下午见啊。

……

下午一上班，该市国税局、地税局接到市府通知，参加市府组织的有关招商引资有关问题的紧急会议。

……

后续：经企业认真自查，最终补缴入库个人所得税3 683.10万元、企业所得税700.63万元、印花税9.53万元，如图8、图9所示。]

案例2：公告获疑点　信息促稽查

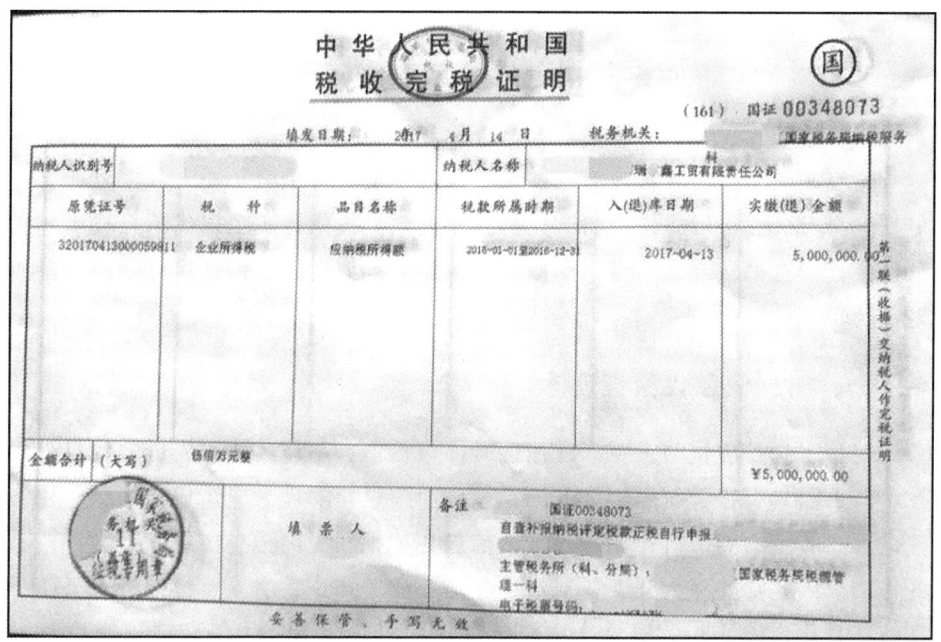

图 8　税收完税证明图示

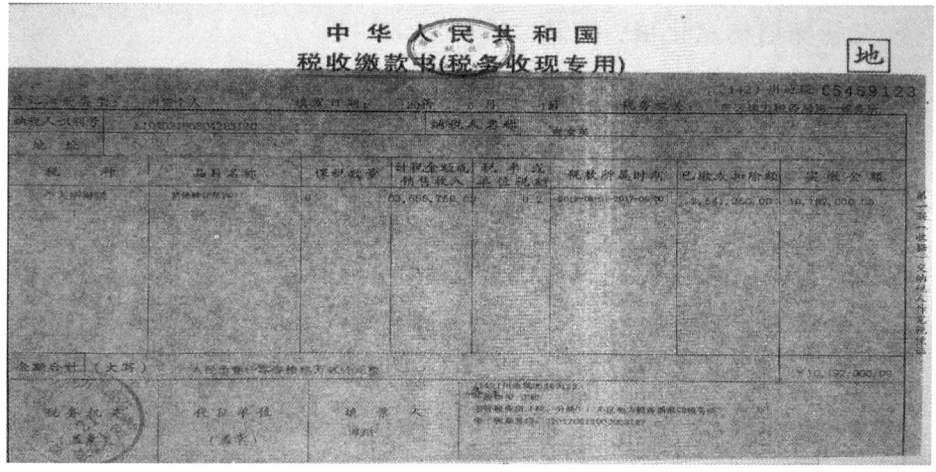

图 9　税收缴款书图示

启发：思维理念促进稽查转型

随着互联网、云计算等信息技术的蓬勃发展，一个全新的大数据时代已经来临。面对机遇与挑战，我们应充分利用大数据技术，实现现代信息技术与信息化稽查的有机融合，获得、挖掘并利用更大价值的数据信息，有力促进稽查事业的转型升级。

一、树立信息化稽查理念

信息本身是静止的，要深度挖掘其内在价值，不仅要依赖先进的信息处理技术，更需具有善于使用信息的创新思维。信息化的理念应当成为信息化稽查建设理念转变的突破口，在深入推动信息化稽查和提高稽查实效方面发挥应有的作用。因此，要深入开展普及信息化稽查相关知识，引导每位稽查人员正确理解信息化稽查的相关概念，培养信息化的思维理念，力争营造一个"用科学来思考、用数据来说话、用技术来稽查、用信息来创新"的大数据氛围，为稽查信息化建设奠定"大数据"的理念基础。

二、拓展信息化稽查工具

在移动互联网技术、云计算快速发展的今天，针对信息化稽查采集、清洗、发掘信息能力不足的问题，应坚持"科技引领、创新驱动，统筹基础平台建设，整合信息技术资源，打造'互联网税务＋稽查'税收治理"的道路，在"金税三期"中搭建功能强大的数据分析平台，优化整合现有的不同类型、不同层次、不同功能的各种系统，覆盖纳税人、税务机关内部、工商、海关、银行、公安等部门以及互联网等不同渠道取得的数据，充分利用"网络爬虫"等现代信息技术手段，不断拓展信息化稽查工具应用，实现对数据的有效采集、存储、处理、分析和应用。

【人物内心：
应正视信息化稽查所带来的风险或不足！
提示1：关注调取、退还账簿资料的风险
场景：今天你退账了吗？

案例2：公告获疑点　信息促稽查

地点：国家税务总局某市税务局稽查局

时间：2020年1月6日

人物：张老稽、王小稽

张：小王啊，雷霆科技公司那个案子，案卷资料如果已经规整好了，就按规定提请审理吧。

王：张老师，这个案子被查对象准确、税收违法事实清楚、证据充分、数据准确、资料齐全、适用法律法规适当，定性正确、符合法定程序，并且税务处理、处罚建议适当，应该没问题的。

张：调取的账簿资料也都退了吧？

王：您放心吧，都已经退过了。

张：调取的电子账套也退了吗？

王：…，这个电子账套也需要退么？那咋退啊？法律没有规定啊！

张：总局稽查局曾经下发过一个针对信息化核算的企业，怎样进行税务稽查的文件，《信息化管理企业税务稽查工作指南（试行）》明确指出："账是指纳税人用于记录其生产经营活动过程的纸质或电子设备等有形载体。对于记录纳税人的生产经营活动情况，在纸质载体中是以书写或打印成字符的形式体现，在电子设备存储介质载体中则是以数据库类型和文档类型等电子文件的形式体现。"

王：这就搞迷糊了。先说的是"账是有形载体"，再解释又说是数据库类型和文档类型这些个虚拟的电子文件。到底是有形的还是无形的啊？

张：小王你要这样理解，账就是体现在有形的载体上运行的无形的电子数据。

王：张老师，按照这个文件所说的账，要么是纸质的，要么是电子设备。难不成我调账还要把企业的电脑啊、服务器都调过来么？

张：总局这个文件想说的意思是，如果企业采用信息化记账的话，记载生产经营活动情况的数据库或者文档都是账。而财政部、国家档案局在2015年也发布过一个部门规章，第79号令，就是《会计档案管理办法（2015）》。第三条就明确规定"会计档案是指单位在进行会计核算等过程中接收或形成的，记录和反映单位经济业务事项的，具有保存价值的文字、图表等各种形式的会计资料，包括通过计算机等电子设备形成、传输和存储的电子会计档案"。而会计资料包括：会计凭证、会计账簿、财务会计报告和其他会计资料。

王：可是规定"账簿"这些事儿的，权限应该归属于财政部门吧？

张：想来也是上面为了便于我们下边执行，所以也是用心良苦啊。

王：嗯，我似懂非懂了。还有啊，那电子数据我咋退账啊？

张：目前虽然还没有具体的规定，但是我们可以根据《税收征管法》的有关规定，在退还纸质账簿凭证时，应当要求提供企业电子数据的个人、单位的法定代表人（或者负责人）、财务负责人或者技术人员在场。在其见证下，在存放提取数据的 U 盘上删除企业账套数据及电子资料，同时在导入有企业电子信息的稽查软件中删除企业的账套数据。然后让当事人在《调取账簿资料清单》等相关文书上注明"电子数据已删除"字样和日期。还有，记得签章哦。

王：我明白了，谢谢张老师！

提示 2：电子取证缺少哈希值计算程序的风险

张：对了，小王，你看看这个案子中，我们在提取电子证据的时候还有什么风险？

王：我们按规定已经出具了相关执法文书，完全是按照程序取证的啊。

张：那你想想，万一我们提取了电子证据之后，当事人说我们改动了他的数据，该怎么办呢？

王：我们可以责成相关人员到我们指定的地方，然后在他们的见证下，一起拆封载体、一起导入数据啊。

张：这样行是行，但是怎样做到防患于未然呢？

王：我们可以在提取电子文档、数据文件的时候，先查一下属性啊，打开属性选项，可以清晰地查询到这个电子文件的形成时间、修改时间，以及电子文档的大小、占用空间等信息。然后用截图方式，或者拍摄或者记录等方式固定一下啊（如图 10 所示）。

张：你行啊。看来这段时间没少思考。那你想想，若是遇到图片性质的电子文件，这种方式你试试还行么？

王：我试了，对于图片就不行了。这该咋办啊？

张：这要看情况来说，你要是提取照片信息的话，除了刚刚你说的那个方法，我们还可以用看图软件，比如 Photoshop 制图软件、比如说光影魔术手等都可以。用相关软件打开图片，点击"图片信息"，软件会显示"拍摄时间""相机厂商、设备型号、相机镜头"等信息（见图 10、图 11），这样也可以看出来图片的信息。

案例2：公告获疑点　信息促稽查

图 10　文件属性图示

图 11　图片信息查询图示

王：还可以这样啊。但是这个软件也显示不出来是否修改过的信息啊？

张：是的，所以今天再给你介绍一个文件，就是公安部 2005 年出台的《计算机犯罪现场勘验与电子证据检查规则》。这个文件规定，对于作为证据使用的电子数据应当在现场固定或封存，目的就是保护电子证据的完整性、真实性和原始性。所以，尽管说税务机关还没有如何固定电子证据的规定，但是我们在取证时可以借鉴其他部门（如公安部门或者检察机关）现行有效的规定。

王：张老师，那都是咋规定的啊？

张：固定存储媒介和电子数据包括三种方式：完整性校验、备份和封存。

王：备份和封存我能理解，完整性校验是个什么东西？

张：完整性校验就是计算电子数据和存储媒介的完整性校验值，同时制作、填写《固定电子证据清单》。简单说就是，把任意长度的文件输入，通过散列算法，变换成固定长度的输出，该输出就是散列值。散列算法对任一文件都会创建一个 hash 值，然后比对散列值，两个内容完全一致的文件其 hash 值相同，两个同名的文件只要内容稍有差异 hash 值就完全不同。假定我们新建一 Word 文档，内容是"散列算法对任一文件都会创建一个 hash 值，然后比对散列值，两个内容完全一致的文件其 hash 值相同，两个同名的文件只要内容稍有差异 hash 值就完全不同。"这段话，我们通过 HashCale 软件计算这个文件的 hash 值为 60f6f4d49e472af13cbca018c2e7eace，如图 12 所示：

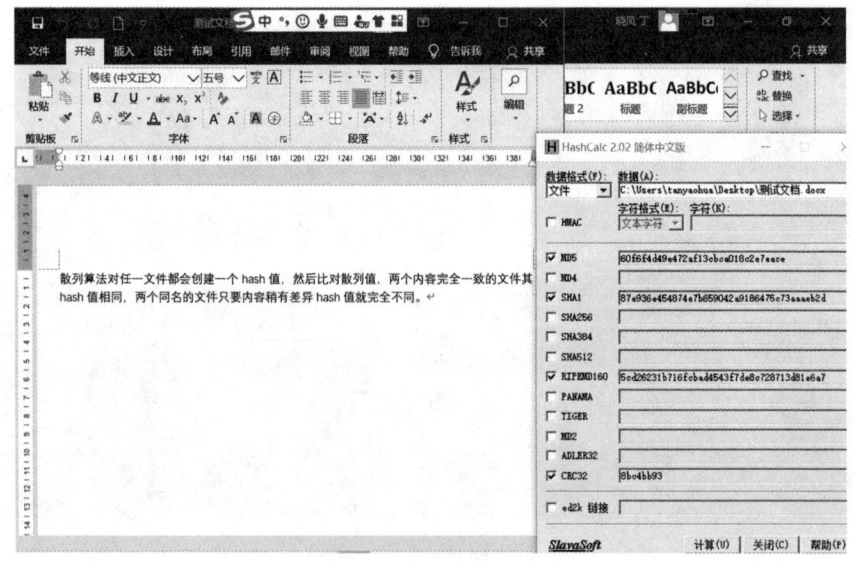

图 12　hash 值查询图示 1

当我们把图中文字除由"等线"修改为"微软雅黑"字体外，其余事项均不作改变，再计算修改字体后文件的 hash 值时，已经变化为 ba3055463514ada7caa3d950c93c0fdb（如图 13 所示）。

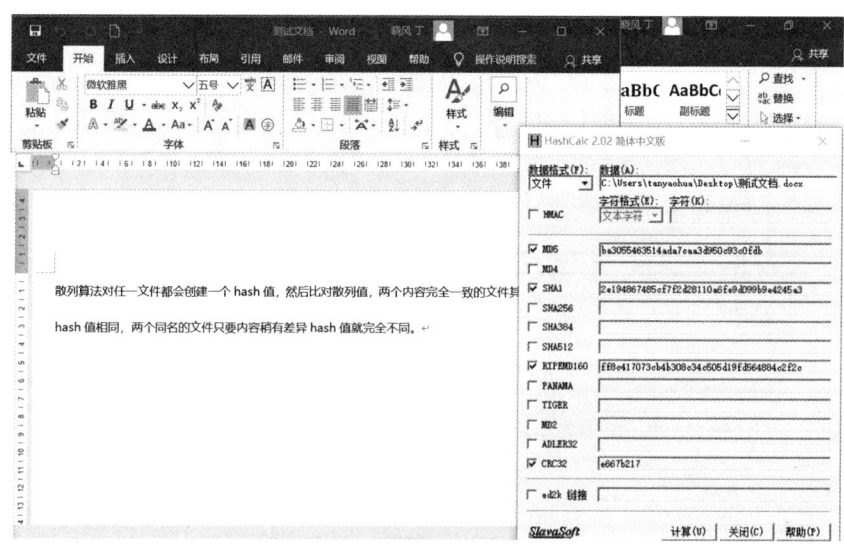

图 13　hash 值查询图示 2

同时，因为散列算法还具有不可逆性，不能通过 hash 值逆向恢复源文件的内容，所以 hash 值经常应用于电子签名、数据安全和文件一致性检验等方面。

王：谢谢张老师，今天我又学到不少知识。

提示 3：电子账套格式转换、体例压缩、数据加密的风险

王：张老师，您再给我讲讲关于税务稽查中对电子数据取证的要求呗。

张：好的。我们就从查账软件说起，你思考一下，我们日常应用的税务稽查电子采集软件的工作机理是什么？

王：因为企业应用的财务软件种类和版本实在太多太杂，行业内尚未执行统一的数据接口标准，虽然相关的法规已经出台，但数据接口标准统一还会有一个过程。采集软件是专门针对企业的涉税电子数据进行采集并转换成为查账软件可以识别的电子文档。

张：好，我们现在以 2017 年提取的某酒业公司 2016 年度的电子账套为例，这是企业财务部门会计记账软件的备份数据库 BAK 文件（如图 14 所示），

这个是我们应用数据采集软件采集出来的 DAT 文件（如图 15 所示）。现在请问，我们整个采集数据的过程有什么风险？

王：只要我们按照《税务稽查工作规程》的规定执行，应该不会有什么风险吧？

张：小王啊，事情也不是这样的。我们现在的数据采集，尽管按照《税务稽查工作规程》的规定执行，也会有其他风险的，主要体现在三个方面：第一，你看看我们刚刚所采集的数据，源文件是什么格式？采集后的文件是什么格式？

图 14　BAK 文件属性图示

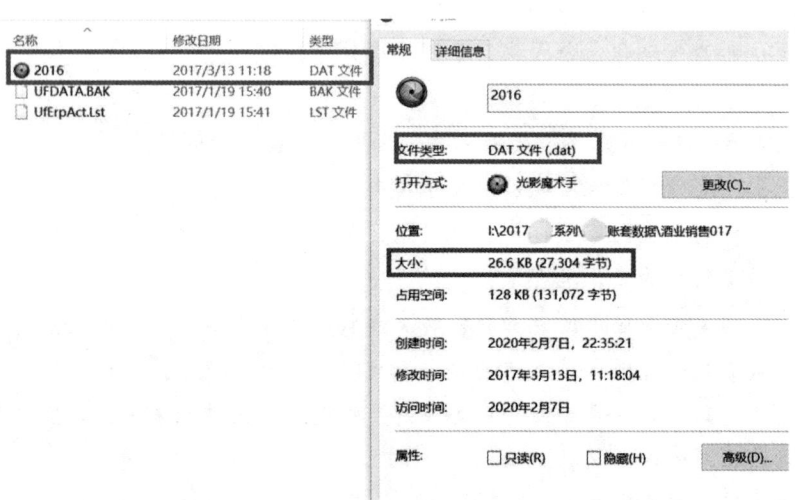

图 15　DAT 文件图示

王：源文件是 BAK 格式啊，但是采集后的文件却是 DAT 格式，格式不一样了。

张：对的，这就是我想说的第一个问题，格式进行了转换。好，我们再看第二个问题，你再比对一下采集前后的文件的大小？

王：源文件大小是 1.52G，而采集后的文件大小是 26.6K。采集前后的文件大小不一样，那是不是在采集过程中，压缩了文件导致的啊？

张：说对了。你再试试能不能打开采集后的文件。

王：我刚刚试过了，一般程序都打不开整个 dat 文件，只有在我们这个税务稽查查账软件上才能打开。

张：采集软件的设计初衷是为了防止因为采集数据泄密所以同时进行了加密。

王：谢谢张老师，原来查账软件采集数据的时候不但会转换数据格式、进行数据体量的压缩，还会自动加密啊。这样真好啊！

张：可是这样的采集是违反了上级的相关规定的。

王：啊！还有这样的事儿啊？

张：那你看看《工作指南》那个文件，文件第三条，规定在拷贝、备份涉税电子数据信息时，"不允许对提取的涉税电子数据信息进行转换、加密和压缩（保持证据"与原件一致性"）……"查账软件采集数据时候的三大特性（转换数据格式、体量压缩，自动加密）妥妥地违背了上级"保持证据与原件一致性"的初衷。

王：那我们咋办啊？但是也不能不查账不干活啊？再说了，用稽查软件进行电子查账实在太便利了。

张：所以我们要客观地看待问题，电子查账软件给予我们便利的同时，也给我们提出了更高的要求。我们不能把电子查账软件的查账功能当作取证功能。查账软件仅仅只是辅助我们实施税务稽查的工具，是手段，而不是证据。要想合规取证，还需要账簿、记账凭证、合同等资料的有效结合。

王：我好像明白了，查账软件只是帮助我们在进行税务稽查时提高工作效率，而不是取代人工进行的取证举措。】

三、培养信息化稽查人才

大数据时代下，税务稽查人员要摒弃完全依赖个人经验的主观性判断，强化信息化稽查意识，熟练使用现代化工具，善于利用信息化资源，从普通数据中挖掘出有用信息，发现特有规律，得出更可靠的、以数据为说服力的稽查判断。这对税务稽查人员的培养提出了更高的要求，应作为未来一段时间稽查人才培养的重要导向，在培训中坚持分级分类，注重专业化人才的个体差异，加强数据挖掘、案源选择方面的实训，突出对提高型、储备型内容的培训，从培养显能型向培养潜能型专业化人才转变。

【人物内心：

凡学问者，皆有术法路道四层次：

术者，技术、技巧，学问之基本层次。

法者，术精而成法，复以法助术高，学问之提高层次。

路者，践行也。知中有行，行中有知。以知为行，知行合一。

道者，理念也，税收之道，通过术、法、路研讨而达真谛。

税如此，人生万事，皆如此也。】

【画外音：

随着自查税款的征缴入库，案件基本画上一个句号。

我：刘局长，案件结束了吧？

局：哎呀，谭老师，是的！这次真得感谢您，给我市国、地税联合稽查帮了大忙啊。

我：刘局啊，我记得按照规定，像这种入库税款上千万的案子，有政策规定是应该奖励的哟。国家税务总局 财政部2007年颁布的《检举纳税人税收违法行为奖励暂行办法》第六条规定"收缴入库税款数额在1 000万元以上不足5 000万元的，给予4万元以下的奖金"。

（我不禁坏笑起来，决然不会索要这笔奖励，但是换换心情、开开玩笑还是可以的啊。）

局：哎呀，谭老师，你是不是记错了，国家税务总局、财政部那个《奖励办法》是规定有奖励，但是，必须是税务机关立案查处并已经入库的才能奖励。这个案子是纳税人自查的，没有奖励的理由啊！况且，你是税务人员，文件规定"国家机关工作人员利用工作便利获取信息用以检举税收违法行为的"也不在奖励范围。

案例3：换个视角看政策
——由一则税收政策批复说开去

规整、梳理税收政策，已经成为了一种放不下的习惯，隔一段时间就要回味一下。趁着2020年春节假期，把前段时间写好的房地产行业的课件、讲义以及修改多遍仍不满意的案例拿出来审阅一番，于是免不了又是修修补补一番。

补丁，越打越多，几乎千疮百孔。情急之下，强迫症犯了，于是痛下决心，再累一把，干脆重新写吧！

不断读书不断写作，却不断地发现自己的无知与浅薄。不敢想象这就是我在讲台上颇为满意的案例、脱口而出的政策。翻阅着以前的东西，突然觉得自己一直标榜对比了然于胸的掌握和熟悉是多么的可笑和无知。认识到自己的无知、浅薄是一件令人痛苦同时又有些欣喜的事情。学习税收业务是一件需要不断深入研究的事情，这种感受越来越深，心头不免又升起了浓浓的敬畏。

仔细回想了前些时候看过的、还有一些印象的政策，或者更为准确地说是近期看的内容，因为碎片化的阅读，很多感受也就是当时明白了那么一下、自我感觉良好之后，睡完一觉又是新的一天。所有当下的感受，如果当时不记录下来，现在的脑壳基本上也就记不住了。

因为自己对很多政策的来龙去脉一知半解，自然也就容易被一些网络上的"活跃分子"的那些噱头文章带偏节奏，甚至一度被带走自己的智商，细思极恐，发现自己是多么容易地被这些东西所影响。思辨能力的缺乏，不就是一种新的无知？这一切都仿佛在告诉自己，这么多年一直想要训练自己独立思考的能力，并没有得到那种我自以为是的增长，反而愈发有些后退了：一方面，说明自我的思考模式还没能形成一个体系框架；另一方面，只能说明自己真地很浅薄无知。

痛定思痛，决定就从当下做起，于是开启了春节期间昏天黑地的边思考、边归纳、边总结的节奏。

费思量

再读国家税务总局一则《关于纳税人转让加油站房地产有关土地增值税计税收入确认问题的批复》文件（以下简称《批复》），依旧没有什么更新更深的理解，只是简单地认为这就是税务总局对国、地税合并前的某省地税局在查办案件时遇到了疑难杂症进行请示的批示文件。政策并不复杂，根据商务部的部门规章2006年第23号令《成品油市场管理办法》第三十六条"成品油经营批准证书不得伪造、涂改，不得买卖、出租、转借或者以任何其他形式转让"的规定，以及第二十九条关于"经营单位投资主体发生变化的，原经营单位应办理相应经营资格的注销手续，新经营单位应重新申办成品油经营资格"等内容，依法确认了"不得转让的成品油零售特许经营权作价或评估作价不应从转让加油站整体资产的收入金额中扣除"的结果。文件虽然是对某省地税部门在查处某纳税人转让加油站房地产时请示总局如何确认土地增值税计税收入的批复，但是在字里行间并未找到请示时的具体情况，况且当时出台政策也不像当下在发布文件的同时几乎都配套有解读。因此，倒是这寥寥几行字的记载勾起了笔者的好奇心，深入了解之下，居然发现这个文件"别有洞天"：

一、商务部2006年发布的《成品油市场管理办法》，在2015年就已被商务部第2号令《关于修改部分规章和规范性文件的决定》修订，但2017年发布的《批复》援引的依据依旧是2006年的部门规章。

二、虽然该政策是对转让加油站整体资产时涉及土地增值税收入问题的批示，但溯本求源，其实质却是对转让加油站经营权如何定性的问题。文件所采用的逻辑应该是商务部的部门规章已经明文禁止加油站经营权进行任何形式的转让，所以在确认土地增值税的收入时，在加油站整体资产转让环节中应该存在单独的成品油经营权转让收入，即转让加油站整体资产的收入金额中不得扣除其中禁止转让的成品油零售特许经营权作价或评估作价。

【人物内心：

不少中介机构说，国家税务总局曾在2013年分别以第13号、第51号公告，规定纳税人在资产重组过程中，通过合并、分立、出售、置换等方式，将全部或者部分实物资产以及与其相关联的债权、负债和劳动力一并转让给其他单位和个人，不属于增值（营业）税的征税范围，其中涉及的货物转让，不征收增值税；其中涉及的不动产、土地使用权转让，不征收营业税。那就不能推导出来转让加油站房地产也不征土地增值税？现在这个批复直接回答了这个问题。

问：老师，那我咋知道总局制定类似复函的税收规范性文件法律效力如何啊？

答：这就需要我们再关注几个文件：第一个是为切实推进依法治税，落实政务公开要求，强化内部监督制约机制，国家税务总局办公厅按照2012年总局制定的《税收个案批复工作规程（试行）》下发了《关于进一步规范税收个案批复类文件办理工作的通知》，该通知规定，"对税收个案拟明确事项需要普遍适用的，应当按照《税收规范性文件制定管理办法》（以下简称《办法》）制定税收规范性文件。对确有必要办理税收个案批复的，自2015年11月1日起，发文字号使用'税总函'"。而我们探讨的这个"批复"，就是按照规定使用的是"税总函"。

问：那我明白了，老师，那就是说这个《批复》仅仅是个案适用，不具有普遍适用性，对么？

答：综合这些年的税收政策，应该是这样理解。但是很奇怪的是，这个文件既然是国家税务总局2017年12月2日批复，但仍有两个地方是值得探讨的。

问：老师，那您再给讲讲呗。

答：我们从两方面说，一个是从按时间维度看，《办法》是2017年7月1日起施行的，这个文件第七条明文规定，制定税收规范性文件可以使用"办法""规定""规程""规则"等名称，但是不得称"条例""实施细则""通知""批复"等。但是《批复》的行文日期是2017年12月2日，按照《中华人民共和国立法法》"新法优于旧法"的适用原则,就不该再使用"批复"的名称,是不是应该这样理解呢?

问:是有这么个意思,那另一个探讨之处呢?

答:第二个,我们再从法律位阶的维度来判定,《办法》是部门规章,而《批复》仅仅是规范性文件,《办法》禁止使用"批复",但是《批复》偏偏不遵从《办法》的规定、非要使用"批复",是不是与法律的层级位次有所冲突?这是不是有点像绕口令?

问:老师,这段话信息量有点大,我再消化消化。】

剪不断

为了搞清楚这个《批复》的前世今生,搞清楚案例中数据的来龙去脉,于是利用"爬虫"技术尝试着采集可能涉事企业的信息,若能收集到更多、更全面的资料,或许对该案有更深层次的了解。

于是一头扎进网络的数据海洋,嗨,别说,还真搜索到了好东西:《某省地方税务局关于纳税人转让加油站房地产有关土地增值税计税收入确认问题的请示》(以下简称《请示》)和《某市人民政府行政复议决定书》(某府复〔2015〕第45号)(以下简称"复议决定")。

【特此声明:本案例所援引数据、信息均扒取于互联网,笔者采用先进行全局模糊搜索,找出包含有"某省地方税务局 转让加油站房地产 土地增值税计税收入"信息特征的每个碎片,并以其与最相似的左右侧邻近碎片信息,再利用向量相关性进行信息横向拼接,以此得到拼接结果。但是,由于收集到的信息块可能被横向与纵向切割,碎片小,数量多,碎片之间的信息量不够,可能容易造成误判。故,作者无法核实所引用的网络资料的真实性、准确性、合法性,仅供参考,敬请注意。】

一、案件回放

2015年7月7日,某市A石油公司与中国石油天然气股份有限公司××

销售分公司（以下简称"中石油××公司"）签订《资产转让合同》，约定由"中石油××公司"收购 A 石油公司位于某市某区劳动路 398 号的加油站整体资产。并依据《资产评估报告》约定转让总价款为 4 800 万元，具体资产包括：约 4.5 亩土地、房屋、相关设备设施以及加油站的"特许经营权"等。评估机构的《资产评估报告》具体数额如表 15 所示。

表 15

项目	机器设备	房屋	土地使用权	无形资产	合计
评估价值	317 143.17	2 941 327.25	13 030 041.87	31 711 487.71	4 800 万元

2015 年 10 月 22 日，A 石油公司按照《财政部 国家税务总局关于土地增值税一些具体问题规定的通知》（财税字〔1995〕48 号）第十条"关于转让旧房如何确定扣除项目金额的问题 转让旧房的，应按房屋及建筑物的评估价格、取得土地使用权所支付的地价款和按国家统一规定交纳的有关费用以及在转让环节缴纳的税金作为扣除项目金额计征土地增值税。对取得土地使用权时未支付地价款或不能提供已支付的地价款凭据的，不允许扣除取得土地使用权所支付的金额"规定和某市地方税务局（以下简称"某地税"）对土地增值税计税收入的答复意见，向"某地税"申报房地产转让收入 47 682 856.83 元（48 000 000 - 317 143.17），缴纳土地增值税 21 071 907.12 元。

【人物内心：

咦！数据对不上啊？网络搜索到的《复议决定》显示，A 石油公司在向某市人民政府申请复议时的诉求提及"认为'某地税'在征收土地增值税时存在明显差错：2015 年 10 月 22 日向'某地税'缴纳过户税费时，却被'某地税'要求缴纳土地增值税 2 107 万余元（其计算依据是 10.54 亿元（计税金额）×2%（税率）= 21 071 907.12 元）。A 石油公司按要求缴纳税款后，根据《中华人民共和国税收征收管理法》第 51 条以及《中华人民共和国税收征收管理法实施细则》第 78 条的规定，于 2015 年 11 月 12 日请求'某地税'退还多征收的税款。11 月 25 日，'某地税'复函不予退还。A 石油公司认为'某地税'在征收土地增值税时存在明显差错，即：A 石油公司转让加油站整体资产的总价款只有 4 800 万元，但'某地税'却认定土地增值税计税金额 10 亿余元，其认定的计税金额和适用税率均严重错误，并使 A 石油公司根本无从知晓

'某地税'的征税依据和计算方法。"

看到此,笔者一头雾水,怎么《请示》和《复议决定》的计税基数相差甚远,数据的来源是什么?源于征税的决定?还是实际征管中的核定手段?由于可能存在网络搜索信息不对称等因素,我们不得而知。故,暂不对此发表意见。】

A石油公司对"某地税"的土地增值税计税收入答复意见有异议,遂于2015年12月16日向某市人民政府提出行政复议申请。

二、争讼焦点

税、企双方在确认转让加油站房地产的土地增值税计税收入金额上存在争议:

A石油公司认为:国有土地使用权估值作价才有1 303万余元,但是"某地税"却征收土地增值税2107万余元。显然是其将加油站"特许经营权"的3 171万余元的估值计入了土地价款。

事实上,其转让的加油站整体资产包括其经营权,该权利是A石油公司经行政许可而获得的经营成品油的"市场准入权",其性质完全区别于土地使用权。加油站经营权属于行政许可所授予的"特许经营权",符合无形资产的特征应单独计价,不应该计入土地增值税的房地产转让收入。

"某地税"反驳:第一,商务部《成品油市场管理办法》有关成品油经营批准证书"不得伪造、涂改,不得买卖、出租、转借或者以任何其他形式转让"以及"经营单位投资主体发生变化的,原经营单位应办理相应经营资格的注销手续,新经营单位应重新申办成品油经营资格"的明文规定,说明了A石油公司因整体资产转让导致经营主体发生变化时应办理注销手续,即成品油经营资格源于灭失,即:无特许经营权可以转让。皮之不存毛将焉附,所以有特许经营权收入31 711 487.71元之说不能成立。

同时,在A石油公司的账簿资料上也未显示有"无形资产——成品油特许经营权"的会计账务处理,"特许经营权收入"之说只是中介机构进行资产评估时的臆造,是为达到少缴土地增值税目的,而人为从房地产转让收入中分割出来一部分收入的行为。

第二,A 石油公司以特许经营权名义转让取得的收入,属于土地增值税征收范围。《中华人民共和国土地增值税暂行条例》规定的征收对象"包括转让房地产的全部价款及有关的经济收益",即除非有法律明确规定列举的外,依附于土地有关的经济收益都属于土地增值税的征收对象。加油站系国家布点规划,土地用途特殊,因此,加油站整体资产转让价格高,不是成品油特许经营权带来的,而是土地使用权资源稀缺性的价值体现。

【画外音:
加油站经营权属不属于行政许可所授予的"特许经营权"?
我国相关法规规定的"特许经营权"有两种:
一是"商业特许经营权",即我国《商业特许经营管理条例》中规定的"特许经营权",指特许人将其注册商标、字号、专有技术等经营资源许可他人使用,被特许人按照合同约定在统一的经营模式下开展经营,并向特许人支付特许经营费用的经营活动。
二是行政许可所授予的"市场准入权",如我国《基础设施和公用事业特许经营管理办法》中规定的"特许经营权"、公路班线经营权、出租车营运权以及其他形形色色的经营许可权等。这些经营权有的通过公开"招拍挂"有偿取得,有的则以行政审批无偿授予。无论是以有偿还是无偿方式取得,但是由于其权利资源存在"稀缺性",就使其具有了市场价值,且其市场价值体现为交易价格,与企业当初取得这种经营权所付出的代价和成本并无必然联系。】

三、刨根问底

(一) 税款由来

1. 收入部分

"某地税"认为本次资产转让收入总金额 4 800 万元,扣除机器设备金额 317 143.17 元后,A 石油公司的房地产转让收入为 47 682 856.83 元。

2. 扣除部分

（1）"某地税"根据调取的市国土资源局"A石油公司在1998年5月8日从某银行支行取得该加油站，协议转让价格380万元，其中：土地使用权价格为2 269 125元（土地面积3 025.5m^2）"等资料，确认A石油公司为取得土地使用权金额为2 269 125元。

（2）"某地税"采信了北京××资产评估有限公司杭州分公司的评估报告，旧房建筑物的评估价格为2 941 327.25元。

（3）"某地税"确定了营业税及附加、印花税等，共计2 694 081.41元。

（4）"某地税"确认申请人提供的评估费用票据30 000元。

扣除项目合计7 934 533.66元。

3. 应纳税额

增值额为 = 47 682 856.83 - 7 934 533.66 = 39 748 323.17（元）

增值幅度 = 39 748 323.17 ÷ 7 934 533.66 = 501%

由此，"某地税"确认A石油公司此次资产转让涉及土地增值的增值额为39 748 323.17元，增值额超过扣除项目金额的增值幅度为501%。根据相关税法规定，应按照A石油公司转让房地产所取得的增值额和规定的适用税率计算征收土地增值税，即：应纳税额 = 39 748 323.17 × 60% - 7 934 533.66 × 35% = 21 071 907.12（元）。

而在申报缴纳税款时，因地税部门正在完善征管系统之缘故，上述计算过程中的速算扣除系数默认为"0"的状态不可改动，为不使税款征收受到影响，征收人员在万般无奈之下，征收模块录入税收缴款书时，由税款倒算出计税金额 1 053 595 356 元，按税率为 2% 进行开票。因此才出现了《税收缴款书》中缴纳税款金额正确、但显示出计税金额与实际计税金额不一致的情况。

（二）讼议情况

1. 复议情况

2016 年 4 月 6 日，某市政府法制办以"事实清楚，证据充分"的答复意见，复议决定维持"某地税"的征税行为。

2. 诉讼情况

A 石油公司不服复议决定，于 2016 年 4 月 20 日向当地人民法院提起行政诉讼。

【人物内心：
很遗憾，在网间一直未搜索到相关诉讼情况。】

某省局意见：为更加稳妥，2017 年 8 月 17 日某省局以"根据《成品油市场管理办法》规定，成品油经营批准证书不得以任何其他形式转让。因此，成品油特许经营权也就没有市场交易价值，而且 A 石油公司在会计账务处理上也未将成品油特许经营权作为'无形资产'来处理。所以，A 石油公司转让给'中石油××公司'的加油站整体资产，其实质是转让加油站的土地使用权、房屋等不动产、机器设备及其他设施，加油站整体资产转让价格高是因为土地的特殊用途所致"为由，请求税务总局考虑"人民法院的裁判结果将影响我省乃至全国的土地增值税征收管理"等影响因素，建议上级明确"对依法不得转让的成品油零售特许经营权作价或评估作价不得从土地增值税计税收入金额中扣除"。

理还乱

读完这个批复文件，很想写些什么来说明一下自己的看法，却在那一刻词穷墨尽，一时思绪万千，字却不知从何起。对一项经济业务，是否应适用"征税与否""征多与少"的情况，除考虑该情况是否符合税法规定的课税要素外，更应关注其经济业务的目的和经济生活的实质，而业务性质又取决于当事各方的业务动机、所涉及资产自身属性等多种不确定因素。

在经济生活多样化、交易手段复杂化的当下，为了确保公平、合理、有效地进行税收征收，应深入分析特定交易或安排的业务实质，以利于税法公平的实现。

那么问题来了，假如来个换位思考的话，如果你是纳税人，你该怎样应对这项涉税风险呢？

【人物内心】：

假如你是文中A石油公司的财税顾问，你会进行怎样操作呢？

奇思异想1：若是A石油公司和"中石油××公司"签订两份协议的话，一份是除存货和成品油特许经营权外的整体资产转让协议，一份是关于成品油特许经营权的补偿协议。那将会是什么样的计算结果呢？

奇思异想2：我们通过"爬虫"软件，搜索出A石油公司加油站的地址位于某市某区劳动路398号，再通过"某度、某（德）地图"等导航软件以及"某眼查""某信宝"等企业信息平台倒查出注册地址位于"某市某区劳动路398号"的有三家企业，从关联度分析，顺利剔除一条不相干信息后，我们顺利推导出A石油公司大概率可能是"某市嘟嘟石油制品有限公司"（以下简称"嘟嘟石油"），如图16所示。

再通过查询"某市嘟嘟石油制品有限公司"的国家企业信用信息中显示的"营业期限：1998-09-21至2018-09-20"以及《成品油零售经营批准证书》中的有效期五年（到期换证）。那么问题来了，假如"嘟嘟石油"以"由于中石油××公司根据国家宏观战略部署，对'嘟嘟石油'加油站进行政策性收购，'嘟嘟石油'未到经营期满而遭受因国家布点规划而导致的经营用房地产被征用，这样还会涉及'实质是转让加油站的土地使用权、房屋等不动产'的问题么？"

还有，按照税法原理的"分解理论"，能不能可以把该《批复》中所描述的"A石油公司转让给'中石油××公司'的加油站整体资产"等一干事项，理解为国家根据宏观战略部署，可以把该事项分解为国家先政策性收回"嘟

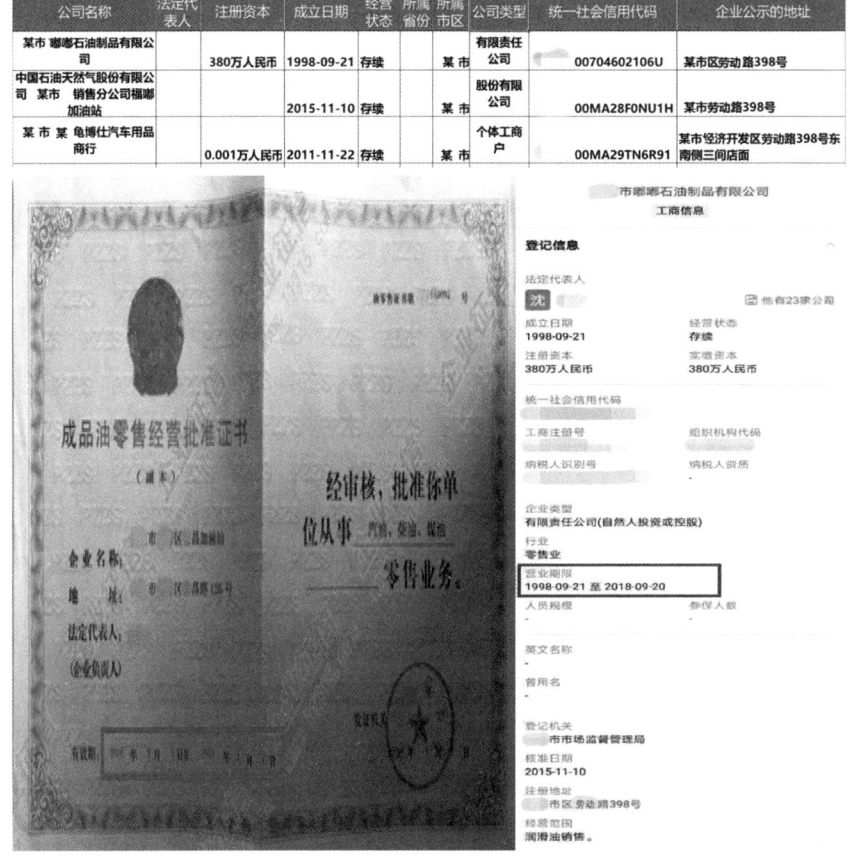

图16 企业相关信息查询结果图示

嘟石油"的房产及用地,同时给予"嘟嘟石油"相关补偿,然后再将收回的"嘟嘟石油"的房产、用地及成品油特许经营权转移给中石油××公司。"嘟嘟石油"的正常经营损失、人员安置损失、企业意外中止损失以及政策性搬迁损失等"应该由国家进行补偿,根据《中华人民共和国土地增值税暂行条例》第八条"因国家建设需要依法征收、收回的房地产可以按规定免征土地增值税"之规定,还需要再缴纳土地增值税么?】

另据《人民法院报》报道,某市某江区人民法院已于2016年5月5日受理某市嘟嘟石油制品有限公司破产清算案。因信息不对称等因素,截至目前未收集到涉税相关信息。

【人物内心：

忽然想起一则 WX 群和朋友圈的流行段子：

昨天晚上我为了增加学识，误加入一个博士群里。见到有一人提问：一滴水从很高很高的地方自由落体下来，砸到人会不会砸伤？或砸死？

群里一下就热闹起来，各种公式，各种假设，各种阻力，重力，加速度的讨论，足足讨论了近一个小时。

这时，我默默地问了一句：你们没有淋过雨吗？？？

群里，突然死一般的寂静……

然后，然后我就被踢出群了。

其实，这则段子还有理工男较真的后续：这个问题实际上确实很复杂，要考虑各种情况，而这个"我"直接把从很高很高的地方自由落体下来的一滴水等同于下雨——完全忽视了空气阻力（事实上阻力和速度平方成正比，忽略了水平方向的气流运动水滴最终会变成匀速直线运动，大约在 10m/s）、忽略了水是液态、忽略了初始高度、忽略了在地球上、忽略了加速度，忽略了水滴形状变化等等因素，而只简单地把它认为是一个质点了，所以被踢是因为实在太蠢了。事实上，水滴如果不考虑蒸发，从无空气的一定高度降落，一定会砸死人，不用做太多分析，仅从能量守恒就可以推出，砸破人类脑壳是轻而易举的。

前言不搭后语：人们常常容易被日常思维所禁锢，而忘却了最简单也是最直接的路。】

案例4：数据模型推演剖析
深挖细节破译迷局
——某交通运输企业少缴税款案

随着"营改增"的全面实施，交通运输业已纳入增值税征收范围。然而由于该行业经营模式多样、税收监控体系尚未健全、涉税风险掌控不到位，不仅造成交通运输企业的涉税风险呈上升趋势，同时也给税收征管工作带来了挑战。本案的成功查处，正是针对该行业的经营特点，某市税务稽查人员通过创设具体的问题情境、构建适配的数学模型进行合理计算，深度挖掘检查细节，运用外围系统合理取证，最终成功追缴税款，为今后交通运输业税收风险管控提供了有益的借鉴。

收入成本疑窦丛生

2018年4月，某市税务机关风控部门在对本市道路货物运输行业纳税申报数据和进、销项专用发票明细数据进行分析后，认为该市路路通商贸有限公司存在有较大疑点。

一、购进成品油与当期应税收入占比异常

道路货物运输企业日常经营中成品油的耗用是较大一块成本，应税收入与购进成品油之间存在着必然联系，成品油虽然占比较高，但也是有一定规律可循。该企业的申报数据显示：2017年进项发票中成品油占比畸高。当期购进油料发票金额1 134万，占当期总收入2 160万元的52.25%，不仅超出系统阈值范围，与辖区内另外一家管理制度健全、财务核算规范的样本企业（某物流公司）的相关信息相比，数据异常偏高（样本数据见表16）。

表 16　　　　　　　　　　油料占收入比测算表

企业名称：××物流有限公司　　　　2017 年　　　　　　　　　　单位：万元

月份	当期购进油料	当期销售额	油料占收入比（%）
1 月	173.84	496.54	35.01
2 月	114.79	328.83	34.91
3 月	214.39	602.24	35.60
4 月	196.58	564.88	34.80
5 月	181.36	522.64	34.70
6 月	160.97	471.36	34.15
7 月	180.92	537.02	33.69
8 月	214.28	627.84	34.13
9 月	208.66	611.01	34.15
10 月	236.19	679.68	34.75
11 月	223.34	640.69	34.86
12 月	279.83	801.81	34.90
合计	2 385.15	6 884.54	34.65

二、营运能力与当期应税收入关系异常

企业提供的备案资料显示，其拥有"前四后八"型卡车 23 辆，其中：自有车辆 9 辆，租赁车辆 14 辆，其运输目的地均为鄂尔多斯或者神木等地。根据该公司全部车辆核定的最大运载质量，综合考虑实际经营中检修等影响因素，可测算出企业所取得的营业收入，然后与企业发票开票额和账面收入额比对，发现该企业的营运能力与营业收入不匹配，申报应税收入偏低。

三、单车油耗指标异常

根据该公司提供的数据，可计算出一定区间内所耗用的燃油数，利用耗油量、运程（公里数）、营运收入之间的关系，测算与油耗相对应的营运收入，再与账载收入进行比较，最终计算出该公司单车每月油耗达到 90 724 元（按照柴油时价转换为加油数量 13 540 升），数字之大远超常规。

风控小组通过以上几个指标的异常，进行数据综合分析，初步确定该纳税人可能存在隐匿运输收入、虚抵进项税额、油品外用或者车辆信息不实等涉税疑点，遂将该案件推送至稽查部门进行检查。

查前分析抽丝剥茧

稽查部门通过整合、筛选、清理税收风险管理系统、金税三期税收管理系统、电子底账系统以及第三方企业数据，作出检查预案如下：

一、纳税人基本情况

××市路路通商贸有限公司（以下简称"路路通公司"），设立于2016年4月1日，法定代表人王×文，2016年9月认定一般纳税人，公司主营矿产品购销，兼营道路运输。

二、涉税疑点初判

现有数据显示：

（一）该公司自设立以来销售收入逐月增加，但增值税税负率却呈下降趋势。2017年全年税负率仅为0.6%，远低于主管税务机关3%的预警值；

（二）成本中当期购进油料占销售收入比例高达52.25%，同期电子底账系统中显示，其购进轮胎金额与销售收入的占比为4.9%，同时未涉及无修理修配、备品备件等维修类费用，初步认定纳税人可能存在隐瞒销售收入、取得进项税额不实，有少缴增值税、企业所得税之嫌。

三、具体数据分析

（一）收入构成分析

该公司主要营运路线为本市到鄂尔多斯或神木等地，运距分别为750公里和1 130公里不等，承运货物均为煤炭，主要为××集团承运货物。相关数据显示，全年实现销售收入2 160万元，其中销售矿产品收入仅为382万元，只占全年销售收入17.85%，而道路运输收入为1 778万元，占全年收入为82.31%，初步判定该纳税人主营为"营改增"道路运输业务。

（二）成本构成分析

资料显示：2017年度该公司共计取得油料进项发票金额为1 134万元（其中：从相邻××县××加油站取得的进项发票占比为96%），占当期总收入2 160万元的52.25%（占当期道路运输收入1 778万元的63.78%）；取得轮胎进项发票金额为107万元，占总收入4.9%；取得过路费票据金额18.39万元，约占总收入的0.8%；当年度发生期间费用165万元，占总收入的7.6%。

通过数据分析存在的异常，稽查人员决定以该纳税人取得的油料进项票、单车每月耗油、运输能力为突破口，通过实地调查取得相关资料进行模型推演与预警指标进行比对，并询问有关异常情况等方法实施进一步检查。

数据模型深度计算

一、实地核查基本信息

经稽查人员核实，该公司在用的23辆汽车均为4×8型车辆。

（一）按账载数量23台计算，每车月均油耗13 540升，若以每台车平均每月运营25天计算（以每车约5 000公里检修一次、每月保养、检修、修整3-5天），平均每天需消耗油料541.6升。

（二）若以每天全负荷运转、国道行驶、平均时速60公里/小时、油耗50升/百公里（关于百公里油耗参数，参考我国汽车分类国家标准，依据公路运行时厂定最大总质量（GA）、载货汽车分类、百公里油耗等因素，见表17）的情形，按照交通部等七部委《关于在全国开展车辆超限超载治理工作的实施方案》中规定的《道路车辆外廓尺寸、轴荷及质量限值》国家强制性标准每车每天最多载重40吨及计算，需运行1 083公里方可消耗完毕所有油料。根据车辆消耗情况和实地问询，上述数据与常理出入过大。

表 17　　　　　　　　　　车辆油耗参考表

核定载重量	5 吨	10 吨	20 吨	30 吨	40 吨
空载油耗（升/百公里）	13 – 14	16 – 18	20 – 23	34 – 36	38 – 40
标载（升/百公里）	16 – 18	20 – 22	25 – 27	44 – 48	48 – 50
超载 100%（升/百公里）	20 – 22	25 – 27	30 – 32	50 – 52	50 – 52

（三）稽查人员对该公司油料储存地进行查验，发现仅有的一个容量 10 吨左右的储油罐已空置多时，初步判断可能存在虚假采购油料的情形。

（四）实地检查账载发现，2017 年该企业道路运输收入 1 778 万元，运费均价为 360 元/吨，测算运输总量约为 49 390 吨，以其账载车辆型号为四轴车辆计算，单车国道行驶载重不超过 50 吨，需运行 1975 个车次方可完成，根据运距和车辆行驶常规测算，基本不可能达到所需车次，初步判定存在瞒报车辆数量的情况。

二、数据模型推演剖析

（一）核查收入

在核实车辆数量后，稽查人员以"运输销售收入 = 单车收入 × 车辆数量"模型为基准，把"单车日收入和运营天数的乘积"作为单车收入、"车辆数量包括自有数量和挂靠数量"的延伸，进一步把单车日收入分解为"单车载重、货物/吨运价、往返次数/日"三个因子，以"每年总天数扣除合理修整天数"为实际运营天数，最终搭建核实收入的具体模型：

运输收入 = 单车收入 × 车辆数量
单车收入 = 单车日收入 × 运营天数
车辆数量 = 自有数量 + 挂靠数量
单车日收入 = 单车载重 × 货物/吨运价 × 往返次数/日
运营天数 = 年总天数 − 修整天数

（二）核查成本

运输成本 = 单车耗用 × 车辆数量

单车耗用＝燃油成本＋修理成本（如轮胎、配件等）＋路桥费＋司机工资

根据模型推算出来的结果，该企业上述指标均存在异常，稽查人员针对指标，结合实际事项进行了详细询问。

三、疑点再现检查揭秘

（一）加油地点的疑问

从运输起始地看，均无须路经购进油料发票显示的销售单位——中石油××销售分公司，为什么要绕远路异地加油而增大运营成本呢？到加油站的实地核查发现，该加油站记载的赊账明细表中签字人员和车牌号并未在"路路通公司"固定资产账上显示。是"路路通公司"另有车辆运营未计收入？还是根本就没有发生购进油料的虚抵进项税费虚列成本费用？

（二）路桥费的疑问

路桥费票据中没有高速公路相关票据？同时经查询交通违章系统，该纳税人名下车辆有违章处罚记录，但未发现有因超载受到交警部门处罚的情形。

（三）单车油耗的疑问

账载车辆单车日均油耗约541.6升，按50升每百公里计算，需运行约1 083公里方可消耗完毕，实际情况果真如此吗？结合自有储油罐油料并无节余，油料真的都已消耗完毕？如果没有，是否有另外的储存地？

（四）司机信息的疑问

经核实原始凭证中的工资表，2017年度车辆驾驶人员变动幅度不大，全年发放工资人数平均为25人。按照人员名单与当地交警队取得联系，发现25人当中仅有13人具备驾驶大型车辆资质，其余均为C级或没有驾驶资格，这与该公司现有的运营能力和实际收入存在矛盾。

（五）运力信息的疑问

通过对13名司机的询问，得知公司车辆的现状，百公里油耗不会超过45升，且单车拉货重量因受相关法律的约束不能超过45吨；另经咨询公路管理

局和运管所等相关部门，证实了以上说法。

（六）维修费用的疑问

核对有关账簿凭证资料，未发现维修费用票据。那么，每车每月天天都在运营的情况有悖常理，是否真实。

……

面对稽查人员依法进行的上述询问，纳税人均无法给出合理的答复。

（七）实现突破水落石出

当稽查人员把通过查询北斗系统归集的入网运输企业营运车辆数量、信息、运行轨迹以及行车里程数、燃油数等第三方信息（如图17、图18所示）摆在企业面前，对比运用数字模型得出的异常结果，该企业只好承认了"采购油料业务真实，另外还有一支专司长途运输的半挂车队，用于临县小矿山运输，其所消耗的油料已计入当期的成本进行抵扣，但收入并未记账，同时该运输车队的运行成本也未计入账簿之中"的事实。

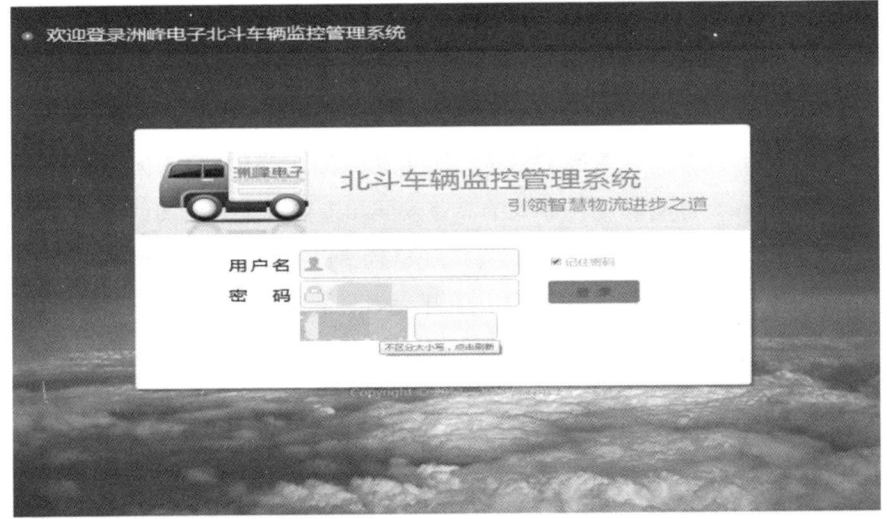

图17　某车辆监控管理系统图示

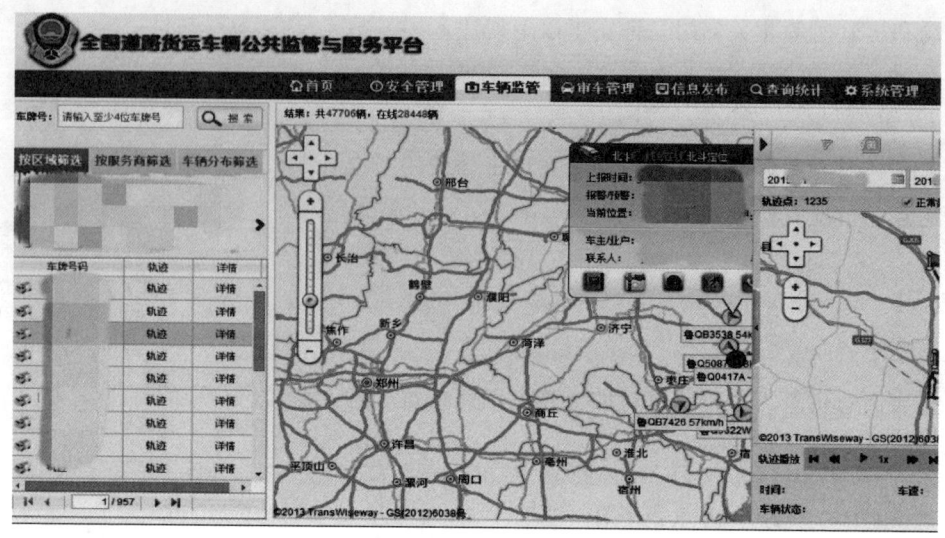

图 18　全国道路货运车辆公共监管与服务平台图示

稽查部门依法作出处理处罚决定，追缴增值税 80.73 万元，滞纳金 7.37 万元。鉴于此案在交通运输企业涉税问题中具有一定的代表性，该辖区征管部门联合稽查部门开展一次专项自查，针对货物运输企业严格以票控税，通过建立车辆数据库，掌握基础信息，加强全面监控，同时强化核定征收，加强企业所得税管理，堵塞征管漏洞，该辖区交通运输企业已实现自查查补入库税款 1 500 余万元，滞纳金入库 132 万元。

【后记】

通过进一步了解，随着当前科技的飞速发展，智能手机已毫无悬念地占领了绝大多数市场。随着移动互联网的高速发展和流量占比的增加，中国在 APP 开发数量上已位居世界第一。而云科技在移动 APP 开发变革中起着重要的作用。云科技广泛应用于移动互联网，使开发者们将注意力更多地放在 APP 应用的交互性和多设备应用。

其中货运类 APP 软件因其即时、方便、快捷、精准的特性，已然成为运输经营者享受移动互联网经营及线下活动的载体和工具，它对人们日常生活和社会经济发展的影响愈来愈大。

笔者随机测试了部分货运类 APP，因本人系 IT、数据、信息类菜鸟，很多理解未必靠谱。同时，文中所列举一些软件或 APP，仅为稽查工作而试用，绝无夹带私货、妄加评论、植入广告或攻击恶意之意。测试之后，感觉大多软件虽然设置模块各异，但是基本功能还是大同小异，基本都涵盖位置信息、找车发货、统计分析信息验证、事件通知及辅助工具等类别，如图19所示。

图19 某货运类APP操作图示1

在测试的运输APP中，注册之后基本都涵盖了查询位置、轨迹等实时定位功能，还有查验车辆合规和套牌验证信息等模块，如图20、图21所示。

图20 某货运类APP操作图示2

图 21 某货运类 APP 操作图示 3

案例5：巧借他力　妙成税事
——"平昌置业"涉税案件剖析

声明：本案例所涉及材料源自于中国裁判文书网所公布的裁判文书，这些有着借鉴意义的案件经过司法机关的精心审判后，不应该默默地沉寂在"档案盒"里。

作者试图通过提取裁判文书所列示的信息，借助"×眼查""×查查"及"网络爬虫"等工具，以不同方式或角度还原当时的案件情况，让看似远、实则近的案件，走进日常稽查工作，同时带来时代和职业的思考，重新赋予税务稽查案例背后带来的价值。

因为案例形式的要求，案情内容已经过改编。但是，应该提醒的是，改编案例不同于实际案件，只是以真实案件作为案例的素材，一切地名、人名、案件或系脑洞大开之产物，请勿对号入座，如有雷同，纯属巧合！

【引言】

2016年11月，申城市地方税务局稽查局接到省纪委的转办案件，要求对申城平昌置业有限公司（以下简称"平昌置业"）的涉税违法行为进行查处。市局领导高度重视，遂组成以市稽查局分管业务副局长任组长、市稽查局专家团队人员及×区稽查局业务能手的专案组，对该公司进行纳税检查。

【人物内心：

敲黑板，复习功课啦！提问：什么是转办案源？

回答：根据《税务稽查案源管理办法》规定，转办案源是指对公安、检察、审计、纪检监察等外部单位以及税务局督察内审、纪检监察等部门提供的税收违法线索进行识别判断确认的案源。要注意与交办案源的区分。交办案源，是指根据上级机关以交办函等形式交办的特定纳税人税收违法线索或者工

作任务确认的案源。】

经检查，该案共查补税款 57 699 504.10 元，检查中该公司主动补缴税款 13 199 921.25 元，滞纳金 1 176 404.28 元，如表 18 所示。

表 18　　　　　　　　查补税款情况表　　　　　　　　单位：元

税种	营业税	城市维护建设税	教育费附加	地方教育附加	印花税	企业所得税	土地增值税	合计
查补税款	17 919 846.55	1 266 531.74	542 799.32	361 866.22	265 359.50	10 908 259.56	26 434 841.21	57 699 504.10
自查补税	2 750 084.83	192 505.94	82 502.55	55 001.70	169 895.22	1 649 923.57	8 300 007.44	13 199 921.25

经×区地税局（以下简称"区地税局"）重大税务案件审理委员会集体审理，依法作出责令该公司补缴以上应缴未缴税款、以及自税款滞纳之日起至实际入库之日止按日加收滞纳金的税务处理决定。同时对上述税款中定性为偷税性质的 1 712 万元少缴税款，处以 50% 罚款的税务行政处罚决定。

【注意啦！这个案件强调的是纳税检查！先卖一个关子，做个标记，留待后用！请继续关注后续注解。】

基本情况

"平昌置业"成立于 2009 年 10 月 15 日，注册地址位于申城市客桥区客桥大道 666 号，公司类型为有限责任公司，法定代表人梁某志，经营范围为房地产开发及销售。主管税务机关为×区地方税务局第一税务分局。公司注册资本 5 000 万元。国家企业信用信息系统显示的股权架构如图 22 所示。

2010 年 3 月 3 日，"平昌置业"通过挂牌出让、公开竞标的形式取得申城某项目的国有土地使用权 432.30 亩。按照规划，"平昌置业"对该宗土地分三个项目部进行开发。虽然三个项目部都以"平昌置业"名义进行开发和缴纳相关税费，但实质上各自都拥有独立的财务核算体系、银行账号，并独立设置账簿。

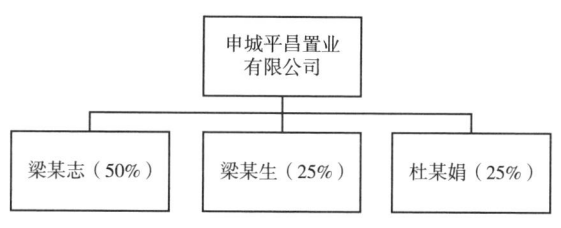

图 22　平昌置业股权架构

【人物内心：

再敲黑板，注意！三个项目部各自都拥有独立的财务核算体系、银行账号，并独立设置账簿，但是均以公司名义进行开发和缴纳相关税费！继续做标记！】

检查经过

一、未雨绸缪

通过前期了解，查处"平昌置业"可能会遇到以下难题：

（一）开发地块的面积较大，楼盘较多，开发时间跨度较长，交易事项可能会因此而难以核实；

（二）因地产行业经济业态分型新颖、涉及税种多、税收政策庞杂繁多，或导致难以固定相关涉税证据；

（三）该公司股东多，人员社会关系复杂，办案阻力大。

为此，专案组制定了详实的查前分析预案，确立检查重点和检查方法。

二、借篷使风

（一）借力纪检，秘密露端倪

采集税收分析监控系统信息数据时，检查人员发现市局督查内审部门在

2016年初例行执法检查之时，对该企业有过督察内审方面的分析数据，其中包括该公司与江南双龙投资发展有限公司（以下简称"双龙投资"）转让土地使用权的信息。

专案组遂以此为突破点，责成"平昌置业"提供与"双龙投资"签署的相关合同。协议约定："平昌置业"（甲方）向"双龙投资"（乙方）借入款项8 000万元，借款期限为4年，借款用途为甲方将借入资金用于某项目工程建设。单从合同内容来看，这是日常经济活动极其普通的借款业务，根本不能反映"平昌置业"涉嫌转让土地使用权的事实。

承办"平昌置业"其他经济问题并立案调查的省纪委对该案件给予了大力支持，案件取得了重大突破：省纪委办案人员向专案组提供了一份"平昌置业"与"双龙投资"2011年6月14日签署的《合作开发建设协议》。协议约定，"双龙投资"向"平昌置业"支付8 000万元，用于开发A5地块"九龙苑"项目的开发，"双龙投资"对A5地块享有独立建设开发的权利和全部收益，并承担与此相关的税费及A5地块开发过程中一切有关债权和债务。"双龙投资"所需要办理的一些资料和手续均以"平昌置业"的名义出现。

检查人员在对该公司负责人进行询问时，从企业经营现状聊到企业的未来发展，从大市场行情聊到小区域环境的影响。接着摆出掌握的事实，分析该公司与"双龙投资"合作开发协议中存在的问题。但"平昌置业"依旧不承认有偷逃税款的行为。检查人员适时点出协议破绽，解释相关的税收政策，并告知"平昌置业"相关人员如做伪证需承担的法律责任，言语中巧妙透漏出已取得省纪委配合案件检查转办移交的证据。

"平昌置业"负责人发现无法自圆其说，最终不得不承认：双方的确签订了合作开发协议，但未进行任何合作开发。为了达到少缴税款，实现利润最大化的目的，其与"双龙投资"共同签订虚假借款合同，用以应对各方检查。"平昌置业"收取"双龙投资"8 000万元款项，其真实的业务是该公司将挂牌取得的A5地块的土地使用权转让给了"双龙投资"。至此，"平昌置业"与"双龙投资"之间假借款、假合作、假开发的真相就此明了。相关人员也诚恳地表示愿意配合税务检查人员的检查，接受税务机关的处理。

【人物内心：

敲黑板，注意！借力纪委提供相关信息发现端倪，根据相关资料，检查人员立足土地使用权，以使用权变动情况为主线，将税务数据与第三方数据进行对比分析、将相关合同内容与经营情况进行对比的综合检查方法值得借鉴。】

（二）法赋能量，税收解难题

较之"平昌置业"与"双龙投资"之间假借款、假合作、假开发、真转让的法律事实，固定证据倒是顺利了许多。同时，也找到了适合的法律依据：国家税务总局2007年6月14日《关于未办理土地使用权证转让土地有关税收问题的批复》规定，土地使用者转让、抵押或置换土地，无论其是否取得了该土地的使用权属证书，无论其在转让、抵押或置换土地过程中是否与对方当事人办理了土地使用权属证书变更登记手续，只要土地使用者享有占有、使用、收益或处分该土地的权利，且有合同等证据表明其实质转让、抵押或置换了土地并取得了相应的经济利益，土地使用者及其对方当事人应当依照税法规定缴纳营业税、土地增值税和契税等相关税收。

【人物内心：

注意啦！因为这个文件系总局对四川省地税局相关请示问题的复函，复函的法律效力无形中束缚了稽查处理的思路。更何况文件的前提是需要先对国有土地使用权进行确认，但如何确权却因没有具体法律依据的支撑让检查人员感到心中无数。如何对该法律事实定性、定责？是摆在检查人员面前的一个难题。】

于是，专案组在翻阅了大量法律法规，并及时与上级部门、业内专家进行了多次沟通。专家给出的参考意见无异于拨云见日般让案件起死回生：最高人民法院2005年5号司法解释《关于审理涉及国有土地使用权合同纠纷案件适用法律问题的解释》第二十四条规定，合作开发房地产合同约定提供土地使用权的当事人不承担经营风险，只收取固定利益的，应当认定为土地使用权转让合同。检查人员遂以此规定依法认定"平昌置业"于2011年6月、11月分三次利用假借款、虚假合作开发为名收取的8 000万元，实则是转让土地使用权的价款，应当依法按照转让"无形资产——土地使用权"征缴营业税、土地增值税、企业所得税等合计18 367 116.10元。

【人物内心：

注意！该业务发生在2011年，当时尚未实行营改增。同样的业务如果发生在2016年5月1日以后，将不再涉及营业税，仅涉及增值税。要注意该项目采取简易征收还是一般计税，适用不同的征收率或税率，同时也要关注主要业务发生时增值税税率的变动。】

（三）他山之石，解关联交易

1. 借力三方，抽丝剥茧

专案组在查账过程中敏锐地发现，从"平昌置业"开发建设A1、A2地块即"和美苑彩虹苑"房地产项目"房屋销控明细表"和大量销售合同中，捕捉到例如"平昌置业"与申城团结实业有限公司（以下简称"团结实业"）签订的售房合同中成交价格与其他房屋的成交价格明显偏低。检查组遂对售房合同中成交价格的真实性产生了怀疑：2014年10月11日，"平昌置业"与"团结实业"签订房屋销售合同，合同金额5 267 315元，平均销售单价约为2 170元/平方米，而该地段的同期市场平均价格却为7 000元/平方米左右。检查组一度怀疑可能存在"平昌置业"为了少缴税款而签订虚假合同的情形，为排除涉税隐患、解除疑惑并核实合同的真伪，稽查人员前往申城市住建局调取了该项目合同备案信息进行比对，最终确认合同真实无误。既然备案的合同信息是真实的，那么在地价飙升、房地产价格也随之高涨的大环境下怎会出现这样违背市场规律的情况呢？如此低价成交，是否又存在不为人知的幕后交易侵蚀税收收入呢？

【人物内心：

再敲黑板，注意！土地使用权销售价格与同期市场进行对比，寻找隐秘收入，侵蚀税款情形。继续做标记！】

检查人员遂到当地市场监管部门调取了"团结实业"自成立以来公司所有的公司章程、股东会议纪要、股东和股本变动情况等资料，了解到团结实业公司成立于2014年1月，注册资本1 000万元，股东结构及持股比例如图23所示。

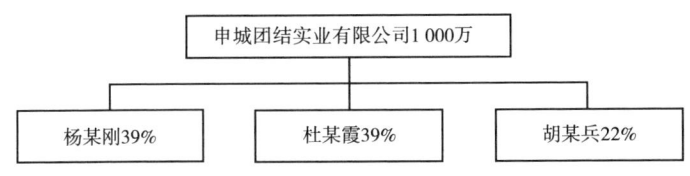

图 23 变更前的股东结构及持股比例

但是,股权变更信息提示,在 2014 年 7 月和 8 月"团结实业"历经两次股权交易后,股东结构及持股比例如图 24 所示。

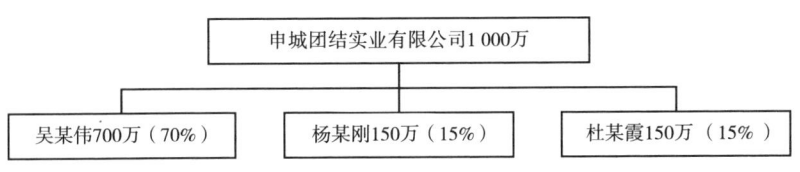

图 24 变更后的股东结构及持股比例

对于两次股权变更,检查人员从形式上并没有发现"团结实业"与"平昌置业"有所交集。但是,两次股权交易以后持股比例最高的股东不由得引起了检查人员的关注。检查人员通过到当地公安机关调取相关户籍信息发现,"平昌置业"股东杜某霞与"团结实业"大股东吴某伟系母子关系。至此,两家公司的关联关系水落石出。

【人物内心:

注意啦!根据《特别纳税调整实施办法(试行)》第九条之规定,一方对另一方的生产经营、交易具有实质控制,或者双方在利益上具有相关联的其他关系,包括虽未达到持股比例 25%,但一方与另一方的主要持股方享受基本相同的经济利益,以及家族、亲属关系等。】

2. 评估助力,确定公允

关联关系的确定,无疑为判定两公司之间低价销售房屋的行为如何定性起到关键作用。检查人员根据《中华人民共和国税收征收管理法》(以下简称《税收征管法》)第三十六条及《中华人民共和国税收征收管理法实施细则》(以下简称《实施细则》)第五十四条第(五)项等相关规定,即在纳税人与其关联企业之间有转让财产、提供财产使用权等业务往来，未按照独立企业之间业务往来作价或者收取、支付费用时，税务机关可以调整其应纳税额。

但是，此次销售的房屋是个商场，不同于坐落位置附近的门面房和住宅，无论从房屋的坐落、结构，还是面积、纵深等事项，周围均没有可靠的参照物。如何能够客观公正的评定其销售价格？如何调整应纳税额？区局外聘的常年法律顾问提出了"不妨委托有资质的评估公司对房产进行评估，以确保调整其应纳税额的公平和公正"的建议。

专案组于 2017 年 7 月依法委托申城某房地产估价事务所对上述交易涉及的房屋进行了评估。评估机构结合同期同类房产的销售价格对上述房产的评估价值为 177 760 000 元。专案组根据中介机构出具的《评估报告》依法对"平昌置业"调增计税收入 125 089 685 元，应补缴营业税及附征、土地增值税、企业所得税和印花税等合计 15 823 845.13 元。

（四）一气呵成，堵漏显成效

在检查中，检查人员还发现"平昌置业"存在以下几方面的问题：一是 2012 年度至 2016 年度将部分售房款记入"预收账款"科目未及时申报缴纳税款，造成少计提各税种税款达 14 363 754.35 元之多；二是将 2013 年度至 2016 年度预收的销售房款记入"其他应付款——暂存款"科目，既未记入"预收账款"科目，也未记入应税收入进行申报纳税，造成少申报缴纳各项税金合计为 3 348 261.66 元。

作茧自缚

税务机关根据查处"平昌置业"的违法事实，依据相关法律、法规规定作出了处理、处罚决定：

一、追缴税款

责令"平昌置业"限期补缴营业税金及附加 17 010 948.81 元、土地增值税 18 134 833.77 元、企业所得税 9 258 335.99 元、印花税 95 464.28 元，同时按规定加收滞纳金。

二、定性定责

（一）经区局重大税务案件集体审理决定，对"平昌置业"与"团结实业"两个关联公司之间以明显低于市场成交价格发生的售房行为，根据《税收征管法》及《实施细则》等规定，决定追缴税款合计 15 823 845.13 元。但对该项税款不定性偷税，不予处罚。

（二）根据《税收征管法》第六十三条第一款之规定，将本案中以下两部分定性为偷税：

1. 对"平昌置业"于 2011 年 6 月、11 月分三次利用"假借款、假合作"为名掩盖转让土地使用权的实质，并将收取的转让土地款项不计收入、不按规定申报缴纳税款、进行虚假的纳税申报，造成少申报缴纳税款 16 254 001.16 元（其中营业税 2 262 298.81 元，城市维护建设税 158 360.92 元，印花税 40 000 元，土地增值税 13 793 341.43 元）的行为定性为偷税。

2. "平昌置业"2013 年至 2016 年期间长期采取把售房款记入"其他应付款——暂存款"科目（既未记入预收账款科目，也未记入应税收入）不申报纳税的手段，明显存在偷税的主观故意，造成少申报缴纳营业税、城市维护建设税等共计 866 704.49 元，该行为定性为偷税。

对该公司上述少缴税款 17 120 705.19 元的偷税行为处 50% 罚款，即 8 560 352.60 元。

3. 因该公司 2011 年度转让土地使用权偷税金额 16 254 001.16 元，占被查期间应纳税额 19 194 273.13 元的 84.68%。根据国务院《行政执法机关移送涉嫌犯罪案件的规定》，"在依法查处违法行为过程中，发现违法事实的金额、违法事实的情节、违法事实造成的后果等，根据刑法规定以及最高人民法院和最高人民检察院、公安部关于经济犯罪案件的追诉标准等规定，涉嫌构成犯罪，依法需要追究刑事责任的，必须依照规定向公安机关移送"之规定，依法移送司法机关立案侦查。

【人物内心：

按照惯例，一篇案例若看到处理决定、移送公安，多意味着也该终结收尾了。有些事情看似已经做得很完美了，但是完美是没有尽头的。案例的戛然而止亦是如此，作为当时政策下的房地产行业，民众天真地期待着地产行业的"降房价去库存"，无不被今天回放的"市场依然处于历史高位，持续刷新历史纪录"的数据屡屡打脸。于是好奇心让我忍不住以关键词搜索一番，案例中被查企业发生司法机关立案侦查此等大事，居然见不到如穷途困兽濒临死亡垂死挣扎的那种激辩博弈，岂不怪哉？通过查询中国裁判文书网获知，该案的发展并非像案例中描述的那样风平浪静。那么，该案是否当真如该案例所描述的情况顺利实施完毕？没有！后续来了！】

一波未平

2017年11月21日，"平昌置业"不服××区地税局依法作出的《税务处理决定书》《税务行政处罚决定书》，以房产向区人民政府进行纳税担保后复议请求撤销两个决定：

第一，区地税局作出的两个决定没有事实根据："平昌置业"与"双龙投资"签署《借款协议》约定，在2011年6月13日至2015年6月12日期间，"平昌置业"向"双龙投资"借款8 000万元按月息1.0%计算利息。但是，税务机关作出处理、处罚决定的主要证据《合作开发协议》不但是复印件，而且加盖的印章是合同专用章而非公司行政用章。况且"平昌置业"对此事并未召开股东大会，时任法定代表人亦不知情，这个协议仅是股东梁某生、吴某军（股东杜某霞丈夫）的个人行为，不是"平昌置业"的法人行为。

【人物内心：

注意！对于税务检查中证据固定时，是否按规范进行固定？《合作开发协议》作为公司合同，加盖公司合同专用章即产生效力，为何提出非公司行政用章？脑海中突然想起新一季"庆渝年"的"抢章藏印"故事…】

同时，因"双龙投资"不具备房地产开发资质，依照《最高人民法院关于适用合同法若干问题的解释一》"当事人超越经营范围订立合同,人民法院不因此认定合同无效。但违反国家限制经营、特许经营以及法律、行政法规禁止经营规定的除外"之规定,所以该《合作开发建设协议》无效。"平昌置业"后任法定代表人梁某志得知后,立即于9月26日向"双龙投资"邮寄了《解除协议通知书》,"双龙投资"未提出异议,也未请求仲裁或诉讼确认合同效力。所以《合作开发建设协议》已被解除。

所以区地税局认定"平昌置业"转让土地使用权欠税 18 367 116.10 元,事实不清,证据不足。

【人物内心:
迷糊了!怎么起诉状的数据与处理、处罚决定书的数据不一样?】

第二,区地税局明知"平昌置业"项目("和美苑""彩虹苑")综合楼销售价格已在××区房管局备案,按照房管局有关"销售价格不得高于备案价格"的要求,"平昌置业"以低于备案价格与申城团结实业有限公司签订了《商品房买卖合同》并已申报纳税的情况下,又以所谓"低价关联交易"为由,以单方委托房地产评估事务所的评估价格 7 050 元/平方米重新课税,该评估价不仅高于备案价格,更侵害了"平昌置业"合法权利。

【人物内心:
迷糊了!备案价格时过境迁,价格明显偏低,开发商销售价格不能上调吗?您是怎样理解的呢?】

第三,在税务机关作出《税务处理决定书》《税务行政处罚决定书》之前,根本未对《合作开发协议》的真实性进行调查核实,剥夺了陈述申辩权利,违反了《行政处罚法》相关规定,应予撤销。

2018年1月29日申城市××区人民政府作出复议决定:被申请复议的《税务处理决定》《税务行政处罚决定》事实清楚、证据确凿、适用依据正确、内容适当,予以维持。

一波再起

2018年2月6日,"平昌置业"以上述相同理由提起诉讼,请求撤销上述《税务处理决定》《税务行政处罚决定》及《行政复议决定》。

一、区地税局作出税务处理决定、税务行政处罚决定所依据的《合作开发建设协议》系复印件,没有合法出处。所以,据此认定案件事实不合法。

《借款合同》显示"平昌置业"向"双龙投资"借款8 000万元,"平昌置业"账簿亦记载此款系向"双龙投资"借款;该A5地块九龙苑房地产项目开发建设行政许可、房屋销售及缴纳税费,均为原告名义办理,区地税局庭审中对该事实亦予认可。所以,区地税局认定原告转让土地使用权欠税18 367 116.10元,事实不清,证据不足。

【人物内心:
呵呵,各位请别忘记,这个《合作开发建设协议》可是由纪检部门向税务机关提供的。但是很奇怪税务检查人员为什么没有作进一步的证据转换?】

二、区地税局依据"平昌置业"与"团结实业"签订的《商品房买卖合同》及委托评估事务所的估价报告等证据,认定"平昌置业"与"团结实业"系低价关联交易行为。但是,"平昌置业"认为所谓的"关联交易",指的是关联方之间转移资源、劳务或义务的行为,而不论是否收取价款。关联方是指一方控制、共同控制另一方或对另一方施加重大影响,以及两方或两方以上同受一方共同控制或重大影响的。构成关联方,主要是指企业的子母公司,企业的合营、联营公司,企业的主要投资者及与其关系密切的家庭成员等等。"平昌置业"与"团结实业"均是自然人股东的公司,二公司股东之间也没有相同的人。区地税局以"平昌置业"股东杜某鹃(占股25%)与"团结实业"股东吴某伟(占股70%)系母子关系为由认定两公司签订的《商品房买卖合同》构成关联交易,事实不清,证据不足。

【人物内心：

关联交易不能局限于母子公司、合营、联营公司，股东之间存在直系关系，也可引起内部协同，利益转移。】

三、2017年9月1日起施行的《××省地方税务重大税务案件审理实施办法》第二条第（三）项规定"各县（市、区）地方税务局重大税务行政处罚案件的标准为所属稽查局查处的涉税金额（不含滞纳金）在30万元以上，或处罚金额15万元以上的税务处罚案件"，应启动重大税务案件审理程序。本案涉税金额4 000余万元，处罚金额800余万元，但区地税局在法定举证期限内未提交其适用重大税务案件审理程序的证据，构成程序违法。

【人物内心：

税务机关作为执法部门，涉及重大税务案件审理程序，未按程序执行，税务机关是否存在重大失误？】

四、区地税局作出税务处理决定前，不但未告知处理决定所依据的事实和理由，也未告知陈述及申辩权利，程序违法。

五、区人民政府未查清事实，复议决定维持原税务处理、税务行政处罚决定，证据不足。

根据上述诉求，一审法院判决撤销××区地税局的税务处理、处罚决定的同时，也撤销了区人民政府的行政复议决定。

【人物内心：

起诉人提出上述疑问，法院采信了哪些？税务局针对这些问题又如何进行回复呢？最终依据什么撤销了区人民政府的行政复议决定呢？】

疑云再起

区地税局不服一审判决，遂决定上诉。

一、区政府受理复议申请并作出复议决定的行为，违反了《税收征管法》第八十八条"纳税人必须先依照税务机关的纳税决定缴纳或者解缴税款及滞纳金或者提供相应的担保，然后可以依法申请行政复议。对行政复议决定不服的，可以依法向人民法院起诉"的规定。"平昌置业"既未缴纳税款也未提供担保，区政府不应受理复议申请，因此，《复议决定》中涉及《税务处理决定》的内容无效。

二、一审法院在起诉状副本送达区地税局后，"平昌置业"又提出新的诉讼请求，依法规定人民法院应当不予准许，但一审法院任由"平昌置业"改变诉状并增加诉讼请求、事实的行为，系违法之举。

三、一审法院对具体行政行为认定错误：

（一）《合作开发建设协议》原件因被上诉人及"双龙投资"均不愿意提交，税务机关依职权在"双龙投资"调取并注明复印件取自于"双龙投资"，接受调查的"双龙投资"项目建设财务负责人王某贵证明原件在"双龙投资"。一审关于复印件"没有合法出处"的认定错误。

【人物内心：
奇怪！我们倒推一审法院的认定证据"没有合法出处"，虽不清楚一审法院如何得出这个观点，但是能承办上级交办案件的市、区稽查骨干居然不知道查办案件如何取证吗？】

（二）税务机关在法定举证期限内一并提交了包括证明重大税务案件审理程序的《税务案件集体审理纪要》《重大税务案件审理委员会审理意见》在内的所有证据材料，一审法院不但未依法出具证据收据，并且认定税务机关未在法定期限内提交重大税务案件审理证据。

【人物内心：
这段描述真的是令人费解，为什么税务机关如期提交证据却未得到一审法院的认定？这些在二审判决中并没有论述，个中原因我们不得而知。您认为呢？】

（三）税务机关依法查封的被上诉人部分房产的行政行为，并非被上诉人提供纳税担保的民事行为，一审判决关于被上诉人"提供了房产进行纳税担保"的认定错误。

【人物内心：

对这段话的描述，我们不明就里不宜多加评判。于是通过查找二审判决的裁决文书以期能够从裁决文书的字里行间还原当时的场景。但是，查找到的已公开发布的司法系统裁决信息，只有申城市中级人民法院 2019 年 15 行终 81 号《二审行政裁定书》，对于一审的裁判文书，只是找到了当时行政判决的文书号是 2018 年 1502 行初 28 号，其余信息不详。同时，二审文书也是残缺不全，查找通篇未见到区地税局对一审法院认定具体行政行为错误的第（四）项的描述。虽说裁判文书是记载人民法院审理过程裁判结果的法律文书，是诉讼活动结果的载体，也是人民法院确定和分配当事人实体权利义务的唯一凭证，虽然要求文书结构完整，要素齐全，逻辑严谨，但是事实就是这么"任性"！】

（四）《税收征管法》并未规定作出税务处理决定前应当赋予被上诉人陈述和申辩权，一审判决认定《税务处理决定》作出前未告知被上诉人陈述和申辩权违反《税务行政处罚裁量权利行使规则》第十七、十九条规定程序，属于适用法律错误。

【人物内心：

《中华人民共和国行政处罚法》第三十二条"当事人有权进行陈述和申辩。行政机关必须充分听取当事人的意见，对当事人提出的事实、理由和证据，应当进行复核；当事人提出的事实、理由或者证据成立的，行政机关应当采纳"及第四十二条"行政机关作出责令停产停业、吊销许可证或者执照、较大数额罚款等行政处罚决定之前，应当告知当事人有要求举行听证的权利"的规定，就说《税务稽查工作规程》，在第五十二条也规定了"对被查对象或者其他涉税当事人的陈述、申辩意见，审理人员应当认真对待，提出判断意见"啊！】

（五）区地税局通过调查取证，《平昌置业股东内部对万象城开发项目土地使用权（资产）分割协议书》可以证明被上诉人三地块的实际投资人均不是其显名股东，而是其隐名股东，而"平昌置业"隐名股东和"团结实业"隐名股东为同一人。

【人物内心：

敲黑板！！！温故而知新。问：什么是关联方？

《企业会计准则第36号——关联方披露》第四条规定，下列各方构成企业的关联方：(1) 该企业的母公司。(2) 该企业的子公司。(3) 与该企业受同一母公司控制的其他企业。(4) 对该企业实施共同控制的投资方。(5) 对该企业施加重大影响的投资方。(6) 该企业的合营企业。(7) 该企业的联营企业。(8) 该企业的主要投资者个人及与其关系密切的家庭成员。主要投资者个人，是指能够控制、共同控制一个企业或者对一个企业施加重大影响的个人投资者。(9) 该企业或其母公司的关键管理人员及与其关系密切的家庭成员。关键管理人员，是指有权力并负责计划、指挥和控制企业活动的人员。与主要投资者个人或关键管理人员关系密切的家庭成员，是指在处理与企业的交易时可能影响该个人或受该个人影响的家庭成员。(10) 该企业主要投资者个人、关键管理人员或与其关系密切的家庭成员控制、共同控制或施加重大影响的其他企业。

二连问：关联方交易包括哪些类型？

关联方交易是指在关联方之间发生转移资源或义务的事项，而不论是否收取价款。以下是关联方交易的例子：(1) 购买或销售商品。(2) 购买或销售除商品以外的其他资产。(3) 提供或接受劳务。(4) 代理。(5) 租赁。(6) 提供资金（包括以现金或实物形式的贷款或权益性资金）。(7) 担保和抵押。(8) 管理方面的合同。(9) 研究与开发项目的转移。(10) 许可协议。(11) 关键管理人员报酬。

那么问题来了，根据上述材料，请思考："平昌置业"和"团结实业"是否属于关联方？二者签订的售房合同中成交价格明显低于其他房屋的成交价格是否属于关联方交易？】

根据《企业会计准则》中"关联关系"类型、《税收征管法》第三十六条及《实施细则》第五十六条的规定，关联交易税收调整的事实认定，属于《税务处理决定书》规制的范畴，行政相对人必须先缴清税款或提供担保才能申请复议，对复议不服才能提起诉讼。在被上诉人就关联交易及追缴税款的处理决定未提供担保的情况下，一审判决认定关联交易不成立，属于司法非法干预了行政执法权力行使。区地税局认为被诉行政行为均事实清楚，证据确凿，适用法律正确，符合法定程序。

请求：（1）撤销一审判决第一项，维持一审判决第二项；（2）改判驳回被上诉人请求撤销《税务处理决定》的起诉，驳回请求撤销《税务行政处罚决定》的诉讼请求。

"平昌置业"针锋相对，答辩称：

一、有权就《税务处理决定》申请复议和提起诉讼。我司申请复议前提交了经税务机关签署"情况属实"意见并加盖公章的《情况说明》，即证明我司主动要求提供担保财产，且提供的担保财产足以保障对《税务处理决定》《税务行政处罚决定》的履行。后区地税局作出了相应的查封扣押手续。并且，区地税局在《解除税收保全措施决定书》中亦认定"鉴于你单位已缴纳了无争议的税款、滞纳金"等描述，说明了我司已履行了申请复议和提起诉讼的前置法定义务，依法享有诉权。

二、《合作开发建设协议》实际并未履行，且协议各方均认可为无效协议，地税局提交的协议复印件系孤证，不能作为定案依据。我司与"双龙投资"签订《借款合同》的事实清楚，证据确凿。

三、地税局认定我司与"团结实业"《商品房买卖合同》属于关联交易，并无事实依据。上诉人对已征税完毕的交易事实再次单方委托评估并重新课税，缺乏法律依据。

【人物内心：

无论是《企业会计准则——关联方关系及其交易的披露》，还是《税收征管法》及《实施细则》都可界定是否属于关联关系！全国人大常委会法制工作委员会在《中华人民共和国税收征收管理法释义》中释义：关联企业，是指有下列关系之一的公司、企业、其他经济组织：（一）在资金、经营、购销等方面，存在直接或者间接的拥有或者控制关系；（二）直接或者间接地同为第三者所拥有或者控制；（三）其他在利益上具有相关联的关系。由于关联企业存在特定关系，使得有的纳税人利用其关联企业采取不正当手段转移利润，以达到逃避纳税的目的，严重损害了国家利益。为了加强征收管理，维护国家税收，防止利用关联企业逃避纳税，本条规定了以下内容：

第一，明确规定关联企业之间的业务往来应当按照独立企业之间的业务往来收取或者支付价款或者费用。独立企业之间的业务往来，是指没有关联关系的企业之间，按照公平成交价格和营业常规所进行的业务往来。这就要求纳税人有义务就其与关联企业之间的业务往来，向当地税务机关提供有关的价格、费用标准等资料。

第二，对不按照独立企业之间的业务往来收取或者支付价款或者费用，而减少其应纳税的收入或者所得额的，规定税务机关有权进行合理调整。这是本条赋予税务机关的一项权力，以保证国家税收。一般来讲，具体的调整方法主要是：（一）纳税人与关联企业之间的购销业务，不按照独立企业之间的业务往来作价的，税务机关可以按照下列顺序和确定的方法调整其计税收入额或者所得额，核定其应纳税额：1. 按照独立企业之间进行相同或者类似业务活动的价格；2. 按照再销售给无关联关系的第三者的价格所应取得的收入和利润水平；3. 按照成本加合理的费用和利润；4. 按照其他合理的方法。（二）纳税人与关联企业之间融通资金所支付或者收取的利息，超过或者低于没有关联关系的企业之间所能同意的数额，或者其利率超过或者低于同类业务正常利率的，主管税务机关可以参照正常利率予以调整。（三）纳税人与关联企业之间提供劳务，不按照独立企业之间业务往来收取或者支付劳务费用的，主管税务机关可以参照类似劳务活动的正常收费标准予以调整。（四）纳税人与关联企业之间转让财产、提供财产使用权等业务往来，不按照独立企业之间业务往来作价或者收取、支付费用的，主管税务机关可以参照没有关联关系的企业之间所能同意的数额予以调整。

另外，对于关联交易的税务稽查，法规部门或已有微词，详见本书"案例9 关联交易，缘何成了稽查的痛"部分。何去何从？迷惘中……】

四、区地税局在法定举证期限内提交的《证据目录》中并无其启动重大税务案件审理程序的材料，在一审开庭前的证据交换程序中亦未提交该证据，被诉行政行为程序违法。

【人物内心：

没搞明白！笔者还是不相信税务机关在涉及行政诉讼程序中，居然连《证据目录》中这么重要的证据都没有完整提交。鉴于二审文书或因篇幅受限等缘故所致的只言片语，为防止因片面阐述引发读者的合理怀疑，我们暂不做评价。】

五、地税局作出《税务处理决定》前未告知其作为纳税人依法享有的陈述和申辩权利，违反了国家税务总局《关于规范税务行政裁量权工作的指导意见》关于"完善陈述申辩和听证制度。税务机关行使行政裁量权应当充分听取纳税人的意见，纳税人提出的事实、证据和理由成立的，税务机关应当予以采纳。各级税务机关要进一步完善陈述申请的告知、审查、采纳等程序性规定，明确适用听证事项，规范听证程序"的规定，程序严重违法。

请求二审维持原判。

区人民政府二审述称：

对区地税局诉称"区政府在对确定纳税担保的审查认定时存在错误，一审判决撤销其复议决定"无异议。

拭目以待

二审法院查明事实及证据与一审的相同。

一、区地税局对"平昌置业"偷逃税款的行为作出《税务处理决定》《税务行政处罚决定》后，以涉嫌犯罪为由移送公安机关侦查。2018年6月7日，区人民检察院以事实不清、证据不足为由，对区公安分局作出不批准逮捕决定。

二、"平昌置业"出具的《情况说明》显示：稽查局对"平昌置业"作出《税务处理决定》追缴税款4 400万元及《税务行政处罚决定》处以罚款856万元。目前已缴纳税款600余万元，虽然"平昌置业"对该决定正在行政诉讼当中，但公司考虑先服从决定缴纳税款；因公司暂无力以货币形式支付决定书中的相关税款和罚款，公司于 2017 年 12 月 26 日向稽查局提供了价值 49 043 924 元的和美苑、彩虹苑商铺，目前正在拍卖变现程序中以用于缴纳税款；2018 年 3 月 29 日公司愿意再提供价值 2 599.08982 万元资产（桂园商铺）供拍卖变现用于缴纳税款；以上二笔合计 7 503.901382 万元可作为变现缴纳税款。上诉人签署"情况属实"并加盖了公章。

【人物内心：

看看吧！《税收征收管理法》第八十八条规定，纳税人、扣缴义务人、纳税担保人同税务机关在纳税上发生争议时，必须先依照税务机关的纳税决定缴纳或者解缴税款及滞纳金或者提供相应的担保，然后可以依法申请行政复议；对行政复议决定不服的，可以依法向人民法院起诉。

当事人对税务机关的处罚决定、强制执行措施或者税收保全措施不服的，可以依法申请行政复议，也可以依法向人民法院起诉。

在税法适用过程中，"税收程序法先于税收实体法适用"是主要原则之一。按照该原则，纳税人通过税务行政复议或税务行政诉讼来寻求法律保护的前提条件是，必须事先履行税务执法机关认定的纳税义务。虽然第八十八条的"清税前置""复议前置"两个前置制度在实践过程中虽然颇具争议。因为前置制度的存在，当纳税人与税务机关发生纳税争议时，纳税人无法在法定期限内提起法律救济而丧失救济权的情况屡有发生。但是，设置救济的限制条款也是必要的，其目的在于督促纳税人正当、及时行使救济权利，避免权利的滥用。

在二审中，"平昌置业"居然把自己因违规在前、侵犯国家税收利益而导致少缴税款的违法行为而进行补缴税款说得如此冠冕堂皇，殊不知依法纳税就是你应尽的职责义务。如要行使讼议权利，前提就是必须先履行法律规定的纳税义务。】

三、2018 年 8 月 6 日，"平昌置业"已对"双龙投资"提起民事诉讼，请求司法机关确认《合作开发建设协议》无效、返还财产、赔偿损失，××区人民法院已经立案，但尚未结案。

二审法院意见：鉴于被诉《税务处理决定书》《税务行政处罚决定书》，

对"平昌置业"依法行使申请行政复议和提起行政诉讼权利,分别规定了不同的条件。一审被告××区政府在受理"平昌置业"对上述两个不同法律性质的行政决定一并提起的行政复议申请过程中,应当依法审查法定条件是否均得到了满足。一审判决对于该重要事实没有查清。经审判委员会研究决定,依据《中华人民共和国行政诉讼法》之规定,裁定"撤销一审判决,发回××区人民法院重审"。

因涉事企业的另案诉讼,目前,此案正在进一步审理之中。

【人物内心:
快讯!快讯!快讯!最新消息!
2019年12月30日,二审判决新鲜出炉:
二审法院查明的事实及证据与一审一致。
一、被诉的税务处理决定作出之前上诉人未告知被上诉人税务违法行为事实、证据及法律依据,未告知陈述、申辩及要求听证等权利,构成程序违法。
二、被诉的税务处理决定、处罚决定认定被上诉人转让国有建设用地使用权而未缴纳国家税款违法行为的主要证据不足。
三、一审被告区政府受理被上诉人复议申请并无不当。
四、一审法院受理被上诉人对被告区政府就税务处理决定、处罚决定一并作出的复议决定的起诉并无不当。
经本院审判委员会研究,判决如下:驳回上诉,维持原判。】

启示建议

一、预案保质量,阐述缺思量

专案组在检查前可能做了充分的查前分析,制定了详细的检查方案。该案中对所开发项目的整个周期可能进行了全面深入的检查,但是未在案例中还原当时案件查处的全过程,如何为案件的查深查透提供了有力保障方面尚缺乏描述。

二、外力解难题，证据尚匮乏

案例中办案人员通过借助纪检部门的线索揭开了土地使用权转让的真相。通过对工商、公安部门的信息比对，确定了关联企业的关系，准确找到表面现象的实质问题存在点，为该案在税收定性上提供了支持。但是通过分析二审裁判的过程，稽查办案中还缺乏主要证据的支撑。

三、法释来帮忙，依据要精准

税务机关在办理案件中不能局限于现有的税收政策，更要开阔眼界、拓宽思路、转变观念，跳出税收看税收，解决实践中出现的税收疑难问题。现如今有资质拿地的房地产企业，以所拿土地高价买卖，收取固定收益，表面上没有发生土地转让的过户手续，还以其名义进行房产开发但不承担此开发项目的盈亏，实质上是转让无形资产的行为。现有的税收政策没有清晰界定依据，而司法解释对此行为给予明确的法律界定，解决了识别土地买卖的税收依据难题，使该案取得了突破性的进展。但是值得注意的是，应及时收集、固定与之配套的证据来佐证发现的违法事实。

四、界外看税收，中介来助力

检查人员在检查过程中，采取多方位的检查方法，以期全面了解经营流程和状况。通过价格信息比对，确定存在关联企业之间低价售房行为的关联交易，但税务机关毕竟缺乏相应的评估专业知识，委托有资质的第三方对企业纳税情况进行评估鉴定，是本案关联企业低价销售固定计税依据的关键。中介机构利用评估的公允价值不仅解决了税务当局无法准确计税的难题，同时也得到了纳税人的认可，案中对应纳税额的调整方法，达到了税企之间的平衡点，是新形势下税务稽查的有益探索，值得借鉴。

五、业务加法务，团队有保障

针对稽查一线队伍无以为继，老龄化、平庸化日趋严重，案件查处质效日趋下降的现状，为顺利检查该案，市地税稽查局专门组建了稽查专家团队，集中了全局的稽查业务能手，并外聘了专业的律师加强阵容，以解决查案过程中的政策疑点、法律盲点。稽查专家团队为本次检查献计献策，同时也提供了人力、税政、法律强有力的保证。

案例5：巧借他力　妙成税事

【人物内心：

掩卷沉思 感慨良多：

税务稽查的一个重要作用是稽查成果的转化增值利用。就是要通过对税务稽查执法活动的分析、归集和整理，实现成果转化、信息共享，为领导决策提供支持。重点应该是个案检查方法、作案手段、处理方式的共享。

案例分析应注意真实性、可读性、代表性、典型性、操作性和指导性。总局要求：

税务稽查案例必须以查处案件（包括经过行政复议、行政诉讼程序维持原税务处理、处罚决定的案件）已生效法律文书为根据。要求案例的各个构成要素（如被查单位名称、基本案情、作案手段、查案技巧、处理处罚结果等）均应当真实可靠，做到内容翔实、数据无误、定性准确、文字流畅、条理清楚、客观公正，案例结构严谨，层次关系分明，有较强逻辑性和可读性。同时，税务稽查案例应当要体现查处税收违法案件的方法和技巧，剖析案件成因，归纳案件查处对税收政策、征管和税务稽查工作的启示和意义，具有较强的操作性和指导性。】

案例6：隐形"翅膀"终折翼 不法"飞翔"补税忙

——××市飞翔房地产开发有限公司稽查案例

缘　起

二月春风似剪刀，烟花三月走古都。

2014年伊始，在春意盎然的美好季节，××市国税局稽查局局长信心满满地走马上任了！俗话说新官上任三把火，在充分调研、天天座谈的时间里，上任月余的局长把稽查局里的稽查精英、法规能手召集到一起，共商"转观念、提站位、改作风、强素质"改变稽查现状之大计：我市国税系统现在管理的房地产企业共有128户，但是这么多家房地产企业每年申报缴纳的企业所得税居然还不到2 800万元，是辖下房地产开发企业的会计核算完全符合收入确认条件，还是全部达到开发成本的结转确认已足额进行税款缴纳？是我市纳税人守法纳税遵从意识的显著提高，还是因主管税务机关的日常监管不到位导致未能发现行业猫腻？

……

局长要求职能科室全面指导，稽查一科率先进入、全面备战，要像解剖麻雀一样对选案部门提交的一家因少交税款被举报的房地产企业进行"外科手术式"的检查，然后全面总结试点经验、提炼推广先进检查方法，要在全区域范围内进行房地产行业的专项整治，争取打一场漂亮的房地产行业税收专项检查的翻身仗。

于是，一番紧锣密鼓的精心布置，综合选案、案件审理等科室相继搭建政策咨询解答平台，积极为稽查科室提供政策支持。稽查科室"磨枪霍霍"做好准备，以免出现什么意外情况。2014年3月1日，一场为备查单位精心搭建的沟通联系平台就此铺开。受市局稽查局指派，稽查一科一众人等对本次选出的市飞翔房地产开发有限公司（统一社会信用代码：914××××××XYZ，以下简称"飞翔地产"）项下的"风雅颂"项目2011年1月1日至2013年12月31日的企业所得税申报缴纳情况进行了实地及调账检查。

深　入

随着税务稽查的层层深入，检查情况愈来愈明了。

一、案件来源

专项检查。

二、基本情况

（一）企业概况

××市飞翔房地产开发有限公司（税收分析监控系统显示其前身为"××桃园房地产开发有限公司"），成立于2002年12月16日。公司注册地址：××市劳动大道62号，2007年10月搬迁至××市民营科技园飞翔大道。该公司主要从事房地产开发与经营。法定代表人程××（税收征管系统登记为郑××），现有从业人数20人，公司执行企业会计准则。公司注册资本金总额8 000万元，其中××市市政工程公司投资额占90%，自然人股东投资额占10%（2013年11月19日工商行政管理部门登记的营业执照显示公司类型为一人有限责任公司）。

飞翔地产提供的资料显示："风雅颂"项目《预售许可证》显示可售面积297 669.08m^2，截至2013年末已售面积212 200.63m^2，未售面积85 468.45m^2。

(二) 飞翔地产 2011–2013 年公司财务概况

1. 2011 年度财务概况

(1) 账面情况：

飞翔地产 2011 年度财务报表显示：当年实现营业收入 15 807 559.00 元，营业成本 4 858 899.35 元，营业税金及附加 1 116 453.38 元，销售费用 3 494 959.68 元，管理费用 3 390 036.43 元，财务费用 -206 907.82 元，投资收益 44 721.92 元，营业外收入 76 695.55 元，营业外支出 85 073.02 元，利润总额 3 190 462.43 元。

(2) 企业所得税年度汇算清缴申报情况：

依据飞翔地产 2011 年度企业所得税纳税申报表，当年申报利润总额 3 190 462.43 元，纳税调整增加额 7 725 046.47 元，纳税调整减少额 0.00 元，纳税调整后所得 10 915 508.90 元，弥补以前年度亏损 0.00 元，应纳税所得额 10 915 508.90 元，应纳所得税额 2 728 877.23 元，当年度累计实际已预缴的企业所得税税额 1 801 200.00 元，当年度应补的企业所得税 927 677.23 元。

2. 2012 年度财务概况

(1) 账面情况：

飞翔地产 2012 年度财务报表显示：当年实现营业收入 0.00 元，营业成本 0.00 元，营业税金及附加 0.00 元，销售费用 2 691 934.37 元，管理费用 4 345 517.95 元，财务费用 -40 852.80 元，投资收益 15 366.58 元，营业外收入 25 504.60 元，营业外支出 248 002.41 元，利润总额 -7 203 730.75 元。

（2）企业所得税年度汇算清缴申报情况：

飞翔地产 2012 年度企业所得税纳税申报表显示：当年申报营业收入 71 953 789.00 元，营业成本 32 363 718.15 元，营业税金及附加 5 108 719.02 元，销售费用 2 691 934.37 元，管理费用 4 345 517.95 元，财务费用 -40 852.80 元，投资收益 15 366.58 元，营业外收入 25 504.60 元，营业外支出 248 002.41 元，利润总额 27 277 621.08 元，该年度纳税申报财务数据与账面年度财务报表数据不衔接。

依据飞翔地产 2012 年度企业所得税纳税申报表，当年度申报利润总额 27 277 621.08 元，纳税调整增加额 1 414 562.26 元，纳税调整减少额 0.00 元，纳税调整后所得 28 692 183.34 元，弥补以前年度亏损 0.00 元，应纳税所得额 28 692 183.34 元，应纳所得税额 7 173 045.84 元，当年度累计实际已预缴的企业所得税税额 3 084 823.00 元，当年度应补企业所得税 4 088 222.84 元。

3. 2013 年度财务概况

（1）账面情况：

飞翔地产 2013 年度财务报表显示：当年实现营业收入 0.00 元，营业成本 0.00 元，营业税金及附加 0.00 元，销售费用 1 848 670.28 元，管理费用 3 644 836.52 元，财务费用 -46 053.75 元，营业外收入 1 450 000.00 元，营业外支出 1 446 801.52 元，利润总额 -5 444 254.57 元。

（2）企业所得税年度汇算清缴申报情况：

飞翔地产 2013 年度企业所得税纳税申报表显示：当年申报营业收入 19 720 660.40 元，营业成本 0.00 元，营业税金及附加 0.00 元，销售费用 0.00 元，管理费用 0.00 元，财务费用 0.00 元，投资收益 0.00 元，营业外收入 0.00 元，营业外支出 0.00 元，利润总额 19 720 660.40 元，该年度纳税申报财务数据与账面年度财务报表数据不衔接。

依据飞翔地产 2013 年度企业所得税纳税申报表，当年度申报利润总额 19 720 660.40 元，纳税调整增加额 0.00 元，纳税调整减少额 0.00 元，纳税调整后所得 15 720 660.40 元，弥补以前年度亏损 0.00 元，应纳税所得额 19 720 660.40 元，应纳所得税额 4 930 165.10 元，当年度累计实际已预缴的企业所得税税额 2 430 165.10 元，当年度应补企业所得税 2 500 000.00 元。

三、检查情况

在案件检查过程中，检查人员依据《中华人民共和国企业所得税法》及《中华人民共和国企业所得税法实施条例》《国家税务总局关于印发〈房地产开发经营业务企业所得税处理办法〉的通知》《国家税务总局关于房地产开发企业开发产品完工条件确认问题的通知》等相关政策，并结合飞翔地产年度财务报表情况及企业所得税纳税申报情况实施了相关检查，发现以下问题。

（一）2011 年度检查情况

1. 存在超标准列支"业务招待费"未进行纳税调整问题

稽查中发现，飞翔地产相关明细账显示当年度实际发生业务招待费 605 317.67 元，其中："销售费用"账户中列支业务招待费 106 983.17 元，"管理费用"账户中列支业务招待费 498 334.50 元，飞翔地产在年度企业所得税纳税申报时，对发生的业务招待费进行了全额扣除，未进行纳税调整。

根据《中华人民共和国企业所得税法实施条例》第四十三条"企业发生的与生产经营活动有关的业务招待费支出，按照发生额的 60% 扣除，但最高不得超过当年销售（营业）收入的 5‰"之规定，当年度业务招待费的税前扣除限额为 79 037.80 元，因此，业务招待费应调增应纳税所得额 526 279.87 元。

2. 存在列支行政性罚款支出未作纳税调整问题

稽查中发现，飞翔地产相关明细账显示：当年度"营业外支出"账户中列支城建监察罚款支出 85 000.00 元，经查，该罚款系行政性罚款支出，飞翔地产在进行年度企业所得税纳税申报时，未对该行政性罚款支出作纳税调整。

根据《中华人民共和国企业所得税法》第十条第四项"在计算应纳税所得额时，下列支出不得扣除：（四）罚金、罚款和被没收财物的损失"之规定，当年度营业外支出中列支城建监察罚款支出85 000.00元，不得在税前扣除，应调增应纳税所得额85 000.00元。

【人物内心：

看到这些问题居然不调整，简直是难以容忍。这么低级的、简单的、一看就有问题的问题居然还赤裸裸地趴在账面上等税务稽查时来调？难道这家由原市政公司改制、号称当地巨无霸的房地产企业财务核算水平真的这么low吗？】

3. 少计预售收入计算的预计毛利额

依据飞翔地产"预收账款"明细账显示：当年度因销售未完工开发产品取得预售房款93 347 730.00元，其中：首付款93 145 730.00元，公积金202 000元），均为"风雅颂"项目房款。根据《房地产开发经营业务企业所得税处理办法》第八条"企业销售未完工开发产品的计税毛利率由各省、自治区、直辖市国家税务局、地方税务局按下列规定进行确定：（二）开发项目位于地及地级市城区及郊区的，不得低于10%"之规定，按预计计税毛利率10%计算，应以预计毛利额9 334 773.00元并入当年度应纳税所得额。但飞翔地产在年度企业所得税纳税申报时，计入当年度应纳税所得额的预计毛利额仅为7 725 046.47元，少计预计毛利额1 609 726.53元，应调增应纳税所得额1 609 726.53元。

飞翔地产2011年度上述3项应调增应纳税所得额2 221 006.40元，造成少缴纳企业所得税额555 251.60元。

（二）2012年度检查情况

1. 年度纳税申报数据与账面年度财务报表数据不衔接问题

在审阅飞翔地产企业所得税年度纳税申报表时发现，申报表主表申报的收入、成本费用等数据与当年度财务报表数据不一致。国家税务总局《关于印发〈中华人民共和国企业所得税年度纳税申报表〉的通知》规定"中华人民共和国企业所得税年度纳税申报表应根据《中华人民共和国企业所得税法》及其实施条例的规定计算填报,并依据企业会计制度、企业会计准则等企业的利润表以及纳税申报表相关附表的数据填报。"

飞翔地产在2012年度企业所得税纳税申报时,未按照公司当年度财务报表数据进行申报,应依据公司当年度财务报表数据如实申报调整。

【人物内心:

奇怪!企业所得税年度纳税申报表的主表前半部分所填列的收入、成本费用等数据不就是从当年度财务报表中平移过来的吗?这也居然能不一致?您猜到原因了吗?】

2. 存在超标准列支"业务招待费"未进行纳税调整问题

稽查中发现,飞翔地产相关明细账显示当年度实际发生业务招待费691 193.00元,其中:"销售费用"账户中列支业务招待费117 106.00元,"管理费用"账户中列支业务招待费574 087.00元。飞翔地产在年度所得税申报时,业务招待费问题共计调增应纳税所得额574 087.00元。

飞翔地产2012年度财务报表记载:当年实现营业收入0.00元(预售房款283 907 624.00元,其中:首付款187 031 624元,公积金18 301 000元,银行回款78 575 000元),利润总额-7 203 730.75元,根据《中华人民共和国企业所得税法实施条例》第四十三条之规定,当年度业务招待费税前扣除限额应为414 715.80元,业务招待费当年度应调增应纳税所得额276 477.20元,飞翔地产在年度纳税申报时已调增应纳税所得额574 087.00元,多调增当年度应纳税所得额297 609.80元,本次检查应调减当年度应纳税所得额297 609.80元。

【人物内心:

2012年度居然出现多调增业务招待费的问题,令人崩溃!】

3. 预计毛利额问题

稽查人员核查，飞翔地产相关明细账显示当年度因销售未完工开发产品取得预售房款 283 907 624.00 元，均为预收的"风雅颂"项目房款。根据《房地产开发经营业务企业所得税处理办法》第八条"企业销售未完工开发产品的计税毛利率由各省、自治区、直辖市国家税务局、地方税务局按下列规定进行确定：（二）开发项目位于地及地级市城区及郊区的，不得低于10%"之规定，即使按照最低的预计计税毛利率10%来计算，并入当年度应纳税所得额的预计毛利额也应是 28 390 762.40 元。但飞翔地产在企业所得税年度申报汇缴时，申报的预售收入的预计毛利额为 0 元，造成少计当年度应纳税所得额 28 390 762.40 元，稽查人员对飞翔地产 2012 年度少记预售收入计算的预计毛利额依法调增当期应纳税所得额。

综合上述情况，稽查人员依据飞翔地产 2012 年度申报数据计算，当年度少计应纳税所得额 28 093 152.60 元（28 390 762.40 - 297 609.80），合计 2012 年度纳税调整增加额为 29 507 714.86 元（28 093 152.60 + 1 414 562.26）。2012 年度纳税调整后所得 22 303 984.11 元（29 507 714.86 - 7 203 730.75），弥补以前年度亏损 0.00 元，当年度应纳税所得额 22 303 984.11 元，2012 年应缴纳企业所得税 5 575 996.03 元，当年度所得税汇算清缴后实际已缴纳企业所得税 7 173 045.84 元。经核查，2012 年度多缴企业所得税额 1 597 049.81 元。

（三）2013 年度检查情况

1. 年度纳税申报数据与账面年度财务报表数据依旧不衔接

飞翔地产在 2013 年度申报企业所得税时，依旧存在未按照公司当年度财务报表数据进行申报等情况。

2. 存在超标准列支"业务招待费"未进行纳税调整问题

经查，飞翔地产相关明细账显示当年度实际发生业务招待费 890 387.50 元，其中："销售费用"账户中列支业务招待费 140 973.50 元，"管理费用"账户中列支业务招待费 749 414.00 元，飞翔地产在年度所得税申报时全额据实扣除，业务招待费未作纳税调整。

同时，依据飞翔地产 2013 年度财务报表及 2013 年度企业所得税纳税申报表，当年实现营业收入 0.00 元（账面显示预售房款收入 242 943 453.80 元），利润总额 -5 444 254.57 元，根据《中华人民共和国企业所得税法实施条例》之规定，当年度业务招待费税前扣除限额为 534 232.50 元（890 387.50 × 60% = 534 232.50 < 242 943 453.80 × 5‰ = 1 214 717.27），业务招待费当年度应调增应纳税所得额 356 155.00 元（890 387.50 - 534 232.50），当年度飞翔地产少计应纳税所得额 356 155.00 元。

3. 存在列支行政性罚款支出、税款滞纳金、非公益性捐赠支出等未作纳税调整问题

飞翔地产相关明细账显示：当年度"营业外支出"账户中列支工商罚款支出 5 000.00 元、税款滞纳金 1 439 801.52 元，非公益性捐赠支出 2 000.00 元（系向××市房地产协会的爱心捐款 2 000.00 元），以上金额合计 1 446 801.52 元。根据《中华人民共和国企业所得税法》第十条"在计算应纳税所得额时，下列支出不得扣除：……（四）罚金、罚款和被没收财物的损失；（五）本法第九条规定以外的捐赠支出"、《财政部 国家税务总局 民政部关于公益性捐赠税前扣除有关问题的通知》第二条"个人通过社会团体、国家机关向公益事业的捐赠支出，按照现行税收法律、行政法规及相关政策规定准予在所得税税前扣除"以及财政部、国家税务总局、民政部《关于公益性捐赠税前扣除有关问题的补充通知》"一、企业或个人通过获得公益性捐赠税前扣除资格的公益性社会团体或县级以上人民政府及其组成部门和直属机构，用于公益事业的捐赠支出，可以按规定进行所得税税前扣除。""五、对于通过公益性社会团体发生的公益性捐赠支出，企业或个人应提供省级以上（含省级）财政部门印制并加盖接受捐赠单位印章的公益性捐赠票据，或加盖接受捐赠单位印章的《非税收入一般缴款书》收据联，方可按规定进行税前扣除。"

对于通过公益性社会团体发生的公益性捐赠支出，主管税务机关应对照财

政、税务、民政部门联合公布的名单予以办理，即接受捐赠的公益性社会团体位于名单内的，企业或个人在名单所属年度向名单内的公益性社会团体进行的公益性捐赠支出可按规定进行税前扣除；接受捐赠的公益性社会团体不在名单内，或虽在名单内但企业或个人发生的公益性捐赠支出不属于名单所属年度的，不得扣除"之规定，该项捐赠支出不得在税前扣除，但飞翔地产在企业所得税年度汇算清缴时，将以上前支出全额扣除，均未作纳税调整，造成少计应纳税所得额 1 446 801.52 元。

4. 已完工项目未及时确认销售收入及结算计税成本的问题

按照国家税务总局《关于房地产开发企业开发产品完工条件确认问题的通知》，"房地产开发企业建造、开发的开发产品，无论工程质量是否通过验收合格，或是否办理完工（竣工）备案手续以及会计决算手续，当企业开始办理开发产品交付手续（包括入住手续）、或已开始实际投入使用时，为开发产品开始投入使用，应视为开发产品已经完工"、以及国家税务总局《地产开发经营业务企业所得税处理办法》第九条"企业销售未完工开发产品取得的收入，应先按预计计税毛利率分季（或月）计算出预计毛利额，计入当期应纳税所得额。开发产品完工后，企业应及时结算其计税成本并计算此前销售收入的实际毛利额，同时将其实际毛利额与其对应的预计毛利额之间的差额，计入当年度企业本项目与其他项目合并计算的应纳税所得额"等政策，检查人员对开发产品完工的确认以及成本的后续结算进行了核查。

经协查有关单位，××市飞翔物业服务有限公司风雅颂小区的钥匙交接簿显示，业主已于 2013 年 3 月开始办理交房接收手续。同时，检查人员又到该市供电公司营销部调查该小区用电开户、缴费情况，电力部门"台区管理明细账"显示"风雅颂"开发项目已于 2013 年 9 月开始纳入抄表段号。

【人物内心：

等等！××市飞翔物业服务有限公司于 2013 年 3 月开始办理"风雅颂"小区的交房接收手续，而电力部门 2013 年 9 月才开始纳入抄表段号。难不成这个小区的居民在 2013 年 3 月到 9 月期间就不用电吗？

不，电力部门 2013 年 9 月开始纳入抄表段号指的是 2013 年 9 月起由电力部门开始抄表计电费，而之前的 3 月到 9 月是由物业公司供应电力！

那物业公司转售电的行为是不是应该交增值税啊？

拜托，请区分清楚本案的被查对象，即法律主体是房地产公司而不是物业公司好不好！】

以上情况均已说明"风雅颂"开发项目已在 2013 年度完工并投入使用，按照政策规定，2013 年应当确认为完工年度。飞翔地产应在 2013 年度及时结算计税成本、销售收入及实际毛利额，同时将其实际毛利额与前期已申报预交税款的预计毛利额之间的差额，并入 2013 年度的应纳税所得额统算后再行计缴企业所得税。

（1）销售收入：

飞翔地产提供的"销售明细表"等资料显示：截至 2013 年 12 月 31 日，"风雅颂"项目累计已签订销售合同并已实际收到房款收入 620 198 807.80 元，应在 2013 年度结转并确认销售收入。

（2）销售成本：

飞翔地产提供的某税务师事务所制发的鉴证报告显示：截至 2013 年 12 月 31 日，"风雅颂"项目账面"开发成本"累计发生金额 353 077 145.40 元，因此，2013 年度应结转、确认销售成本 353 077 145.40 元。

【人物内心：

"开发成本"累计发生金额 353 077 145.40 元，怎么 2013 年度应结转、确认销售成本也是 353 077 145.40 元？"开发成本"可是要在可售面积与不可售面积、已售面积与未售面积之间进行分摊啊！】

检查过程中，飞翔地产的财务总监以及税务代理及时提出了申辩意见：我们在对这个项目初步审核时发现，已签订销售合同并已实际收到房款的都已经并入当期的收入,但是该项目还有很多笔已经发生的、金额较大的但尚未计入相关成本、费用的支出你们税务局也应一并进行通盘考虑。不然我们哪有那么高的毛利啊?

于是飞翔地产提供了开票日期为 2014 年 6 月 27 日、2014 年 7 月 25 日 WD 区地税局开具的 № 00598628、№ 00598631、№ 00598633、№ 00535316 等《建筑业统一发票(代开)》4 份及市直属税务分局开具的 № 00595737、№ 00595767、№ 00595768、№ 00595769 等《建筑业统一发票(代开)》4 份,8 份发票票面金额共计 471 406 574.22 元(见表 19)。

表 19 代开发票统计表

序号	代开税务机关	发票号码	项目内容	结算金额	备注
No.1	WD 区地税局	№ 00598628	风雅颂 1、2、3、8、9、10 号楼工程款	127 203 832.00	
No.2	WD 区地税局	№ 00598631	风雅颂 5、6、7、11、12、13、18、19、23、25、26 号楼工程款	125 963 573.31	
No.3	WD 区地税局	№ 00598633	风雅颂 15、16、17、20、21、22 号楼工程款	75 922 502.00	
No.4	WD 区地税局	№ 00535316	工程款	11 758 146.89	
No.5	×市地税局直属局	№ 00595737	风雅颂绿化	5 687 570.00	
No.6	×市地税局直属局	№ 00595767	风雅颂小区工程款	73 793 609.68	
No.7	×市地税局直属局	№ 00595768	风雅颂小区工程款	31 198 743.34	
No.8	×市地税局直属局	№ 00595769	风雅颂小区附属工程款	19 878 597.00	
合计				471 406 574.22	

飞翔地产陈述:我们 2013 年度实际发生的建筑安装工程费、绿化费等开发成本已经由××飞翔建设工程集团有限公司(以下简称"飞翔建工")于 2014 年 6 月至 9 月陆续开票,根据国家税务总局 2012 年发布的《关于企业所得税应纳税所得额若干税务处理问题的公告》中"对企业发现以前年度实际发生的、按照税收规定应在企业所得税前扣除而未扣除或者少扣除的支出,企业作出专项申报及说明后,准予追补至该项目发生年度计算扣除"之规定,应补记到 2013 年度进行扣除的"开发成本" 471 406 574.22 元,

即:我司"风雅颂"项目总"开发成本"调整后应该是 824 483 719.62 元(353 077 145.40 + 471 406 574.22)。详见"代开发票统计表"及《建筑业统一发票(代开)》(节选),如图25所示。

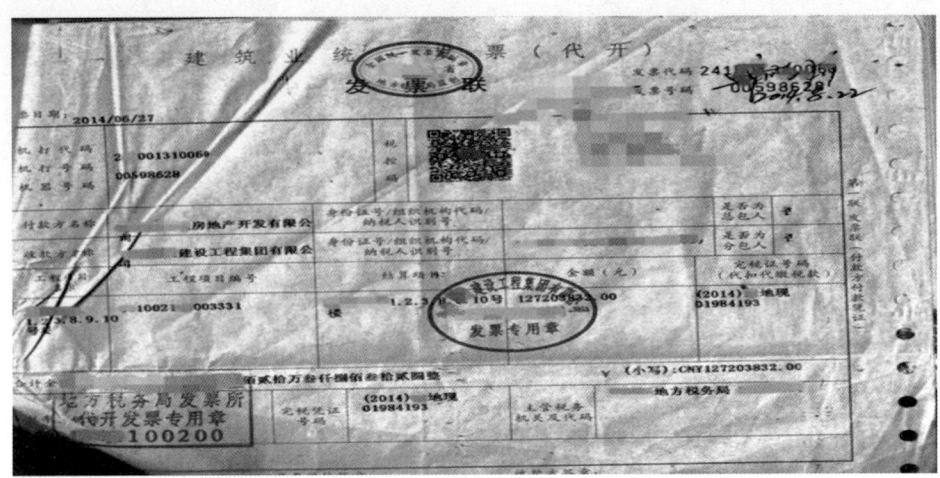

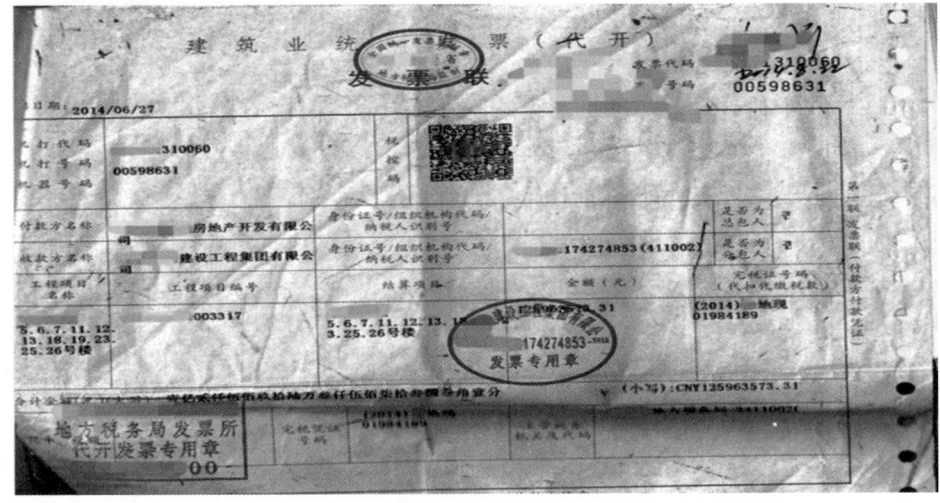

图25 建筑业统一发票(代开)图示

【人物内心:

果然,检查人员料到飞翔地产一准儿会用堪称经典的15号公告来对抗税务稽查部门的核查。大家请思考,飞翔地产到主管地税机关代开的8份、金额近5亿元的建筑业发票能否在税务稽查的当年进行扣除?】

检查人员反驳道，若想对以前年度应扣未扣的成本费用进行扣除，除了要符合 2012 年《关于企业所得税应纳税所得额若干税务处理问题的公告》，还应符合国家税务总局 2011 年《关于企业所得税若干问题的公告》的必要要件，即只有全面符合下列条件才能进行追补扣除：第一，企业当年度已经实际发生了相关的成本、费用；第二，对已发生的具体业务已如实做了会计处理和相关账务的凭证记载，但是尚未取得合法有效凭证；第三，企业在进行预缴季度所得税时，已暂按账面发生金额进行申报扣除；第四，在年度企业所得税汇算清缴期内，补充提供该成本、费用的有效凭证；第五，企业已做出专项申报及说明；第六，企业应追补至应扣未扣项目所发生得年度计算扣除，但追补确认期限不得超过 5 年。

对比这些法定要件，飞翔地产并不符合追补扣除的条件：第一，飞翔地产所称 2013 年实际发生的建筑安装工程费、绿化费等开发业务是由飞翔建工承接施工，虽已于 2014 年 6 月至 9 月陆续开票，但是并未在费用发生的当期记入同期的"开发成本"等科目。

【人物内心：

敲黑板！大家请注意：本案中单就飞翔建工给飞翔地产在 2014 年 6 月至 9 月之间陆续开票的行为事实。从两家企业的名称上判定，二者可能互为关联企业，飞翔建工直到 2014 年 6 月至 9 月之间才为飞翔地产陆续开具早在 2013 年实施完毕的建筑业服务。是关联企业间的利益输送？是为少交、延交、缓交、迟交营业税而精心设置的"税收筹划"？还是为虚增成本、降低利润的虚开发票？同时，陆续开票的这个期间也正处于税务稽查实施的区间，即在稽查实施过程中补开的成本费用发票的本意是不排除以本应缴纳的、较小的营业税成本在税前扣除以此来减少本次国税稽查部门应查补 25% 企业所得税的可能。】

第二，企业所得税季度申报表显示：飞翔地产在接受飞翔建工实施的建筑业服务即使未取得合规票据，但是在预缴季度企业所得税时，也并未按照账面发生金额进行申报扣除。第三，飞翔地产在进行年度企业所得税汇算清缴时，不但在规定期限内未补充提供该成本、费用的有效凭证，而且也未做纳税调整。第四，符合条件的成本费用扣除应该还原至实际发生年度，而不是 2014 年。第五，飞翔地产也未按照《国家税务总局关于企业所得税应纳税所得额若干税务处理问题的公告》的规定向主管税务机关做专项申报及说明。第六，追补确认的期限不能超过 5 年。而飞翔地产所辩称的"2013 年已发生建筑安装工程费、绿化费等开发成本已经由飞翔建工于 2014 年 6 月至 9 月陆续开票，应补记到当年度的"开发成本"471 406 574.22 元，既没有记入当期的成本费用科目，也没有在当期企业所得税纳税申报时进行纳税调整，更没有就上述 471 406 574.22 元向主管税务机关进行专项申报，无法核实该事项的真实性。故检查人员对飞翔公司所述"应补记到当年度的开发成本 471 406 574.22 元"不予认可。

异　见

闻听税务检查人员对"应补记到当年度的开发成本 471 406 574.22 元"不予认可的交流意见，飞翔地产的税务代理机构辩称："这些应扣未扣的成本费用，即使不符合你们稽查局所说的这些条件，我们也是真实发生的业务啊，更何况还是你们地税部门代开的发票啊？你们国税该不会是认为同为税务机关的地税部门开出的这些建筑业服务发票是假的吧？别告诉我你们稽查局无法核实 471 406 574.22 元的真实性？核实事项的真实性可是你税务稽查部门的职责哦！"

"那你们先谈谈这 4.7 亿元建筑安装业务的具体情况吧。"

"嗨，你们坐机关办公室的不了解我们房地产企业的苦啊。你们不知道，我司通过招拍挂的这块土地由于地质结构特别复杂，地下水特别丰富，我们……"

"等等"，检查人员忍不住打断了财务人员的讲话。"你说在我市，在你们所拍地块就是风雅颂项目的地下，地下水特别丰富？"

"是的呢，你们不知道啊，我们的勘探人员一探测……"

"你稍等一下"，经验丰富的检查人员顿了一下，随手将当地报社前几天的晨报递给了飞翔地产的财务总监，"你们看一下，这是我们的市委书记自上任以来，为了缓解我们这个全国十大缺水城市之一的城市常年缺水的问题，在省委、省政府以及水利资源部的多方努力下，特向国务院有关部门申请在'南水北调'工程途经处专门给我市开了一个接口，用来缓解我市居民常年缺水的局面。您的意思是因为勘探部门的工作不力没有发现你们地块下丰富的地下水还是有关部门弄虚作假欺瞒党中央、国务院？"面对咄咄逼人的财务人员和暗自得意的中介机构，税务检查人员不慌不忙地说道。

"不对不对，不是不是。我重新组织一下语言，重新解释。"慌不择言的财务总监赶忙解释道，"是这样的，我们所拍的这块地啊，因为远古时代地下水特别丰富，把地下地质结构冲刷得非常复杂。所以我们在打地基时，打一遍地基来验收一次，结果一验收不合格。我司为了老百姓的美好生活愿景，宁可公司遭受损失也要保证产品的质量，老百姓买房子不容易啊。所以我司一直追求的目标就是'做百年住宅、施百年大计、保质量第一'！所以我们又打第二次地基，一验收还是不合格，砸掉！重来！就这样一直打了三次才通过验收。这就是我们又发生4.7亿元建筑安装费的真实原因。现在地基已经打好，我司总不能因为配合你们税务部门检查再把地基砸开让你们检查吧？况且前两次打的地基因为验收不合格也被第三次的基础工程覆盖了，你们也看不出来啊！"

"原本你们公司暗地里付出了这么多艰辛与努力啊！你们真的很了不起，要不这样，今天下午上班时请把你们房地产公司接受飞翔建工建筑安装服务时的《施工日志》带过来我们复核一下。"

"这个情况是这样的，我们集团因为经营战略规划的改变，上个月调整了办公地址，很多资料包括这些《施工日志》因为搬家的缘故早已找不到了，但是我们保证不是不给你们提供，是真的找不到了！"

检查人员笑笑说："这倒不影响什么，那咱们现在先看一下会计账簿和记账凭证中，找一下看看是哪家监理公司给你们当时做的施工监理和工程监理，下午我们再一起去工程监理公司或者档案管理部门查看一下相关的《施工监理日志》和《项目监理日志》，还有监理报告什么的。然后再结合你们的五证信息、还有招投标、预决算的资料比对一下再说。"

【旁白：

"五证"指的是哪些？

《建设用地规划许可证》《国有土地使用证》《建设工程规划许可证》《建筑工程施工许可证》《商品房预售许可证》。

通过查看"五证"，检查人员可以获取哪些有效信息（列位看官请注意，以下图片仅做解释之用，与本案案情无关）？

《建设用地规划许可证》：申请使用土地之前由当地城市规划行政主管部门确定的，该建设项目位置、高度、容积率等符合城市规划的法律凭证，如图26所示。

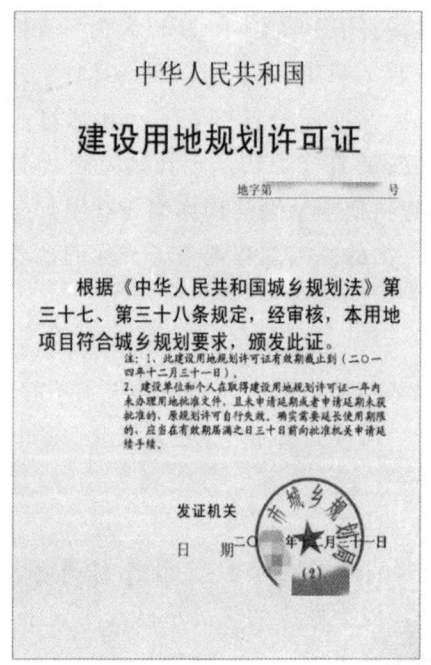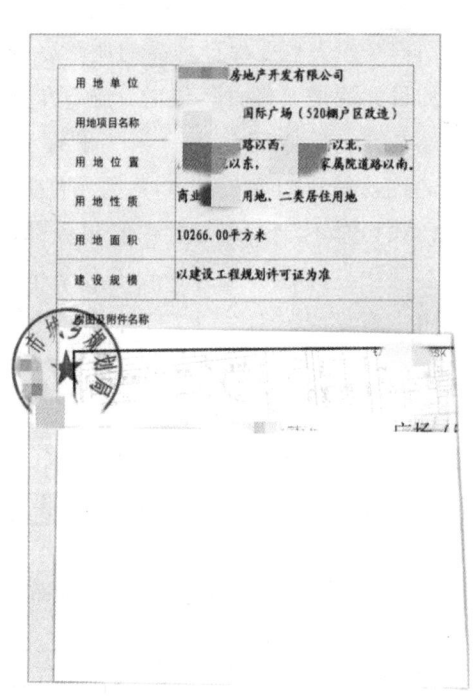

图26 《建设用地规划许可证》图示

《国有土地使用证》：主要载明土地使用者名称、土地坐落、用途、土地使用面积、使用年限、取得价格、和"四至"范围。当然，如果是近几年的新开发楼盘，也有可能是《不动产权证书》，如图27所示。

案例6：隐形"翅膀"终折翼　不法"飞翔"补税忙

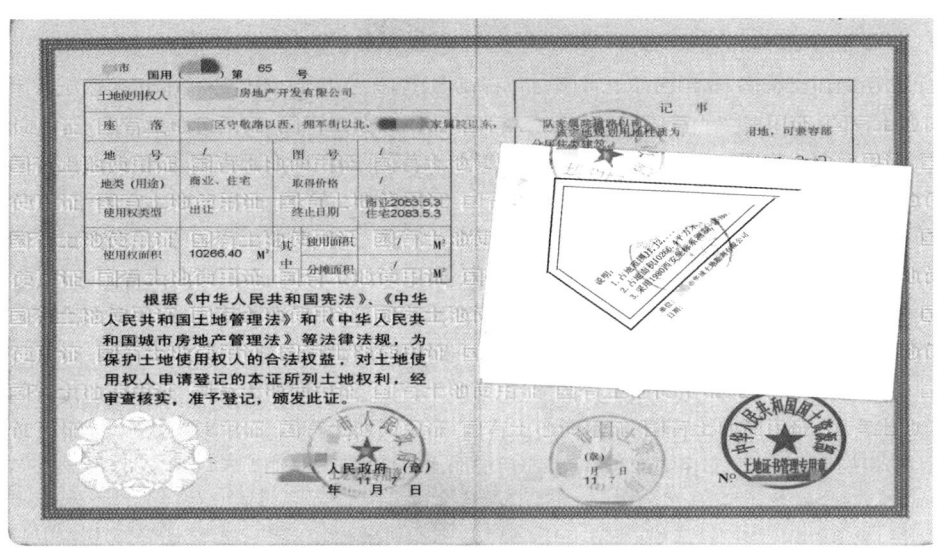

图27 《国有土地使用证》图示

《建设工程规划许可证》：没有此证的建设单位，其工程建筑是违章建筑，不能领取房地产权属证件，如图28所示。

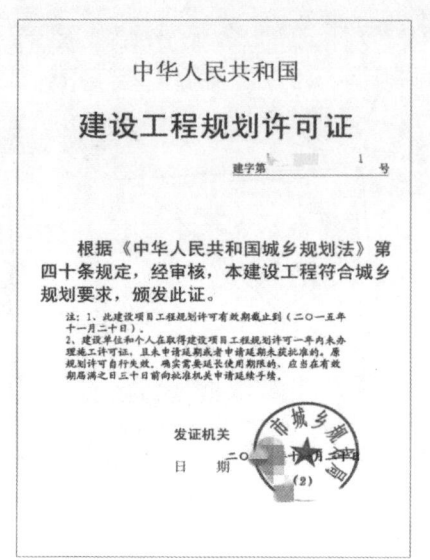
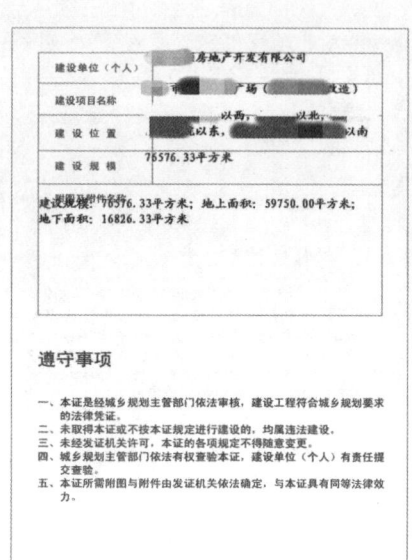

图28 《建设工程规划许可证》图示

《建筑工程施工许可证》：是建筑施工单位符合各种施工条件、允许开工的批准文件，是建设单位进行工程施工的法律凭证，也是房屋权属登记的主要依据之一。尤其是该许可证所列示的建筑规模和合同价格可以与房地产开发业务中的建筑面积及建筑安装费相比对，核查是否存在有差异，如图29所示。

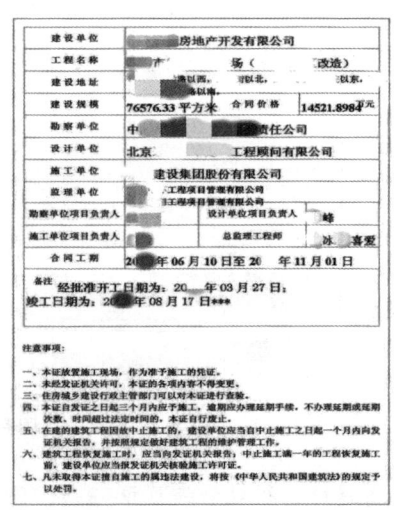

图29 《建筑工程施工许可证》图示

《商品房预售许可证》：房地产管理部门允许房地产开发企业，销售商品房的批准性文件，如图 30 所示。】

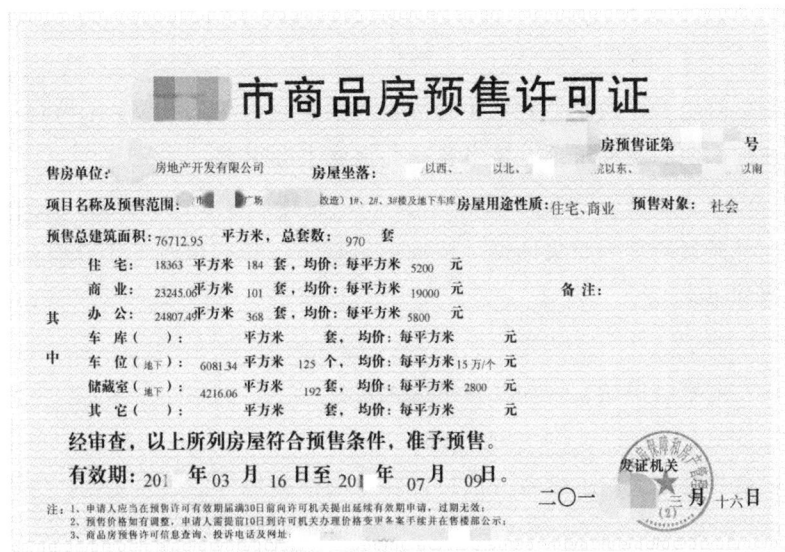

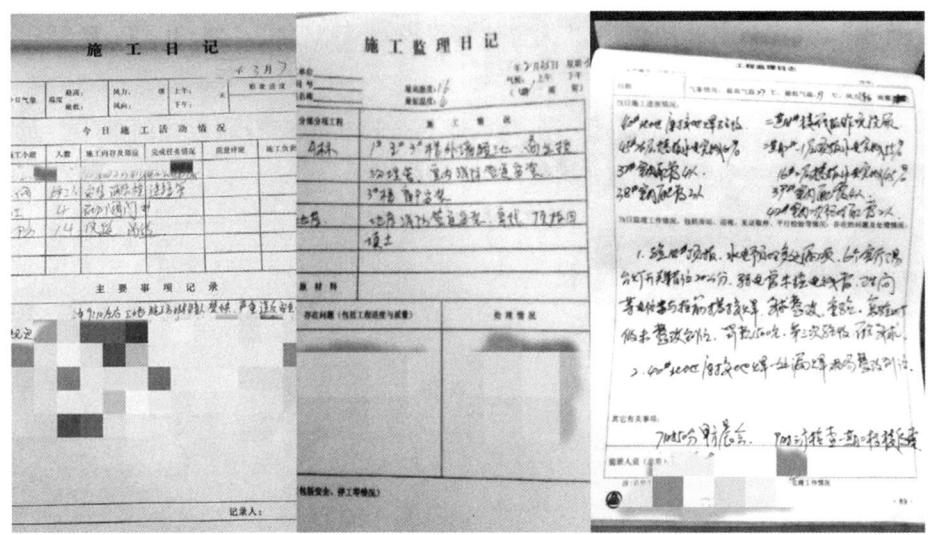

图 30 《商品房预售许可证》图示

这时候财务总监突然看了看表，说："这样吧，我突然想起来我还要去市政府参加一个紧急会议，我下午再过来，我们继续探讨。"

无　常

　　财务总监走后,检查科突然接到稽查局案审会通知,明天上午稽查局召开案审会进行本期的案件审理,该案要一并提交上会审理。

　　检查科抓紧梳理、归集证据,按规定出具了《税务稽查工作底稿》《稽查报告》等文书。

　　次日,案审会伊始,一如往常平淡无奇。

　　轮到检查科汇报时,案审会成员都在审阅稽查报告,久久无言。

　　案审会主任把报告放在桌子上的响声打破了这种沉闷,主任缓缓地环顾了一下各位案审会成员,说道:"大家伙都说说意见吧"。

　　"××检查科是我局讲授、主办、辅导全市房地产行业检查的骨干力量,同意检查科的查补税款的意见。"

　　"同意。"

　　"同意检查意见。"

　　"没意见。"

　　……

　　"你们不要迷信权威!不要迷信骨干!你们要认真审核报告,认真发表自己的看法。我认为",案审会主任说道,"如果是权威,纳税人怎么还会有异议?纳税人既然还有异议,就说明这个案子还不太成熟。这个案子下周案审会再审"。

案例6：隐形"翅膀"终折翼 不法"飞翔"补税忙

第二周的案审会与上周如出一辙的"不成熟，下周再审"。

第三周。

主任看着《稽查报告》，突然对审理科说："这个案子漏洞这么多，审理科的同志是怎么把关的？企业申辩意见不是已经说飞翔地产 2013 年已发生的建筑安装工程费、绿化费等开发成本已经由飞翔建工于 2014 年 6 月至 9 月陆续开票，并且在飞翔公司飞翔地产明细账面也有记载吗？为什么还不让企业扣除？再说地税部门开出来的建安发票我们为什么不认可？我们都是税务部门，这么做岂不是制造国、地税之间的矛盾嘛！"

检查人员解释道："按照飞翔地产账载的开发成本 3.5 亿元，加上本次提供的建筑安装费 4.7 亿元，开发成本已经高达 8.3 亿。从成本的占比分析来看，单就本次开出来的建筑安装费项目就已经占据总开发成本的 57%，无论从定量还是定性上来看都已属于异常。虽然地税部门开出来了正规的建筑安装费发票，但是不能因为发票开具没问题就认定为业务是真实的啊！企业不但提供不来证实业务真实的证据，同时，明细账记载的'预付账款——集团公司风雅颂第一标段'69 928 560.00 元、'预付账款——集团公司风雅颂第二标段'109 248 937.88 元、'预付账款——集团公司风雅颂第三标段'81 834 629.20 元，'其他应收款——桃园园林'2 777 699.00 元的这些记录，仅仅只是记载了与资金相关的往来记录，而不是飞翔公司已经实际发生 4.7 亿元的建筑安装费服务的证据。"

"今天会议先到这里，审理科不要老坐在办公室想案件！要主动下基层去帮助一下检查科，教教他们怎样查账。这个案子等成熟了再审。"

【旁白：
说是审理部门辅导检查科，但是辅导意见不足以服众啊！面对检查科的证据，审理科左右为难：一边是案审会语重心长的指示，一方面是检查科翔实有效的证据，该怎么办？万般无奈之下，提出了深思熟虑的折中意见，即：但凡账簿上只要有和飞翔地产相关的账务记载，均认同是已实际发生的建筑安装工程费。飞翔地产账面显示，截至 2013 年 12 月 31 日飞翔地产预付给"集团公司风雅颂第一标段"69 928 560.00 元、预付给集团"公司风雅颂第二标段"109 248 937.88 元、预付给"集团公司风雅颂第三标段"81 834 629.20 元,还有应收桃园园林的"其他应收款"2 777 699.00 元,就应该视同于账面开发成本已有记载,所以应补记当年度"开发成本"263 789 826.08 元。】

【人物内心:

什么!账面记录往来款项就能证实"开发成本"的真实性?】

最终,稽查报告显示:"按照审理部门意见,2013 年度应确认的开发成本总计 616 866 971.48 元(原账面开发成本 353 077 145.40 元 + 审理部门调整的 263 789 826.08 元)。'风雅颂'项目总可售面积 297 669.08 平方米,截至 2013 年末已售面积 212 200.63 平方米,未售面积 85 468.45 平方米,已售面积按照审理口径应分摊成本 439 748 595.9 元(616 866 971.48 × 212 200.63 ÷ 297 669.08)。"

《稽查报告》的其他内容显示:

"……(3)以前年度累计确认的预计计税毛利额问题:

依据飞翔地产 2011 年度、2012 年度企业所得税汇算时的纳税调整情况,风雅颂项目 2011 年度、2012 年度累计已按 10% 的预计计税毛利率调整增加应纳税所得额 37 725 535.40 元(其中:2011 年度已计预计毛利额 9 334 773.00 元,2012 年度已计预计毛利额 28 390 762.40 元)。因该项目已在 2013 年度完工,按照规定应结转销售收入与销售成本。因此,对 2011 年度、2012 年度累计已调整增加应纳税所得额 37 725 535.40 元,应在 2013 年度汇算清缴时作调减应纳税所得额 37 725 535.40 元处理。

(4)营业税金及附加的缴纳问题:

依据飞翔地产相关明细账显示,截至 2013 年 12 月 31 日,风雅颂项目累计已发生税金及附加 45 335 141.91 元,其中:2011 年 6 740 250.71 元,2012 年 20 695 771.07 元,2013 年 17 899 120.13 元。

综合上述情况，2013年度飞翔地产完工项目未及时确认销售收入及结算计税成本问题，共计应调整应纳税所得额 97 389 534.59 元。

飞翔地产 2013 年度企业所得税纳税申报表显示，当年度利润总额 −5 444 254.57 元。2013 年度纳税调整后所得 93 748 236.54 元，弥补以前年度亏损 0.00 元，应纳税所得额 93 748 236.54 元，当年应纳企业所得税税额 23 437 059.14 元，飞翔地产当年度所得税汇算清缴后已缴纳企业所得税额 4 930 165.10 元。故，本次检查 2013 年度应补缴企业所得税额 18 506 894.03 元。

综合前述情形，飞翔地产 2011 年度少缴纳企业所得税额 555 251.60 元；2012 年度多缴纳企业所得税额 1 597 049.81 元；2013 年度少缴纳企业所得税额 18 506 894.03 元。

上述共计造成少缴企业所得税税额 17 465 095.82 元。鉴于该企业已在检查期间内通过'稽查查补预缴模块'查补预缴企业所得税 16 218 416.70 元，本次检查还应再补缴企业所得税 1 246 679.12 元。

同时，审理人员根据《中华人民共和国税收征收管理法（修正）》第三十二条之规定，决定除追缴上述税款 17 465 095.82 元外，同时从税款滞纳之日起至解缴之日止依法加收滞纳金。"

空　　蒙

稽查局精心总结了用以推广的房地产行业专项稽查经验。

一是创新组织方法，加强总结交流。为进一步提高专项检查的针对性和有效性，在检查过程中采取"解剖麻雀、以点带面"的形式开展检查，先通过选择个案进行解剖检查，找出规律，然后根据解剖掌握的情况进行分析，确定检查的必查内容，大大提高了稽查质效。同时，积极做好税法宣传、政策辅导和查前约谈，加强对专项检查成果的宣传报道，增强专项检查的影响力，为专项检查营造和谐的社会环境。

二是举办专业知识培训班，行业专检成果显著。就全省范围来看，体量大、利润高的房地产行业在税收专项检查中，成为查补税款的"大户"，但该市房地产及建筑安装业的税收检查成果却一直乏善可陈，为改变过去对房地产行业粗放型的检查方式，该局确定了专业化、精细化、模板化的检查模式。首先进行了为期三天的专业培训，请有关专家和业内人士深度分析讲解房地产行业的经营模式、会计核算流程、逃避纳税义务的主要手段、税收检查的切入点等。使检查人员对房地产企业从拿地、立项、融资、拆迁、建设、销售各个环节有了清晰的概念，掌握了该行业涉税违法的主要手段。随后，抽调精兵强将，先行调取1户企业的财务资料，采取"解剖麻雀"的方式，撬开了该行业检查的口子。2014年，检查房地产行业共计查补入库税款9 426.84万元，同比增幅全省位列前茅，被省局点名表扬。

案例 7：招商 & "招伤"
——案例解析土地出让金的返还

【引言】

随着房地产市场的火爆，部分地方政府出于招商引资、促进城市基础设施建设和回迁房建设等原因，对房地产企业通过"招拍挂"取得土地后缴纳的土地出让金给予一定比例或额度的返还。实务中因房地产企业取得土地时的业态不同、政府约定的优惠条件及形式不同（如征地拆迁、安置补偿、市政配套设施建设、公共配套设施建设等），以及因税收政策复杂晦涩、企业会计账务处理时存在认定为"财政性资金"和计入"营业外收入"的差异，导致税企双方一直对土地出让金返还的税务处理存在争议。

房地产企业取得土地出让金返还款究竟该如何处理？这不仅关系到企业所得税的计税基础、也会影响土地增值税扣除项目金额，同时也可能因处理不一从而加大税务机关的执法风险。作者对近期中国裁判文书网中诉由为"土地出让金返还"的诉讼案件进行了检索、梳理，并随机摘取一则司法判例，结合对实务中查办案件时所涉及的土地出让金返还事项并进行简要解析，以期为消除税企双方分歧助益。

基本案情

某省大山房地产开发有限公司（以下简称大山房地产）成立于 2007 年 4 月，注册资本金 2 000 万元人民币，公司注册住所在 S 市经济开发区东区，主要从事房地产开发、销售、租赁（按资质证书经营）及建筑材料销售等业务。2007 年，大山房地产以出让方式取得某县阳青镇的国有建设用地 50.99 亩，组织开发建筑面积 114 936.73m² 的"阳青第一街"房地产项目，该项目 2008 年 12 月取得预售许可证。截至 2013 年 12 月 31 日，对外销售 27 237.97m²，以房地产对外投资入股 42 415.75m²。

2014 年 3 月 10 日至 6 月 10 日 S 市地税稽查局对大山房地产 2010 年 1 月 1 日至 2013 年 12 月 31 日期间的涉税情况进行了检查，认定大山房地产在营业税、城市维护建设税、教育附加、地方教育附加、印花税、城镇土地使用税、房产税、个人所得税、土地增值税九种税费申报缴纳中存在违法事实，并作出税务处理决定，要求大山房地产补缴或者调整相关税款，其中应补缴土地增值税 19 282 778.61 元。对该处理决定中关于营业税、城市维护建设税、教育费附加、地方教育附加、印花税、城镇土地使用税、房产税、个人所得税八项处理结果，大山房地产无异议，并按照要求履行了相关义务。但对处理决定中关于土地增值税清算中认定的"大山房地产从某县财政局获得的 1 600 万元奖励是基于受让土地而取得的，因此 S 市地税稽查局在计算大山房地产为取得土地使用权所支付的地价款时，从大山房地产交付的土地出让金中扣减 1 600 万元"的事实和处理结果有异议，遂向 S 市地方税务局申请复议。2014 年 12 月 1 日 S 市地方税务局作出了"维持稽查局作出的土地增值税清算处理决定"的行政复议决定。大山房地产不服，向法院提起诉讼，请求撤销该稽查局税务处理决定书中关于土地增值税（清算）的处理决定。

议讼焦点

行政复议和诉讼的焦点聚集在确认大山房地产取得的地价款时，是否应当从其实际支付的出让金中减去政府奖励的 1 600 万元等问题上。

资料显示，大山房地产为取得"阳青第一街"项目 50.99 亩国有建设用地，共向县国土资源局支付土地出让金 158 300 万元。该县财政局分别于 2009 年 12 月和 2010 年 1 月给予大山房地产奖励资金 1 600 万元。稽查局检查时认定，大山房地产从县财政局获得的 1 600 万元系"阳青第一街"土地出让金奖励，因此在计算大山房地产取得该宗土地成本时，从大山房地产支付的出让金中调减了 1 600 万元。

大山房地产提供了 2007 年 11 月某县县委办记录整理的《会议纪要》以及 2014 年 5 月该县财政局出具的《情况说明》等相关证据。《会议纪要》显示：对大山房地产"阳青第一街"项目"因土地成交价与起拍价差额为 8 180 万元，给予 1 636 万元奖励"的优惠政策。《情况说明》证实：该县财政局支付给大山房地产的 1 600 万元是根据县委 2007 年 11 月的会议纪要精神，给予大山房地产"阳青第一街"项目的土地出让金奖励。

大山房地产主张，从某县财政局获得的 1 600 万元奖励资金，系投资之初该县人民政府允诺对"阳青第一街"项目的招商引资奖励，并不涉及取得土地使用权所支付的地价款。所以税务当局从大山房地产取得土地使用权所支付的出让金中调减 1 600 万元实属不当。

稽查局申辩，大山房地产提供的《会议纪要》《情况说明》等相关证据内容明确，且相互印证，恰好证实大山房地产从财政局获得的 1 600 万元系阳青第一街项目的土地出让金奖励。依据《中华人民共和国土地增值税暂行条例实施细则》第七条"取得土地所支付的金额，是指纳税人为取得土地使用权所支付的地价款和按国家统一法规缴纳的费用"的规定，以及该省地方税务局《关于土地增值税有关业务问题的公告》"纳税人为取得土地使用权所支付的地价款，在计算土地增值税时，应以纳税人实际支付土地出让金（包括后期补缴的土地出让金），减去因受让该宗土地政府以各种形式支付给纳税人的经济利益后予以确认"等规定，确认大山房地产从县财政局获得的 1 600 万元正是基于受让土地而取得的奖励，因此在检查中对大山房地产为取得土地使用权所支付的地价款应从大山房地产实际交付的土地出让金中扣减 1 600 万元，不但有法律事实、还有确凿证据、更有法律依据。

一、二审法院审理还查明，稽查局所作的处理决定依据的省地方税务局《关于土地增值税有关业务问题的公告》，系根据《中华人民共和国土地增值税暂行条例》及其实施细则和其他税收法律法规作出的规范性文件。经审查该公告的制定规则、制定程序及发布形式等要素，均符合国家税务总局《税收规范性文件制定管理办法》的规定，据此将 1 600 万元土地出让金奖励款，在计算土地增值税时从取得土地使用权所支付的地价款中予以扣减的事项，符合上述法律法规和规范性文件的规定。

法理分析

改革开放以来，各地政府多把项目和招商引资工作作为经济工作的第一抓手。为吸引投资者，部分地区往往会采取低价转让土地使用权等方式，无端引发了招商引资政策的恶性竞争。尽管国家采取了多种政策措施以严格土地出让金收取（如设定协议出让土地最低价等），但实践中地方政府多会通过钻政策空子或打"擦边球"变通执行，以财政返还或政府奖励等手段变相降低投资成本的现象仍屡见不鲜。

返还土地出让金的原因是什么？

返还的土地出让金的用途有哪些？

返还的土地出让金的会计处理怎样作？

返还的土地出让金是否需要纳税？

返还的土地出让金是否属于不征税收入？

……

关于返还土地出让金的诸多问题，也少不了网络上的激烈讨论。但是归纳之后，探讨文章的落脚点多集中在"返还的土地出让金用于建设购买安置回迁房、或用于拆迁、用于开发项目相关的基础设施建设、或用于建设公共配套设施、或返还给其他关联企业或个人，以及未约定任何事项，只是奖励或补助给房地产企业"等返还土地出让金的用途以及如何作会计处理上。

【人物内心：

问：老师，土地出让金不就是政府土地管理部门把土地使用权出让给使用者，依法向使用者收取的土地交易总价款吗。那为什么会有土地出让金返还的事情啊？

答：我国《土地管理法》规定，在某些特殊的情形下，经过政府批准，是可以收回国有土地使用权的。比如说：出于旧城区改建或者政府的其他公共利益需要，需要使用土地；或者是有偿使用的土地出让合同约定的使用期限届满，土地使用者未申请续期；或者因为撤销、迁移等原因，不再使用原来划拨的国有土地；还有一些经核准报废的公路、铁路、机场、矿场等，这样就要收回国有土地使用权。上面这几个因素中的第一种情况，是由于政府的原因造成土地使用者无地可用，所以政府在收回国有土地使用权时，会对土地使用权人给予一些适当的补偿。但是，这不是真正意义的土地出让金返还。

问：哦，那真正意义的土地出让金返还是什么呢？

答：那是好几年前，当时的地方政府正处在资金困难之中，一方面是收入不断下降，另一方面又是进行城市基础设施与投资、偿还地方债务的高峰期，政府感受到了严重的财政压力。于是举全城之力大搞特搞什么招商引资活动。你要有心的话，可以上网搜索一下当时各地发布的招商引资的优惠政策，那叫一个不可思议哦，只要能让企业圈过来，几乎可以说不惜血本去"倒贴"。有搞税收优惠的，地方留成部分百分之百全部退还。更多的是在打土地出让金的主意，你那里搞拉人头奖，我这里就敢大额补贴，你敢先征后返，我也毫不示弱。不管你交没交税、生不生产，反正只要能把企业赶进园区来，政府不但给地还给方便。就这样一直持续到了 2014 年。2014 年 11 月《关于清理规范税收等优惠政策的通知》（国发［2014］62 号）。该文件不仅要求各地要规范非税等收入的管理，更要严格管理财政支出。文件指出，未经国务院批准，严禁对企业违规减免或缓征行政事业性收费和政府性基金、以优惠价格或零地价出让土地。坚决取消违法违规制定的、与企业及其投资者（或管理者）缴纳税收或非税收入挂钩的如以代缴或给予补贴等形式减免土地出让收入等财政支出优惠政策。

问：看字面意思，那不就是说除了国家制定的优惠政策以外，地方没有优惠的话语权了呗？

答：是呢。可是你想想，当初各地政府有为了招商绞尽脑汁想出来的那么多的地方优惠政策、制度协议，这可咋办啊！这期间有一起非著名的国有土地出让前因签订的土地出让金返还协议排除其他竞买者致使国家利益受到损害而被最高法院判决无效的案子，你可以搜索一下。

于是，无论是地方政府还是大型企业，都尽显神通，陈词激昂。国务院在2015年5月份又发布了《关于税收等优惠政策相关事项的通知》（国发［2015］25号），其中"各地与企业已签订合同中的优惠政策，继续有效；对已兑现的部分，不溯及既往"的规定，倒是让地方政府舒了一口气。但是，国家也不是一味地顺着地方政府的，还有"今后制定出台新的优惠政策，除法律、行政法规已有规定事项外，涉及税收或中央批准设立的非税收入的，应报国务院批准"的规定，其实是对地方政府的乱优惠敲了警钟。

问：老师，那是不是从2015年之后就没有土地出让金返还了啊？

答：绝不是那样的！虽然国务院早在2006年年末，就在国办发［2006］100号文件中明确了，任何地区、部门和单位都不得以"招商引资""旧城改造""国有企业改制"等各种名义减免土地出让收入，实行"零地价"，甚至"负地价"，或者以土地换项目、先征后返、补贴等形式变相减免土地出让收入。但是，由于我国人口众多、地大物博、幅员辽阔，地方政府往往会结合本地的实际情况有效处理决策的统一性，或者以正式权力的非正式运作来有效完成上级任务的应对之策。当然这种因地制宜的灵活性和适应性，并不是"更改目的地"，仅仅按照中央的决策部署"绕道走"而已。于是，就产生了土地出让金返还的变种。不然，国家也不会一而再、再而三地出台文件屡屡禁止出让金的返还。

问：老师，那您快给我讲讲都有哪些类型的土地出让金返还呢？我在网上没有搜索到啊。

答：其实土地出让金返还形式，概括起来用三个成语就可以囊括。那就是"有来有往""来来往往""往而不来"。】

土地出让金返还的方式，我们可以借用几个成语来比喻一下：

一是"有来有往"。这种情况描述的是你交土地出让金，我再返给你约定比例或者一定额度的土地出让金。如图31所示的案例就是先交土地出让金，再由政府进行一定比例或额度的返还。

案例7：招商&"招伤"

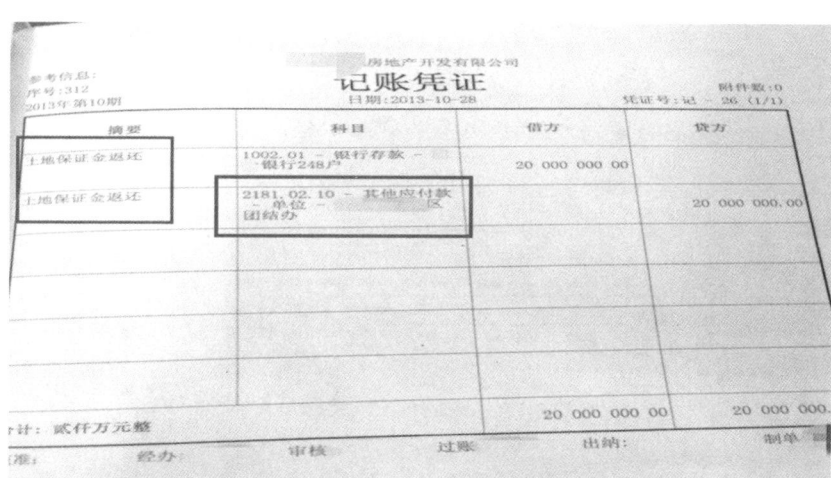

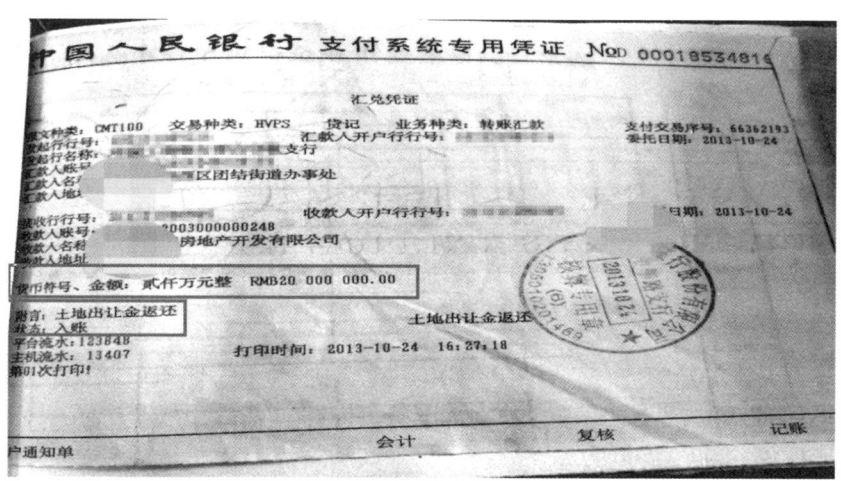

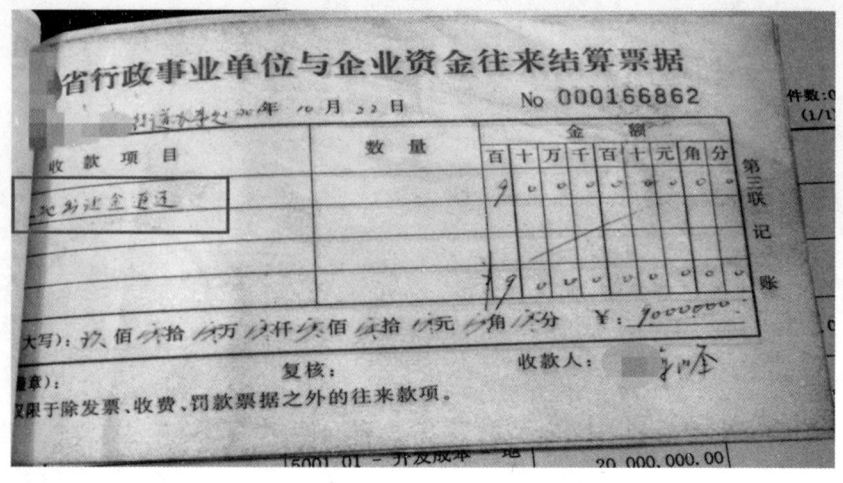

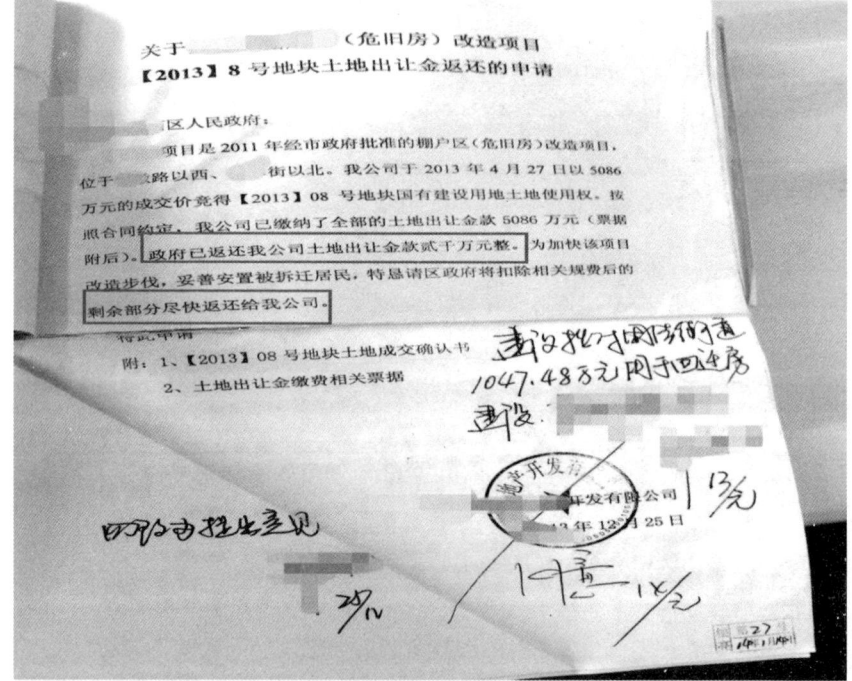

图31 "有来有往"土地出让金返还方式示意图

但是对于这种情况,在国办发100号文件之后,财政部、原国土资源部和中国人民银行于2006年12月31日出台了《国有土地使用权出让收支管理办法》(财综〔2006〕68号),再次重申任何地区、部门和单位都不得以"招商引资""旧城改造""国有企业改制"等各种名义减免土地出让收入，实行"零地价"，甚至"负地价"，或者以土地换项目、先征后返、补贴等形式变相减免土地出让收入；也不得违反规定通过签订协议等方式，将应缴地方国库的土地出让收入，由国有土地使用权受让人直接将征地和拆迁补偿费支付给村集体经济组织或农民等。

二是"来来往往"。近年来，国家在政策层面严格规范了土地出让金的收取等事项，包括扩大招拍挂范围，设定协议出让土地最低价等。但实践中地方政府往往会通过其他途径，以招商引资奖励等手段变相返还投资成本。你交纳土地出让金，我不能违规，所以不给你返还土地出让金了。但是你作为招商引资过来的企业，我可以给你奖励嘛。开篇案例中的大山房地产就认为从某县财政局获得的1 600万元奖励资金，是其来投资的时候县政府允诺对"阳青第一街"项目的招商引资奖励。因为对该案我们所获取的信息不全面，所以不再过多评价。我们用某高新区的招商引资政策来作例示，如图32所示。

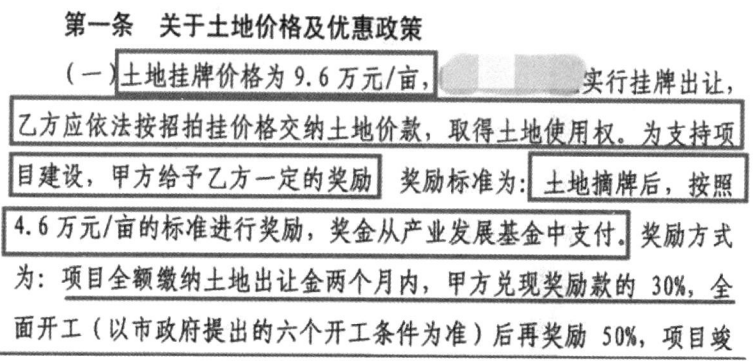

图32　某高新区招商引资政策

三是"往而不来"。就是说子公司是房地产公司，先由子公司缴纳土地出让金，然后政府返还土地出让金时却返给了其集团公司或者母公司。这种形式情况更隐蔽、性质更恶劣，危害更严重。如果不协调第三方信息比对的话，很难查证，如图33所示。

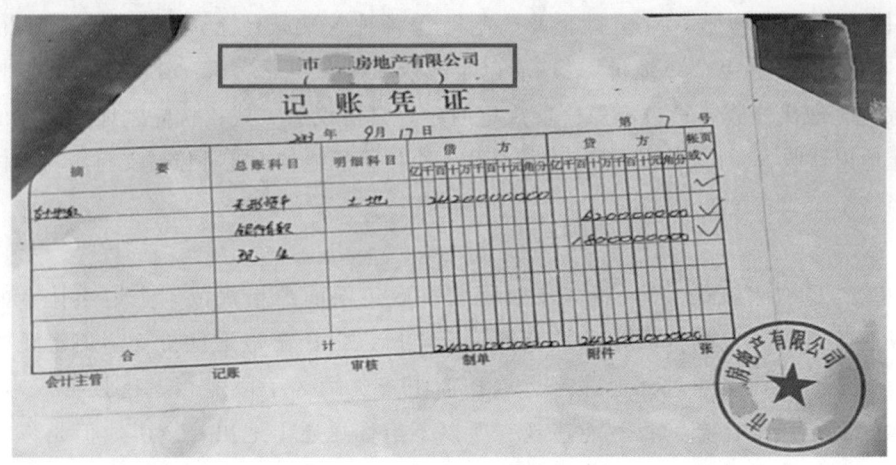

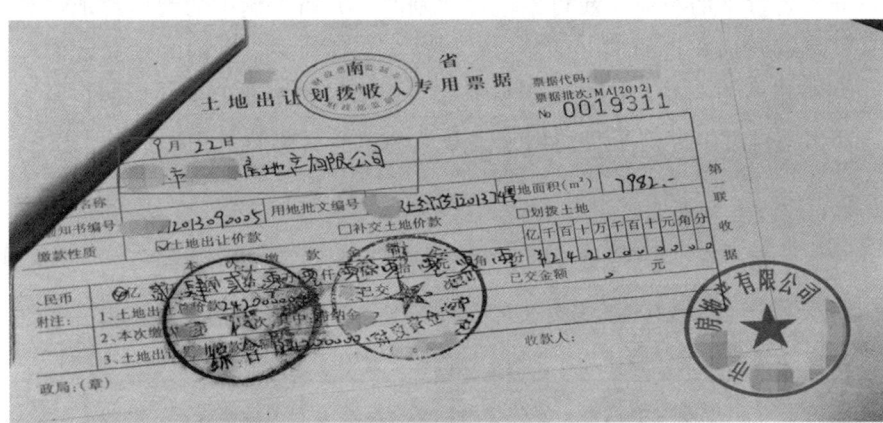

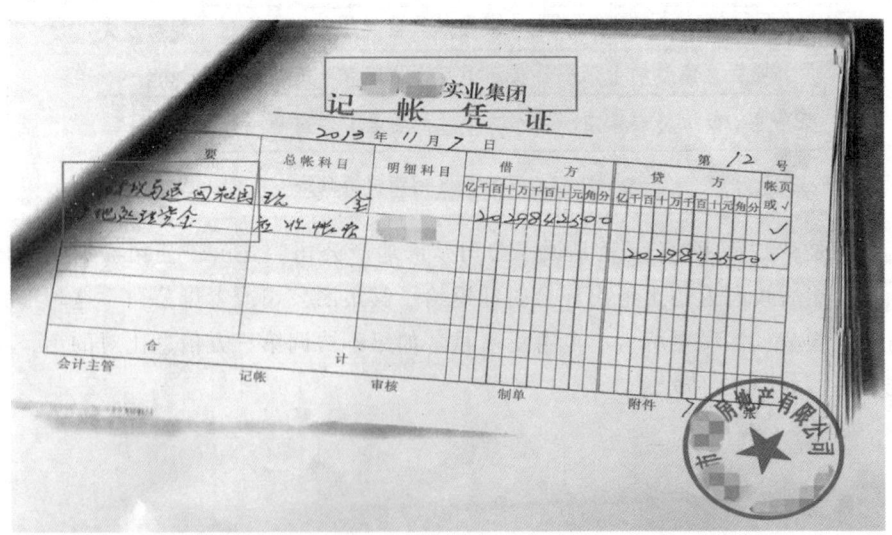

案例7：招商 & "招伤"

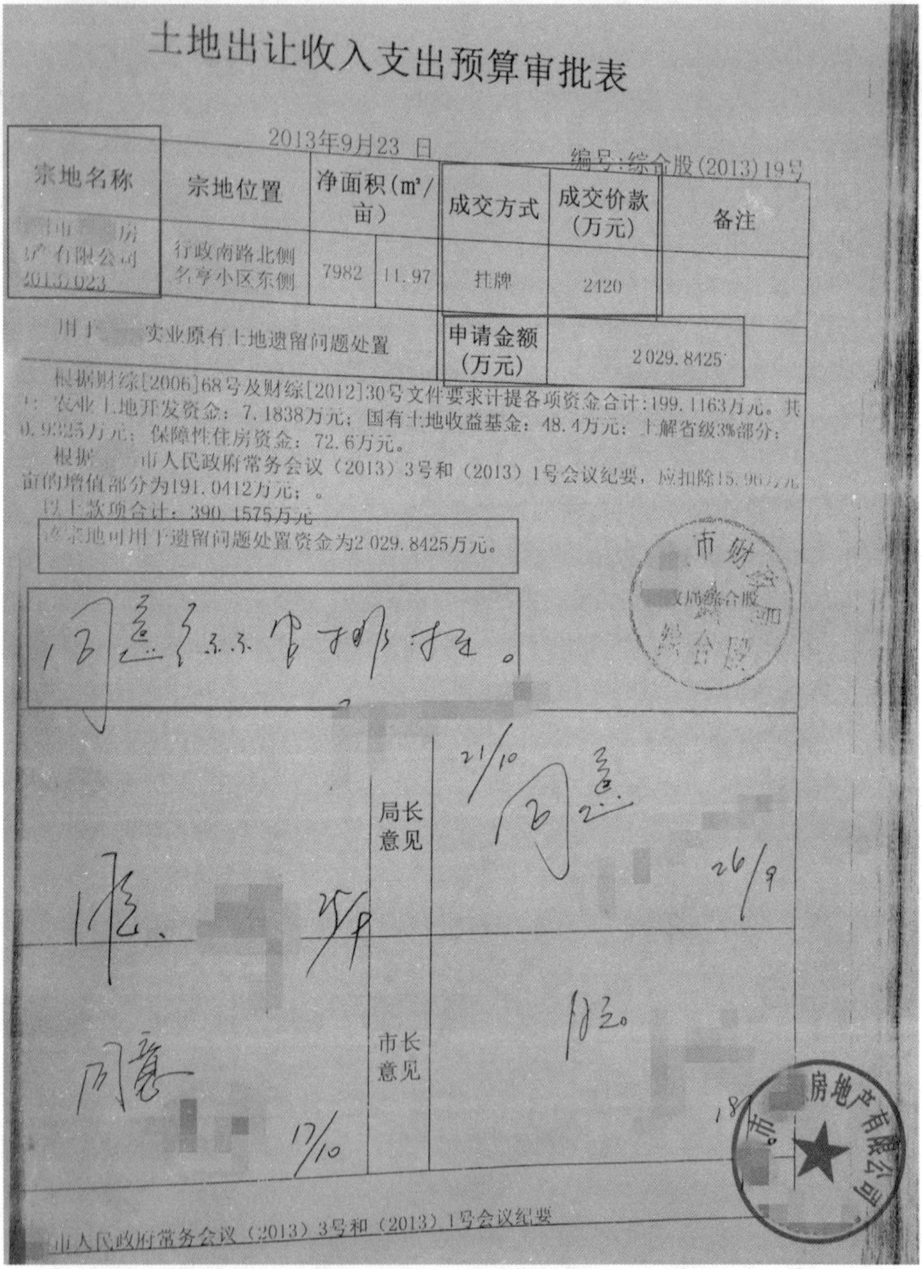

图33 "往而无来"土地出让金返还方式示意图

所以，税务稽查要想精准识别土地出让金返还的种类，首先要熟悉有关土地出让金的业务流程。

【人物内心：

问：你思考一下，在土地出让之前，我们的市、县政府应该负责哪些工作？

答：老师，这个我刚刚看过有关规定。根据《国有土地上房屋征收与补偿条例》第四条的规定，市、县级人民政府负责本行政区域的房屋征收与补偿工作。同时在《闲置土地处置办法》中，也规定了市、县国土资源主管部门供应土地应当符合以下要求：土地权利清晰、安置补偿落实到位、没有法律经济纠纷，以及地块位置、使用性质、容积率等规划条件明确，并具备动工开发所必需的其他基本条件。

问：那么土地使用权出让金包含哪些内容？

答：老师，关于这个问题，《关于规范国有土地使用权出让收支管理的通知》（国办发［2006］100号）文件第一条就规定了，国有土地使用权出让收入是政府以出让等方式配置国有土地使用权取得的全部土地价款，包括受让人支付的征地和拆迁补偿费用、土地前期开发费用和土地出让收益等。

具体范围包括：以招标、拍卖、挂牌和协议方式出让国有土地使用权所确定的总成交价款；转让划拨国有土地使用权或依法利用原划拨土地进行经营性建设应当补缴的土地价款；变现处置抵押划拨国有土地使用权应当补缴的土地价款；转让房改房、经济适用住房按照规定应当补缴的土地价款；改变出让国有土地使用权的土地用途、容积率等土地使用条件应当补缴的土地价款，以及其他和国有土地使用权出让或变更有关的收入等。

问：那我再问一下，对土地使用权出让金的上缴和使用有什么规定？

答：《关于规范国有土地使用权出让收支管理的通知》规定了土地出让收支全额纳入地方基金预算管理。收入全部缴入地方国库，支出一律通过地方基金预算从土地出让收入中予以安排，实行彻底的"收支两条线"。而《国有土地使用权出让收支管理办法》（财综［2006］68号）又对开发支出进行了细化。在土地出让金的使用范围上，具体规范了五类情形：

（一）征地和拆迁补偿支出。包括土地补偿费、安置补助费、地上附着物和青苗补偿费、拆迁补偿费。

（二）土地开发支出。包括前期土地开发性支出以及按照财政部门规定与前期土地开发相关的费用等（包括因出让土地涉及的需要进行的相关道路、供水、供电、供气、排水、通讯、照明、土地平整等基础设施建设支出，以及相关需要支付的银行贷款本息等支出）。

（三）支农支出。包括计提农业土地开发资金、补助被征地农民社会保障支出、保持被征地农民原有生活水平补贴支出以及农村基础设施建设支出。

（四）城市建设支出。包括完善国有土地使用功能的配套设施建设支出以及城市基础设施建设支出。

（五）其他支出。包括土地出让业务费、缴纳新增建设用地土地有偿使用费、计提国有土地收益基金、城镇廉租住房保障支出、支付破产或改制国有企业职工安置费支出等。

问：那么国家对此过程中有哪些禁止性规定？

答：这个禁止性的规定，国务院办公厅已经在《关于规范国有土地使用权出让收支管理的通知》（国办发〔2006〕100号）中强调过，任何地区、部门和单位都不得以"招商引资""旧城改造""国有企业改制"等各种名义减免土地出让收入，实行"零地价"，甚至"负地价"，或者以土地换项目、先征后返、补贴等形式变相减免土地出让收入。而且《国有土地使用权出让收支管理办法》（财综〔2006〕68号）也规定，不得违反规定通过签订协议等方式，将应缴地方国库的土地出让收入，由国有土地使用权受让人直接将征地和拆迁补偿费支付给村集体经济组织或农民等。

老师讲解：对，另外还有原国土资源部、住房和城乡建设部2010年发布的《关于进一步加强房地产用地和建设管理调控的通知》（国土资发〔2010〕151号）中第四条也有规定，土地出让必须以宗地为单位提供规划条件、建设条件和土地使用标准，严格执行商品住房用地单宗出让面积规定，不得将两宗以上地块捆绑出让，不得"毛地"出让。

从以上法律的规定可以看出，国家已取消了"生地"，经过"招、拍、挂"办法出让的土地，国有土地使用权出让应当"净地"出让。而纳入储备的土地应进行必要的前期开发，从而使之具备供应的必备条件。因为征地拆迁补偿工作本就是政府履行土地管理的职责之一，所以征地拆迁补偿的主体只能是市、县级人民政府。为什么要强调这一点，因为不同的法律主体，势必有不同的税收待遇。在实践中虽然是房地产开发企业受政府委托直接参与拆迁，但房地产开发企业并不是法律意义上的拆迁主体。这种情况下，房地产公司实际发生的是代理服务，而并非房地产开发业务。

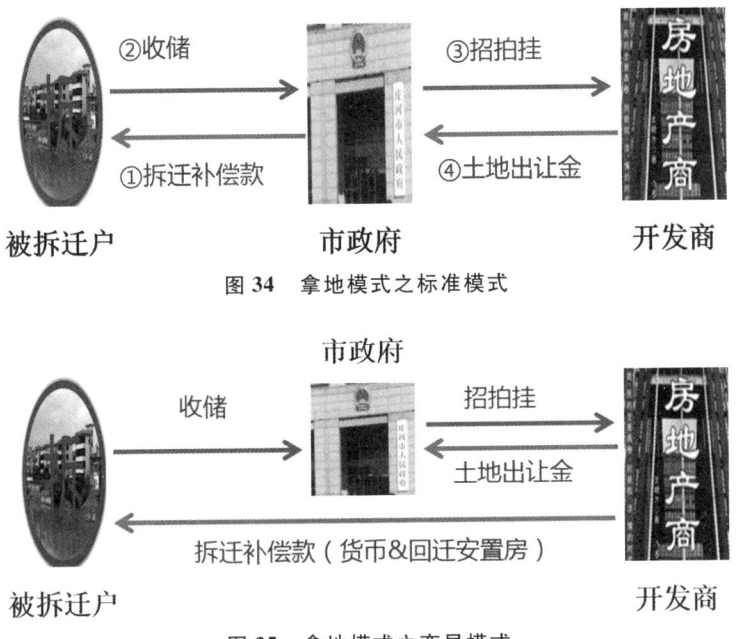

图 34　拿地模式之标准模式

图 35　拿地模式之变异模式

我们可以借鉴《关于政府收回土地使用权及纳税人代垫拆迁补偿费有关营业税问题的通知》(国税函[2009]520号)。虽然随着全面"营改增"的施行已经不再征收营业税了，但是文件内容还是值得我们思考、借鉴的：纳税人受托进行建筑物拆除、平整土地并代委托方向原土地使用权人支付拆迁补偿费的过程中，其提供建筑物拆除、平整土地劳务取得的收入应按照"建筑业"税目缴纳营业税；其代委托方向原土地使用权人支付拆迁补偿费的行为属于"服务业——代理业"行为，应以提供代理劳务取得的全部收入减去其代委托方支付的拆迁补偿费后的余额为营业额计算缴纳营业税。

所以根据上述的分析，这些业务如何进行税务处理应该先界定业务的性质来判定：房地产开发企业前期代政府垫付的拆迁补偿支出应作为房地产公司的"其他应收款"，在政府返还拆迁补偿费时，如果没有明确证据证明属于资金占用的，则应先冲减"其他应收款"，冲减后余额作"其他业务收入"处理。如果有明确证据证明属于资金占用的，资金占用费应按照贷款服务处理。房地产公司支付的建筑物拆除、平整土地人工费用先计入"劳务成本"，结转时转入"其他业务成本"。】

【人物内心：

问：那你再思考一下，取得返还的土地出让金后该怎样进行会计处理呢？

答：老师，如果从企业所得税角度说无论是冲减取得土地的成本还是做收入处理，影响的税款都是一样的啊。但是要从土地增值税角度说，因为土地增值税可以加计扣除，所以如果冲减了土地成本，那么加计扣除的基数也就减少了，所以我想纳税人会从利益最大化角度考虑的话还是计收入好一些。

老师讲解：思考问题的角度蛮好的。但是要搞明白究竟是冲减取得土地的成本还是作收入处理，我们不妨从土地流转的角度思考。】

虽然国家明令禁止土地出让金的返还，但是由于财政部未统一规定返还土地出让金的会计处理，所以对取得与缴纳土地出让金有关的返还款是冲成本还是计收入，实务界一直存在争议。但是无论怎样争议，一般不外乎是这两种方法，要么冲减开发成本，要么做营业外收入政府补助。但是，怎样确定是做冲减开发成本，还是做营业外收入处理，那就要具体问题具体分析了。

具体实践中，税务机关出于各自的管理职能，往往制定的政策也不尽相同。部分税务机关认为土地出让金返还不应认为是地价款的折让或开发成本的冲减，而是政府对房地产开发企业的一种补助，因此不得扣减土地成本。有代表性的如原青岛市国税局和青岛市地税局2011年时分别发布企业所得税的政策，明文规定"企业招拍土地后，政府给予的土地返还款不得冲减土地成本，而应当并入收入总额缴纳企业所得税"。

但是也有地方出台文件规定在计算土地增值税时，政府返还的土地款必须冲减土地成本。如原辽宁省地税局《关于明确土地增值税清算有关问题的通知》就规定：房地产开发企业从政府部门取得各种形式的返还款，地方税务机关在土地增值税清算时，其返还款不允许扣除，直接冲减土地成本。

【人物内心：

老师讲解：说起来青岛，不得不提及另外一个文件。你抽空再看一下原青岛市地方税务局2016年下发的1号公告《青岛市地方税务局关于发布〈房地产开发项目土地增值税管理办法〉的公告》。现在虽然国地税机构改革合并了，但是这个文件依旧还在执行。这个文件第五十一条规定，对于房地产开发企业从政府取得的土地出让金返还以及从事拆迁安置、公共配套设施建设取得的补偿或财政补贴款项，抵减相应的扣除项目。

问：一个地方出的文件也会前后不一致啊？老师，那万一遇到这种相互冲突、相互矛盾的政策的时候，我们该怎么稽查啊？

答：因为当时还是国、地税分设时期，况且业务归口不一，所以对一些涉税事项的税务处理不一致倒也情有可原。至于如何解决这种问题，有一句话说得好，就让"凯撒的归凯撒，上帝的归上帝"。

至于我们怎样去税务稽查，首先，可以通过查找中国土地市场网或者当地土地资源网等公开信息，和本地的基准地价相比，以此查看取得土地成本的高低，如果高于基准地价，我们就应该重点关注了，因为有可能会存在土地出让金返还。其次，如果怀疑可能存在土地出让金返还，那就要去核对一下开发成本，如果冲减了开发成本，基本上问题不大。如果没有冲减，还要再复核一下营业外收入政府补助是不是有变化？然后再判断是否应该冲减开发成本，还是应该计入政府补助？最后，关注往来款项，核查往来资金的流向，进一步分析挂账资金。如果是招商引资项目还应该再去财政部门核查，看资金流向的具体单位，然后再综合判断。】

以上分析仅是就案例说案例的一个拟定的分析场景。由于各地土地政策复杂多样，企业收到的政府返还款可能会有不同的形式及理由，变相返还的土地出让金是否需要纳税以及怎样定性？我们应根据其业务实质来综合判断，剖析问题的关键在于确定企业从政府取得的返还用途及目的。用途和目的不同，必将导致税务处理的不同，虽然说具体情况应该具体分析，但是在进行具体分析时有哪些注意事项，我们将在后续的稽查案例中接着讲述。

案例8：网络，并非税法之世外桃源

【引言】

阿里系在2015年疯狂的"双十一"购物节创下成交金额912亿元的新高，比2014年同期成交额提升近60%（2016年成交金额1 207亿元、2017年成交金额1 682亿元，2018年成交金额2 135亿元，2019年成交金额2 684亿元，见图36）。这一惊人的数据背后也隐藏着一个深层的涉税问题，本书通过对某网络交易企业的调查，探讨电子商务这一新兴业态的税收检查方式方法。本案例是2015年时稽查人员在通过对某网络交易企业的逐步调查、深入了解后，对电子商务这一新兴业态案头分析时拟出的稽查方式、方法。

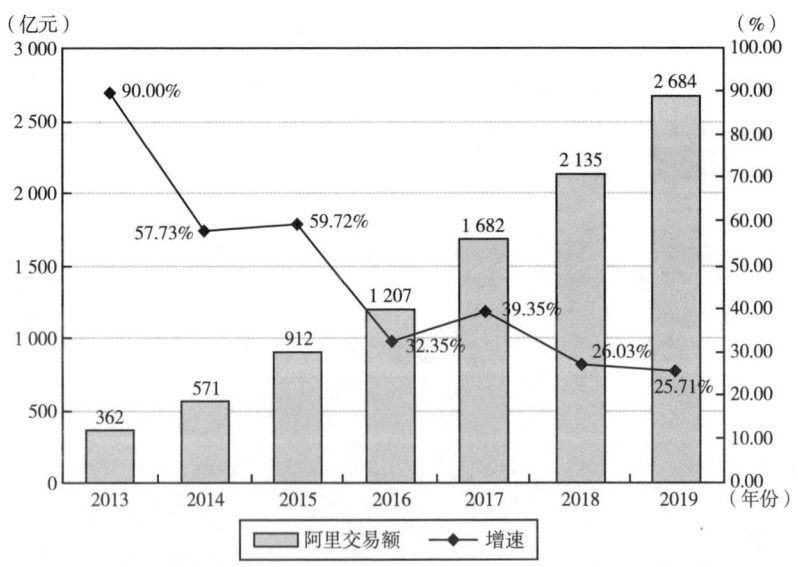

图36　2013－2019年阿里系双十一成交额及同比增速

（数据来源：公开资料整理）

偷税法人成为网销新星

"双十一"过后的 2015 年 12 月 23 日某省人民政府门户网站发了一则新闻：国内首个阿里巴巴发制品跨境产业带专区在汉魏故都的建立，再次引爆中原腹地这个有着发制品生产悠久历史、世界上最大发制品生产基地"网络营销"的新浪潮。

【旁白：

中原腹地的汉魏古城，拥有百余家发制品企业，是世界上最大发制品生产基地，一直占据着美国发制品市场份额的 65% 以上。该市 Rebecca 公司是全球最大的发制品专业公司，中国发制品第一股，数千品种发制品出口世界 40 多个国家。

古城本着友好协商、互利共赢、合作创新、高点定位的原则，此次与阿里巴巴（中国）网络技术有限公司签署合作协议，共同建设阿里巴巴跨境产业带专区，以大力提升古城优质外贸厂商、电商园区、专业市场的跨境电商应用意识和线上竞争力，从而探索并实现古城优势产业的转型升级，推动一部分有实力的大型外贸企业品牌国际化。阿里巴巴集团按照平台相关规范搭建和维护阿里巴巴跨境产业带专区，并将在专区搭建、专区维护、专区合作宣传、专区合作运营等方面提供相关服务。此次通过与阿里巴巴的深度合作，古城规划的发制品电子商务标准必将为提升全国乃至全球的份额打下坚实的基础。】

该市细心的税务稽查人员却在当地电视新闻中，看到的那张熟悉面孔，竟然是 2014 年贵州某重大涉税案件中采取恶意手段取得虚开增值税专用发票偷逃税款 264 万元的企业法定代表人！原本案件已经依法移送公安机关立案侦查，但是该法定代表人在这则新闻中的频频出现，是否意味着该企业除了传统的实体经营，还可能涉足新兴的电子商务？若是这样的话，该企业的网络交易是否已按相关税法规定如实进行申报、纳税？这些都需要大量的数据和科学的分析来进行判断。

如果税务部门借助第三方交易平台信息，对税源进行科学测算，不失为一条捷径。但是，2015 年 5 月 6 日《关于坚持依法治税更好服务经济发展的意见》（税总发［2015］63号）"各级税务部门今年内不得专门统一组织针对某一新兴业态、新型商业模式的全面纳税评估和税务检查"的规定，使得包括北京、广西、江苏、上海、山东、深圳等在内各省市税务部门相继暂停辖区内电商企业的全面评估和检查。在这种客观情况下，只能自力更生、借助"爬虫"软件等互联网技术，主动搜集和整理网络信息，并结合"金税三期"系统采集的相关企业财务、发票、申报信息进行分析。

【人物内心：

"各级税务部门今年内不得专门统一组织针对某一新兴业态、新型商业模式的全面纳税评估和税务检查"这句话是个什么意思？是哪一个新兴业态、哪一个新型商业模式居然能让税总明令禁止检查？

原以为只是2015年的规范性文件禁止了对某一新兴业态、新型商业模式的税务检查，但是后来税务总局又一个文件横空出世！对！就是那个著名的、文件名称看似与电商内容风马牛不相及的文件《关于进一步做好税收违法案件查处有关工作的通知》（税总发［2017］30号）。通知要求，"为进一步促进税法遵从，有效打击税收违法行为，提高税务稽查执法质效，更好地发挥税务稽查作用。……新形势下，衡量税务稽查执法办案水平高低，不仅要看是否依法查处税收违法行为，而且要看是否促进经济社会发展。税务机关要根据案件的不同形态实施分类处理……切实做到当严则严，当宽则宽，宽严相济，罚当其责，宽严有据，充分发挥税务稽查职能作用，确保法律效果和社会效果的有机统一。……对新产业、新业态、初创企业，重在培育扶持，推动创业创新。对经风险识别、判断，未发现明显税收违法线索或者疑点的，一般不确定为稽查对象"。】

深入调查求证细节

阿里巴巴公司为电商企业提供网络平台进行交易，收取对等的服务费用，按照有关税法规定应开具税率为6%的增值税专用发票。换一个角度，如果企业纳税申报时将"取自于阿里巴巴公司、京东等网络公司开具的品名为佣金、技术服务费、广告推广费的、税率为6%"的增值税专用发票申报抵扣进项税额，那么可以判定该企业存在有网络经营的业务。

应该引起我们关注的是，网络经营者的销售对象大多是不索取或者是不会主动索要发票的个人消费者，因此理论上讲，电商企业的未开票收入一般情况下不会等于0。

于是，检查人员将"金税系统认证发票抵扣联明细表中认证的税率为6%、开票方为阿里巴巴的发票"及增值税纳税申报表中"未开票销售额＝0"匹配为一组异常指标。

通过金税系统，检查人员确认由该法定代表人实际控制的两家企业（均为一般纳税人）在2013－2015年取得由阿里巴巴（中国）网络技术有限公司开具税率为6%的增值税专用发票，并均已进行了认证抵扣。同时，确认了2013－2015年未开票销售额为0。

同时，检查人员根据阿里巴巴《速卖通平台规则》"一个通过个人实名认证的会员仅能拥有一个可出售商品的速卖通账户。一个通过企业认证的会员仅能拥有六个可出售商品的速卖通账户"的规定，推测这家企业可能拥有不止一个速卖通账户。于是，检查人员试着用2014年虚开案件中该法定代表人实际控制的两家企业："B企业"及"P企业"的名称关键字在"全球速卖通平台"进行搜索。果然，在搜索框中键入"Bxx""Pxx"等关键词素后，在Seller（卖家）一栏查找到与虚开案件中所涉及的企业名称完全相符的店铺。通过判断注册地址与货物类别，甄别出这几家店铺就是B企业和P企业在速卖通网站上开设的网店，如图37至图40所示。

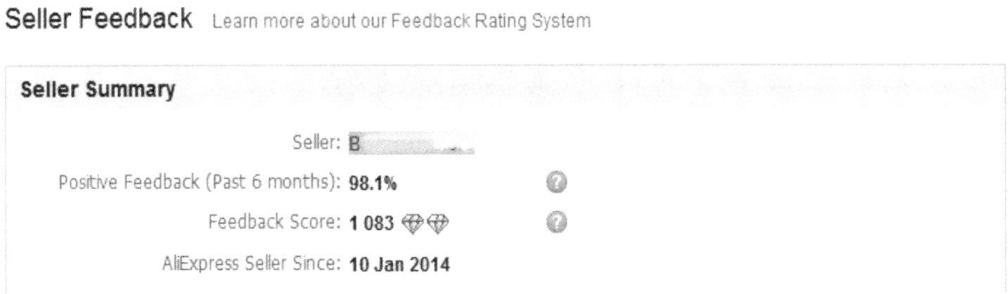

Seller Feedback Learn more about our Feedback Rating System

Seller Summary
Seller: B
Positive Feedback (Past 6 months): **98.1%**
Feedback Score: **1 083**
AliExpress Seller Since: **10 Jan 2014**

图37　B企业和P企业在速卖通上开设的网店B1

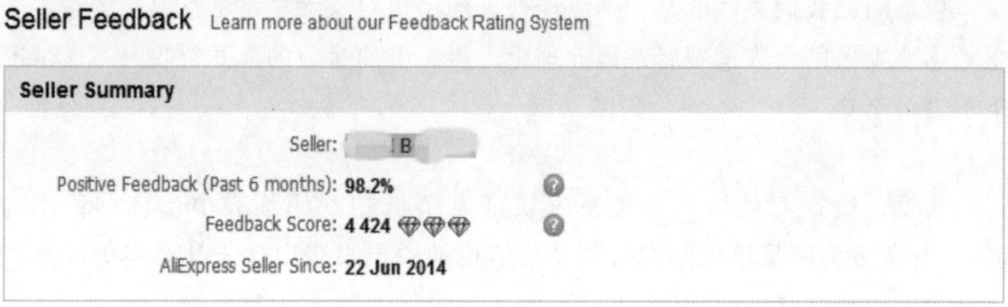

图 38 B 企业和 P 企业在速卖通上开设的网店 B2

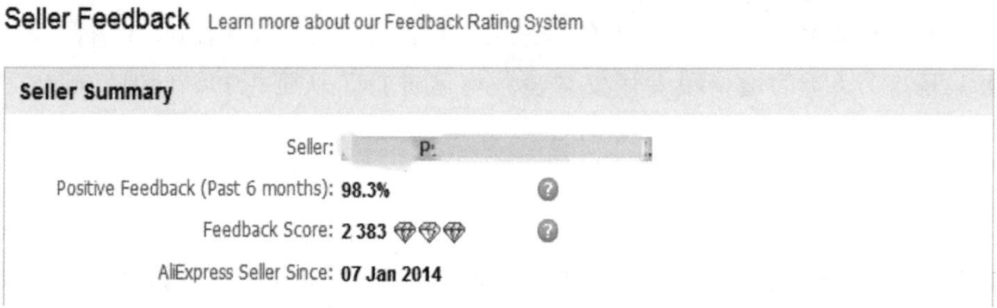

图 39 B 企业和 P 企业在速卖通上开设的网店 P1

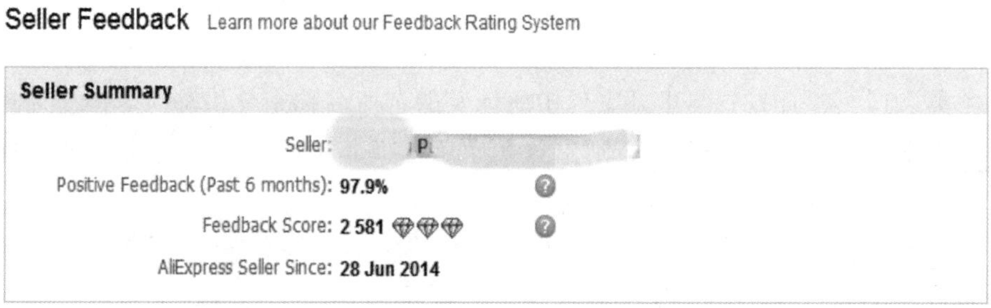

图 40 B 企业和 P 企业在速卖通上开设的网店 P2

根据专业人士的指点，检查人员从网页刊载的信息中提取了关键性要素：Seller 卖家信息、Positive Feedback（Past 6 months）好评率（过去 6 个月）、Feedback Score 信用评价、AliExpressSeller Since 卖家注册时间。并以有关信用评价为基础还原计算出销售数据。以 B1 店为例：该店铺成立于 2014 年 1 月 10 日，截至 2015 年 11 月 30 日总共得到 1 083 个好评。若以平均 4~5 单可以得到一个好评，可推算出交易总单数为 4 332~5 415 单，每单交易平均 4 条的发条。

【人物内心：

"平均 4～5 单可以得到一个好评"数据的出处，源自阿里巴巴速卖通网站和中国轻工工艺品进出口商会发制品分会的统计数据。该数据在中国电子商务协会网站亦可查询。但令人遗憾的是，2018 年 12 月 20 日，中国电子商务协会被中国民政部以"连续三年未按规定接受全国性社会团体年度检查"为由作出了撤销登记的行政处罚。随后，民政部将中国电子商务协会列入社会组织严重违法失信名单。2019 年 1 月，由国家网信办主管的中国网络社会组织联合会取消中国电子商务协会会员资格。】

按照发条尺寸的平均交易单价 100 美元左右计算，截至 2015 年 11 月 30 日，该店铺结算的总销售额 433 200～541 500 美元。根据中国人民银行显示的即时外汇中间价 6.3888 元左右，折算出在该段区间内的销售额为 2 767 628.16～3 459 535.20 元。

根据以上方法，检查人员估算出该卖家的 4 个店铺自 2014 年注册之日起，至 2015 年 11 月 30 日止的速卖通平台的销售额应在 26 758 849.92 元至 33 448 562.40 元之间。那么这些销售收入企业是否已经按照相关税法进行纳税申报了呢？带着疑问检查人员又进行了深入的调查。

比对分析锁定疑点

检查人员进一步查找到了店铺中 Feedback History（历史评价）中的 12 Months（12 个月内）的历史评价记录，推算出截至 2015 年 11 月 30 日连续 12 个月的速卖通平台的销售额，如图 41 至图 44 所示。

根据测算，截至 2015 年 11 月 30 日连续 12 个月速卖通平台的销售额应在 26 020 304.64 元至 32 525 380.80 元之间。

同时，检查人员提取了 CTAIS、"金税三期"中纳税人多项数据或参数，抽取了与上述 4 个店铺同一经营时期的 B 企业和 P 企业的纳税申报数据进行比对，发现该纳税人连续 12 个月的纳税申报销售额却仅仅只有 792 488.59 元，明显小于推算的网络销售额。

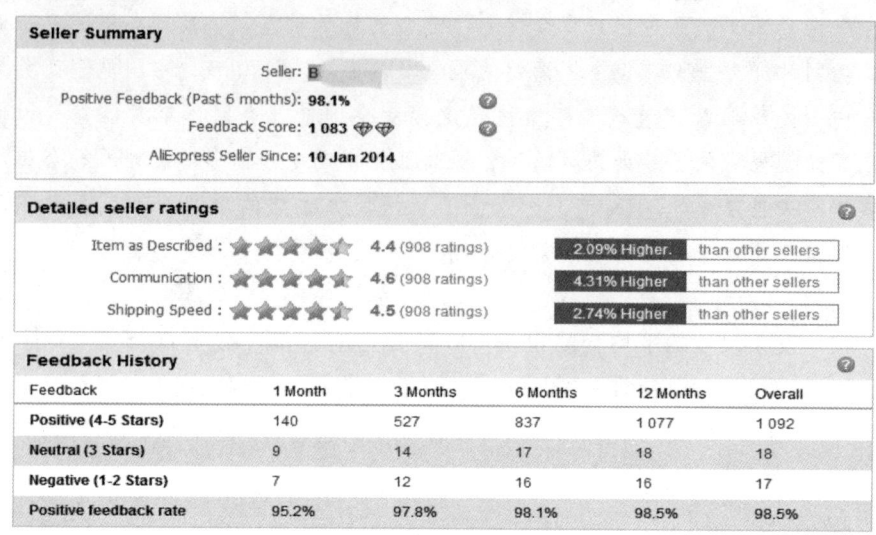

图 41　B1 店的历史评价

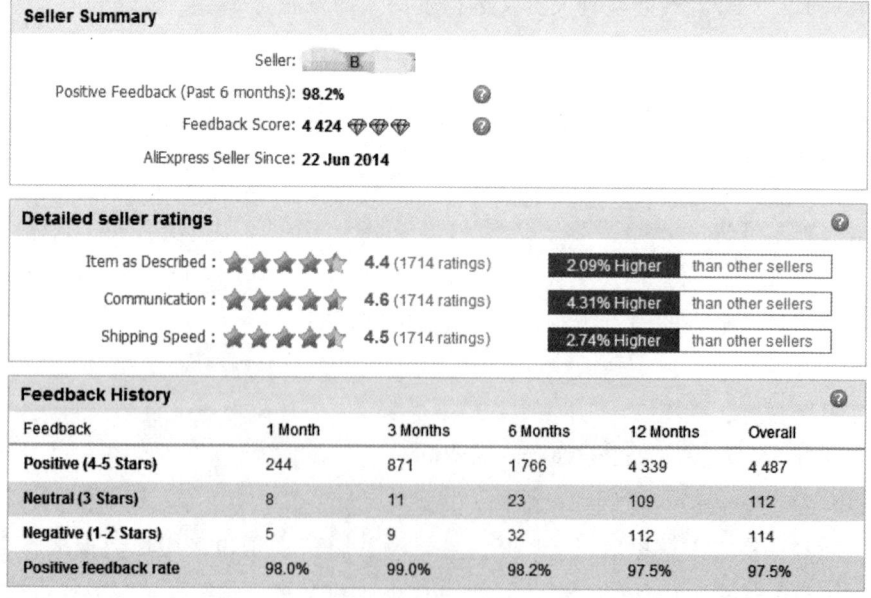

图 42　B2 店的历史评价

案例8：网络，并非税法之世外桃源

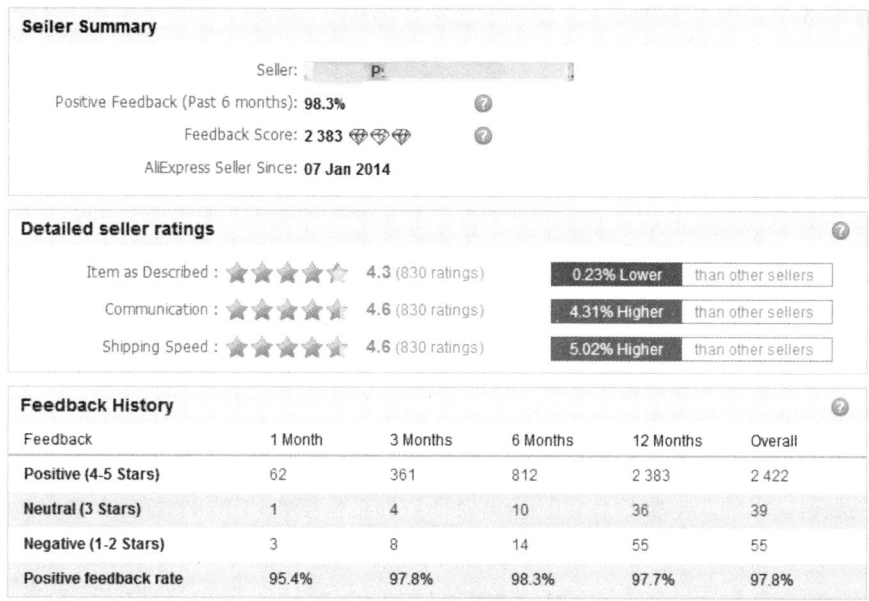

图 43　P1 店的历史评价

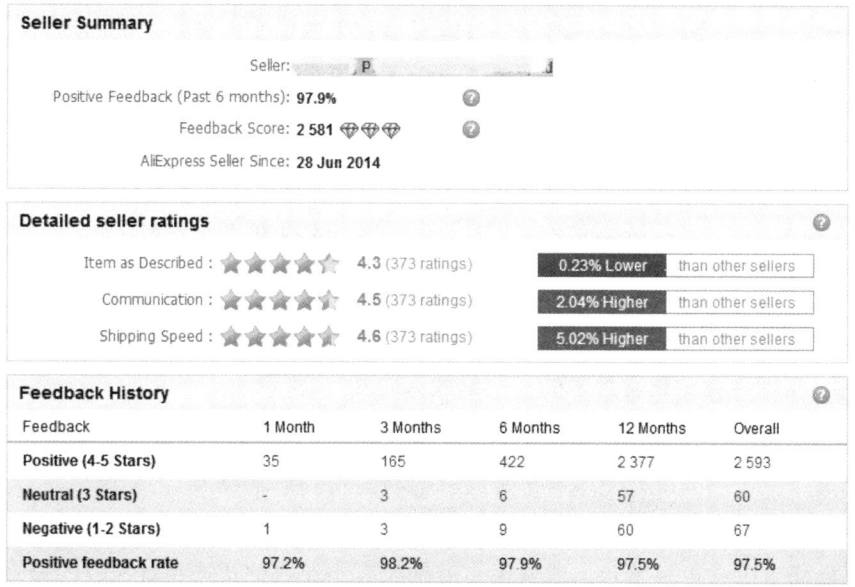

图 44　P2 店的历史评价

为验证上述分析的准确性，检查人员在金税系统中以"电子商务"为关键词，在辖区内共查找到了 800 余户经营范围中涵盖"发制品的网上销售"的企业。检查人员随机选取了"LQ 电子商务有限公司"（以下简称"LQ 商务"）为核查比对样本。

检查人员发现"LQ 商务"同样取得有阿里巴巴（中国）网络技术有限公司开具税率为 6% 的增值税专用发票，并且其同期申报的未开票收入同样为 0。检查人员在速卖通平台以其名字"LQ 商务"为关键词查找到与其名称完全匹配的"Lq E-commerce Co., Ltd."店铺，用上述同样方法推算出至 2015 年 11 月 30 日为止的连续 12 个月，其速卖通平台的销售额应在 9 204 983.04 元至 11 506 228.80 元之间，而税务申报系统显示的该纳税人同一区间的纳税申报销售额却仅仅只有 206 219.20 元，明显小于推算的网络销售额。同时，检查人员又查验了出口退税系统数据，发现与申报信息以及速卖通平台的销售信息均不相符。

以点带面打造模型

根据上述疑点，检查人员不断反思：

速卖通平台销售信息与纳税申报信息显示出的销售额如此悬殊的反差，究竟是特殊原因造成的个案差异，还是速卖通电商平台发制品行业的普遍现象？

是否能从已掌握企业的相关数据中推断其是否按照税法如实准确申报？

在此深入思考的基础上，为正确把握点与面的关系，做到以点带面、点面结合，因此，初步搭建出这一行业的 4 个风控模型：

1. 指标名称：正常经营的一般纳税人企业

指标公式：纳税人类型 = 正常经营的增值税一般纳税人

指标指引：正常经营的增值税一般纳税人企业财务核算相对比较健全，有利于分析和判断。

2. 指标名称：速卖通平台认证商户

指标公式：认证发票中销方识别号包含"330165716××××××"（统一社会信用代码注册号后已改为：91330100716××××××F 阿里巴巴（中国）网络技术有限公司），税率为6%的进项发票。

指标指引：企业通过平台进行交易，阿里巴巴（中国）网络技术有限公司会收取佣金、广告推广费等服务费用，按有关税法规定要向企业开具税率为6%的增值税专用发票，企业凭此入账并抵扣进项。通过此指标可以锁定在平台上设立店铺的企业名单并确认该企业进行了网络销售，而不是购买商品，并为推算企业的网络平台交易额做辅助验证。

3. 指标名称：电商企业未开票收入情况

指标公式：企业收受电商平台6%的进项发票，但未开票收入＝0元

指标指引：电商企业的主要销售对象大多是不会主动索要发票的个人消费者，企业的未开票收入一般情况下不等于0元。

4. 指标名称：估算销售额与申报销售额差额

指标公式：估算销售额与申报销售额差额＝估算销售额－企业增值税申报销售额

指标指引：根据网店信用评价和销售数据之间的关联估算其网店销售额，从而确认其是否已按税法如实准确申报。

后续：本案例中3家被分析企业已被纳入日常检查，目前正在进一步处理之中。同时，对于电子商务这一新兴业态的税收征管问题也在继续探索中……

案例 9：关联交易，缘何成了稽查的痛
——天乐燃气关联交易稽查案件剖析

【引言】

纳税人通过境内关联交易在企业间转移利润导致少缴税款的案件屡见不鲜。但是实践中税务稽查能否查处、如何定性涉及关联交易的案件，争议颇多。本案以国务院机构改革前原某国税稽查部门 2014 年查处的一起案件为例，同时结合两起已刊载的稽查部门查处境内关联企业交易案件，试对稽查部门查处境内关联交易案件进行剖析。

疑点凸显

某国税稽查局通过分析税收风险分析监控系统数据发现，该市天乐燃气有限公司（以下简称天乐燃气）2012 年至 2014 年期间分别新增长期借款 5 000 万元，短期借款合计高达 36 500 万元。经过检查相关账簿等资料发现，天乐燃气通过"其他应收款——集团内部往来"将其在银行借入的贷款资金交付其关联企业"合璧燃气""黄金燃气""集团公司"使用。天乐燃气所支付的贷款利息均已列入各年度的"财务费用"，企业所得税年度汇算清缴时天乐燃气对此事项未进行纳税调整，如表 20 所示。

表 20　　　　　　　　　　　　　　　　　　　　　　　　　　　　单位：元

年度	短期借款	长期借款	其他应收款——集团内部往来	财务费用
2012	95 000 000.00	0	78 492 006.02	5 796 047.23
2013	135 000 000.00	50 000 000.00	177 821 596.48	8 052 645.85
2014	135 000 000.00	50 000 000.00	220 816 025.61	12 991 431.22

通过进一步查询，天乐燃气成立于 2003 年 9 月 29 日。注册资本金 2 500 万元。注册地址位于××市广场路，法定代表人孙××。企业类型：有限责任公司。主要从事天然气、液化石油气的销售等业务。现有职工 120 人。主管税务机关：××市××区国家税务局，2006 年 11 月认定为一般纳税人。

账面显示并无新项目投入，天乐燃气为何会有如此巨额的资金流动？这让检查人员警觉起来。通过查询天乐燃气的报表数据，检查人员发现，天乐燃气 2012 年度至 2014 年度的"财务费用"中分别列支利息 5 796 047.23 元、8 052 645.85 元及 12 991 431.22 元。查询"其他应收款"科目，一直存在大额资金长期挂账情况。二级明细账显示，"集团内部往来"几乎占据了"其他应收款"的全部。

同时，稽查人员还对天乐燃气"销售收入""利润总额"等会计事项进行了核查比对，如表21、表22所示。

表 21

年度	销售收入占比情况		
	天乐燃气（元）	集团（元）	占比
2012	158 451 497.54	395 106 000	40.10%
2013	195 946 131.66	504 357 000	38.85%
2014	228 171 229.96	747 829 000	30.51%

表 22

年度	利润总额占比情况		
	天乐燃气（元）	集团（元）	占比
2012	43 660 597.62	202 933 000	21.51%
2013	67 884 674.33	246 152 000	27.58%
2014	74 624 288.99	344 309 000	21.67%

针对这一涉嫌关联企业间交易异常的情形，检查人员查看天乐燃气的企业所得税年度纳税申报表，却发现其并未对利息支出事项做出纳税调整，存在涉税疑点。检查人员决定展开进一步调查，责令天乐燃气应如实提供从银行贷入款项、把资金借给"集团内部往来"所列示的"合璧燃气""黄金燃气""集团公司"等关联企业的证据，以及央行同期贷款利率等关键性数据。

【人物内心】：

问：老师，税法中不是有统借统贷的规定吗？难道企业就不会说，我是按照统借统贷的规定执行的啊？

答：关于统借统还业务，目前税法的定义是：

1. 企业集团或者企业集团中的核心企业向金融机构借款或对外发行债券取得资金后，将所借资金分拨给下属单位（包括独立核算单位和非独立核算单位），并向下属单位收取用于归还金融机构或债券购买方本息的业务。

2. 企业集团向金融机构借款或对外发行债券取得资金后，由集团所属财务公司与企业集团或者集团内下属单位签订统借统还贷款合同并分拨资金，并向企业集团或者集团内下属单位收取本息，再转付企业集团，由企业集团统一归还金融机构或债券购买方的业务。

根据上述规定，天乐燃气先从银行贷入资金、再交予"合壁燃气""黄金燃气""集团公司"等公司使用，并且未收取利息的情形不属于税法规定的统借统贷行为。

所以根据《企业所得税法》第四十一条第一款"企业与其关联方之间的业务往来，不符合独立交易原则而减少企业或者其关联方应纳税收入或者所得额的，税务机关有权按照合理方法调整"，以及《企业所得税法实施条例》第一百一十条"企业所得税法第四十一条所称独立交易原则，是指没有关联关系的交易各方，按照公平成交价格和营业常规进行业务往来遵循的原则"之规定，天乐燃气与"合壁燃气""黄金燃气""集团公司"等公司为关联方，关联方之间的资金融通应遵行独立交易原则。"合壁燃气""黄金燃气""集团公司"等关联方借款未支付利息不符合独立交易原则，减少资金借出方应纳税收入或者所得额的，主管税务机关有权按照合理方法调整。】

税企分歧

稽查局意见：

天乐燃气2012年至2014年期间将其在银行贷入的资金交付其关联企业使用，并且天乐燃气所支付的贷款利息均已列入各年度的"财务费用"，年度汇算清缴时天乐燃气对此事项未进行纳税调整。根据《中华人民共和国企业所得税法》第六条的规定:"企业以货币形式和非货币形式从各种来源取得的收入,为收入总额。包括:(五)利息收入"及《中华人民共和国企业所得税法实施条例》第十八条"企业所得税法第六条第(五)项所称利息收入,是指企业将资金提供他人使用但不构成权益性投资,或者因他人占用本企业资金取得的收入,包括存款利息、贷款利息、债券利息、欠款利息等收入"之规定,天乐燃气2012年至2014年期间将其在银行借入的资金提供给集团其关联企业使用的行为,应确认为企业所得税的应税行为。

根据《中华人民共和国企业所得税法》第四十七条"企业实施其他不具有合理商业目的的安排而减少其应纳税收入或者所得额的,税务机关有权按照合理方法调整"以及《中华人民共和国企业所得税法实施条例》第一百二十条"企业所得税法第四十七条所称不具有合理商业目的,是指以减少、免除或者推迟缴纳税款为主要目的"之规定,天乐燃气本为《中华人民共和国企业所得税法》第一条所称之的"在中华人民共和国境内,企业和其他取得收入的组织为企业所得税的纳税人",应依照《中华人民共和国企业所得税法》的规定缴纳企业所得税。

根据《中华人民共和国税收征收管理法》第三十六条"企业或者外国企业在中国境内设立的从事生产、经营的机构、场所与其关联企业之间的业务往来,应当按照独立企业之间的业务往来收取或者支付价款、费用;不按照独立企业之间的业务往来收取或者支付价款、费用,而减少其应纳税的收入或者所得额的,税务机关有权进行合理调整"及《中华人民共和国税收征收管理法实施细则》第四十七条:"纳税人有税收征管法第三十五条或者第三十七条所列情形之一的,税务机关有权采用下列任何一种方法核定其应纳税额:(一)参照当地同类行业或者类似行业中经营规模和收入水平相近的纳税人的税负水平核定;(二)按照营业收入或者成本加合理的费用和利润的方法核定;(三)按照耗用的原材料、燃料、动力等推算或者测算核定;(四)按照其他合理方法核定。采用前款所列一种方法不足以正确核定应纳税额时,可以同时采用两种以上的方法核定"之规定,检查人员查询涉税事项当年度中国人民银行网站发布的一年期贷款基准利率6%,经计算:

2012年天乐燃气应调增应纳税所得额4 427 986.67元,2013年天乐燃气应调增应纳税所得额 5 782 656.67 元，2014 年天乐燃气应调增应纳税所得额 12 819 837.75 元。

企业不服，遂提出申请复议：

一、处理决定书中涉及关联企业所得税部分的调查及处理内容，均系《企业所得税法》中"特别纳税调整"章节中事项。按《特别纳税调整实施办法（试行）》（国税法〔2009〕2 号）第二条规定，《特别纳税调整内部工作规程》（国税法〔2012〕13 号）第一条、第六条、第十条规定。

【旁白：
检查人员接到上级复议通知后，对纳税人提出的反驳意见进行答复：在国家税务总局网站、省局 12366 网站等政策法规库以及国家税务总局的税收法律法规汇编中进行搜索，未查阅到纳税人所援引的"国税法〔2012〕13 号"以及"国税法〔2009〕2 号文件"。想必应该是"国税发"的笔误。】

《国家税务总局关于特别纳税调整监控管理有关问题的公告》第一条规定，"特别纳税调整事项"应由税务征管部门按程序处理，而非决定书中税务稽查局。经了解，X 市国税局的"大企业和国际税务管理科"应为特别纳税调整事项的适格处理主体，而非作出处理决定书的 X 市国家税务局稽查局。

【人物内心：
行政主体必须能以自己的名义作出行政行为并能以自己的名义承担责任，市国税局大企业与国际税务管理科作为市国税局的内设机构，并不能以自己的名义对案件作出处理啊。怎么能作为特别纳税调整事项的适格处理主体呢？】

二、处理决定书处理程序和处理依据错误。

处理决定书所认定的天乐燃气与关联企业所得税利息事项，属于特别纳税事项。天乐燃气认为该事项属于企业所得税税收征管中的特别事项，国家为此专门颁布了《特别纳税调整内部工作规程》作为程序法和《特别纳税调整实施办法（试行）》作为其实体法依据。根据特别法优于一般法的法律适用原则，税务行政主管部门（××市国税局大企业和国际税务管理科）应先依据专门程序对企业先进行特别纳税调整，只有在企业拒不执行特别纳税调整事项时，税务稽查部门方有权对特别纳税事项进行按税务稽查程序和相应法律法规进行处理。而本案中，税务稽查机关明显没有按规定的"特别纳税调整程序"处理本案，处理依据也未将《特别纳税调整实施办法（试行）》的规定作为依据，故此其处理程序和依据均不符合规定，应予以撤销。

天乐燃气重点强调，决定书中所认定的天乐燃气与关联企业间资金往来的事项违反了《企业所得税法》第四十七条、《企业所得税法实施条例》第一百二十条。而《特别纳税调整实施办法（试行）》第二条、第九十二条规定，均系专门解决《企业所得税法》第四十七条、《企业所得税法实施条例》第一百二十条情况时应采用的程序和依据。

【人物内心：

稽查人员反驳的依据是国家税务总局2009年12月24日发布、2010年1月1日起执行的《税务稽查工作规程》第二条。文件明确规定，税务稽查由税务局稽查局依法实施。稽查局主要职责，是依法对纳税人、扣缴义务人和其他涉税当事人履行纳税义务、扣缴义务情况及涉税事项进行检查处理，以及围绕检查处理开展的其他相关工作。稽查局具体职责由国家税务总局依照《税收征管法》《税收征管法细则》有关规定确定。同时，国家税务总局在2003年《关于稽查局职责问题的通知》中进一步明确，稽查局的现行职责是指：稽查业务管理、税务检查和税收违法案件查处；凡需要对纳税人、扣缴义务人进行账证检查或者调查取证，并对其税收违法行为进行税务行政处理（处罚）的执法活动，仍由各级稽查局负责。总局以规程等规范性文件，明确了稽查局除了专司偷逃骗抗外，对所有的"涉税"当事人和事项均有检查、处理的权利。】

三、天乐燃气认为稽查局认定的与关联企业款项性质时，未将其给母公司的分红从融通资金的行为中区分，导致决定书调整计算的应纳税所得额偏大。

天乐集团是天乐燃气唯一法人股东，根据天乐燃气《章程》第三十三条、第三十四条约定，在弥补完当年度亏损和提取必要基金后，应将剩余利润分配给股东。根据相关财务资料2011－2013年申清人累计应对股东分配红利146 683 149.12元（其中2011年76 282 713.72元、2012年32 614 380.76元、2013年37 786 054.64元），上述股东红利也实际于当年或次年进行了支付。因股东只有一个，相应的财务手续未进行规范的账务处理，导致稽查局笼统地将天乐燃气与股东间资金往来全部认定成融通资金，却忽略里面实际上含有分配的红利。

天乐燃气认为，根据《国家税务局关于企业所得税若干问题的公告》第六条、《国家税务局关于企业所得税应纳税所得额若干税务处理问题的公告》第六条、第八条之规定，天乐燃气可以将分配给股东的红利从双方融通资金中予以区分，做所得税的税前抵扣。

【人物内心：

停！停！停！稽查人员反驳道：既然天乐燃气申辩说"其他应收款——集团内部往来"中天乐集团向天乐燃气的借入资金说成是天乐燃气应分配给股东天乐集团的股息红利，那么作为一个上市公司（无论是港交所主板挂牌还是在沪深上市），应该知晓天乐集团投资天乐燃气时双方均应有相应投资业务的会计处理、天乐燃气分配给天乐集团股息红利时双方均应有关于利润分配的披露程序、天乐集团应在年度财务报告审计时必须根据香港会计师公会颁布的香港财务报告准则及《公司条例》编制合并财务报表，以令合并财务报表作出真实而公平的反映，及落实其认为编制合并财务报表所必要的内部控制，以使合并财务报表不存在由于欺诈或错误而导致的重大错误陈述。

试想，堂堂一家上市公司，应该严格履行其会计规范中"公司规范运行、公司应当建立规范的会计制度，财务报表以真实发生的交易为基础，没有篡改财务报表的情况，没有操纵、伪造或篡改编制财务报表所依据的会计记录或者相关凭证的情形等"的职责与义务，但是天乐燃气"只是因只有一个股东，相应的财务手续未进行规范的账务处理"的辩解理由，让人对其上市公司的内控制度的管理与执行不得不产生疑虑。

况且，天乐燃气分配给天乐集团的分红决议，应该在子、母公司的账簿、报表以及年度报告披露中有所体现。但是，天乐集团发布的财报中并未有披露"应占联营公司业绩"类的投资收益事项，如图45所示。

备注号	国内报表科目	香港报表科目
		利润表
26	主营业务收入	收益
27	其他业务收入	其他收益中的股息收益
28	主营业务成本	销售成本-按性质分类的开支中的营业税
29	营业税金及附加	按性质分类的开支中的营业税+所得税开支中的土地增值税
30	销售费用	销售及市场推广成本
31	管理费用	行政开支
32	财务费用	融资收入/(成本)净额
33	公允价值变动收益	投资物业公平值变动
34	投资收益	应占联营公司业绩
35	营业外收入	其他收益-其他收益中的股息收益
36	所得税费用	所得税开支中的当期企业所得税+所得税开支中的递延所得税
37	少数股东损益	非控股权益

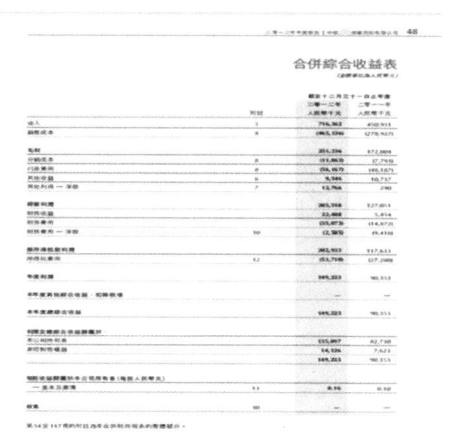

图45 天乐集团相关财报（节选）

企业也以多种理由未提供"股东红利也实际与当年或次年进行了支付"的证据。检查人员分析，如果天乐燃气真的只是因"其只有天乐集团一个股东，相应的财务手续未进行规范的账务处理"的原因，那么令人匪夷所思的是就算天乐集团2012年没有记账是"因相应的财务手续未进行规范"，那么2013年呢？2014年呢？难不成是年年都不规范吗？这个原因还能说得过去的吗？子、母公司对该红利的处理均未记载，其原因不得而知。于是检查人员建议适时通过合适渠道提请港交所等证券有权部门对其母公司的财务报告进行鉴定，但是该建议却不知何故而杳无音信。】

四、天乐燃气与关联企业间资金融通不应进行特别纳税调整。

1. 我国所得税中的特别纳税调整系针对关联企业间的避税行为而进行的，天乐燃气与关联企业间的资金融通系集团企业内部进行整合资源以调配资金方便企业发展为目的，不是以避税为目的。而且该种资金融通方式公开透明，可以跟关联企业间的避税行为进行明显区分。

2. 天乐燃气与关联企业均系H省内企业位于统一税赋区域，天乐燃气向关联企业收取的利息，关联企业完全可进行所得税税前扣除。而现状是，天乐燃气未向关联企业收取资金融通利息，关联企业也未在缴纳企业所得税时将利息进行税前扣除，故国家税收总体上并未减少，由此也可认定双方不是一种避税行为的资金融通,不需要进行特别纳税调整。

若以本案处理决定书所认定的方式对天乐燃气纳税调整后,关联企业也应向天乐燃气补交利息,同时关联企业可持利息发票进行所得税前抵扣和退税。该处理模式除了增加纳税人麻烦之外,并未使国家税收总体上增加,是非人性化税收征管工作的体现!

3. 天乐燃气请求与关联企业间不进行特别纳税调整,有明确的法规依据。《特别纳税调整实施办法(试行)》第三十条规定:"实际税负相同的境内关联方之间的交易,只要该交易没有直接或间接导致国家总体税收收入的减少,原则上不做转让定价调查、调整。"故此,天乐燃气要求撤销该处理决定书的请求并非不合情理、法理!

【人物内心:

见诸于条法系的"实际税负"多是指实际应纳税额与销售收入之比例(而企业所得税分析时的税负指标却定义为应纳所得税额与利润总额的比值,实际应纳税额与销售收入之比指的是税收贡献率)。而在本案中天乐集团所属61家子公司中,只有天乐燃气等几家公司处于盈利状态,而"合璧燃气""黄金燃气"等公司的其他关联方均为亏损,企业的亏损或盈利状态所对应的实际税负实则不同。因此,无论调整前关联方的盈利(亏损)状况如何,均不能判断是否应进行纳税调整,而是需要根据独立交易原则来判断。调整后税负是否增加,才是是否需要进行纳税调整的判定条件。

《特别纳税调整实施办法(试行)》第三十条"原则上不做转让定价调查、调整"的规定,之所以限于"原则上",也是充分考虑了境内关联方之间的税收不平衡,因为《中华人民共和国企业所得税法》第一条"在中华人民共和国境内,企业和其他取得收入的组织为企业所得税的纳税人,依照本法的规定缴纳企业所得税"的规定,界定了只要属于我国境内的企业所得税的独立纳税人,就应当依法缴纳企业所得税。

天乐燃气提出的"若以本案处理决定书所认定的方式对天乐燃气纳税调整后,关联企业也应向天乐燃气补交利息,同时关联企业可持利息发票进行所得税前抵扣和退税。该处理模式除了增加纳税人麻烦之外,并未使国家税收增加,是非人性化税收征管工作体现"正是《企业所得税法》配比原则的体现,即：此处依法记收入，彼方合规去扣除。而不能因为简简单单的"怕麻烦"而公然违背税法的基本原则！

同时应当看到，在当时国家出于宏观战略而制定的分税制财税体制下，区域间、国地税间的税收负担也是不一致的。税务稽查部门不能因天乐燃气所说"并未使国家税收增加"，而混淆税收入库级次！总局曾经在2014年7月21日发布过对办理此类案件的指导案例：《关联企业无偿占用资金是否核定利息收入缴税？》中就列举的案例"A公司注册资金5 000万元，于2011年1月与B公司共同投资1 000万元设立C公司。A公司权益性投资600万元，占60%股份。2012年1月，A公司将自有资金2 000万元无偿提供给C公司使用，当年C公司没有反映支付利息情况，A公司也没有收取利息记录，自然也没有申报缴纳企业所得税。A、B、C公司均为非金融企业，注册地在同一城市，企业所得税税率相同，当期银行同期贷款利率为6.93%。税务机关纳税检查认为，虽然A公司未收取利息，但应根据税法规定调整其应税所得。请问是否正确？"中答复道：

税务机关认为，A公司应核定利息收入并征收企业所得税。提供资金作为一种融资服务，关联企业一方要按独立企业收取利息，开具发票并依法纳税，另一方符合条件的利息支出可作为成本、费用进行税前列支。《企业所得税法》第四十一条规定，企业与其关联方之间的业务往来，不符合独立交易原则而减少企业或者其关联方应纳税收入或者所得额的，税务机关有权按照合理方法调整。独立交易原则，指没有关联关系的交易各方，按照公平成交价格和营业常规进行业务往来所遵循的原则。

《税收征收管理法》第三十六条规定，企业或者外国企业在中国境内设立的从事生产、经营的机构、场所与其关联企业之间的业务往来，应当按照独立企业之间的业务往来收取或者支付价款、费用。不按照独立企业之间的业务往来收取或者支付价款、费用，而减少其应纳税的收入或者所得额的，税务机关有权进行合理调整。关联企业一方将资金无偿提供给另一方使用，从表面上看，关联企业一方没有取得任何经济利益，但是由于关联关系的存在，从而使得此项交易不符合独立交易原则，税务机关有权对关联企业一方的应纳税所得额进行调整。一般情况下，按照金融企业同期同类贷款利率，也就是采取"可比非受控价格法"对其进行核定。A公司2012年应核定利息收入 = $2\,000 \times 6.93\% = 138.6$（万元）。

实际税负是实际缴纳税金与销售（营业）收入之比。上例，假设A公司

2012年盈利，C公司亏损，实际税负是不同的。如果A公司无法提供资料证明将自有资金无偿提供给C公司使用符合独立交易原则，则A公司应调增应纳税所得额138.6万元。这种情况下，对于C公司而言，《企业所得税法》第四十六条规定，企业从其关联方接受的债权性投资与权益性投资的比例超过规定标准而发生的利息支出，不得在计算应纳税所得额时扣除。】

权衡利弊

复议机关认为：

首先，从稽查案卷的证据材料来看，稽查人员仅取得该公司的"其他应收款——集团内部往来明细账"，未对企业的"短期借款""长期借款""银行存款""财务费用"等相关账簿资料进行取证。单从"其他应收款"账来看，只能说明天乐燃气同"合璧燃气""黄金燃气""集团公司"等数十家企业有资金往来，无法判定资金的性质是否属于银行贷款。

【人物内心：
无语了！证据材料一摆摆，还要哪样？难道把自有资金无偿让渡给关联企业使用而不收取利息的行为真的无法判定资金的性质吗？】

其次，稽查局认定天乐燃气将其在银行贷款交付给其他公司使用，并根据《中华人民共和国企业所得税法》第六条："企业以货币形式和非货币形式从各种来源取得的收入，为收入总额"的规定，认定企业2012年至2014年应确认所得税应税收入1281万元。从稽查案卷来看，企业仅是将资金提供给其他企业使用，天乐燃气未取得任何货币形式和非货币形式的收入，稽查局对应税收入的确认无证据材料支撑。

因此，稽查局将天乐燃气从银行借入的相关资金定性为提供给关联企业使用，并将应得的利息按照中国人民银行颁布的1年期贷款基准利率6%计算事实不清，证据不足。

【人物内心：

罢了罢了！账簿资料、凭证附件、合同协议都在卷，甚至连计算利息的时点利率都已经截图入档，还能提供什么呢？！

脑海中突然闪现出《中华人民共和国公务员法》，"公务员执行公务时，认为上级的决定或者命令有错误的，可以向上级提出改正或者撤销该决定或者命令的意见；上级不改变该决定或者命令，或者要求立即执行的，公务员应当执行该决定或者命令，执行的后果由上级负责，公务员不承担责任；但是，公务员执行明显违法的决定或者命令的，应当依法承担相应的责任"的规定。

第三，关于天乐燃气与稽查局争议的"天乐燃气与母公司天乐集团的资金往来是否应该进行纳税调整"，天乐燃气是天乐集团的全资子公司，两者之间属于关联企业。天乐燃气与天乐集团位于统一税负区域，天乐燃气虽然将资金交付给关联公司使用，但天乐燃气并未向关联企业收取利息，关联企业也并未在所得税前列支相关费用，两个公司内部的资金往来行为未造成国家总体税收收入的减少。根据《特别纳税调整实施办法（试行）》第三十条规定："实际税负相同的境内关联方之间的交易，只要该交易没有直接或间接导致国家总体税收收入的减少，原则上不做转让定价调查、调整"，稽查局不应对天乐燃气的内部业务往来行为进行调整。

无言的痛

【人物内心：

你说：关于天乐燃气与市稽查局争议的"天乐燃气与母公司天乐集团的资金往来是否应该进行纳税调整"，天乐燃气是天乐集团的全资子公司，两者之间属于关联企业。天乐燃气与天乐集团位于统一税负区域，天乐燃气虽然将资金交付给关联公司使用，但天乐燃气并未向关联企业收取利息，关联企业也并未在所得税前列支相关费用，两个公司内部的资金往来行为未造成国家总体税收收入的减少。根据《特别纳税调整实施办法（试行）》第三十条规定："实际税负相同的境内关联方之间的交易，只要该交易没有直接或间接导致国家总体税收收入的减少，原则上不做转让定价调查、调整"，不应对天乐集团的内部业务往来行为进行调整。但是，中国税务报、国家税务总局官网等刊载的《"合理"筹划不合理,企业补缴税款近千万元》等多个案例,和天乐燃气一样的事实、同样的情节、相同的证据,怎么就得出大相径庭的结论呢?】

目前税法体系中,对"实际税负"的定义尚无明确界定,对国家总体税收收入的减少如何理解,也没有详细说明或指导性意见。因此,基层税务人员在实践中会遇到操作执行困难的情况。如果进行调整,往往缺少直接的政策依据;如果不调整,则可能存在潜在的执法风险,因此建议政策层面能够出台明确的指导意见或执行口径。

【人物内心:

世上有一种无言的痛叫作无可奈何。有时很想去抓住某样东西,偏偏路上设置了许多障碍,只能眼睁睁地看着它从自己的视野里消失,甚至要承受别人的恣意嘲弄。那一刻,很想大声地叫喊出来,但却因此明白,越是痛越是无言,越是痛越是苦不堪言。

当然,一些事情若是可以放下,想必很多人都早已放下,只是放下太难了,于是执着的我们只能一边痛着,一边继续爱着!】

案例 10：瞒一时，瞒不了一世

——由一起举报案件引发的思考

【引言】

话说有一天，一个被称为佚名的心理学家把一根稻草放到了一匹强健的骏马背上，骏马丝毫没有反应。再放，无动于衷。又放，定如泰山。还放，此时的马儿依旧没有反应。于是，不停地放放放，当稻草累积到一定程度，伴随着一声轰隆声，健硕的马儿终于不堪重负，瞬间轰塌倒地。于是，心理学家拿出别在后腰的纸笔，郑重地把这种积少成多、从量变到质变的现象记录下来，称之为"稻草效应"。

本案中涉案企业数年如一日，有计划地设置真假"两套账"，以开设多个私人账户收取销售收入、不开具发票等手段隐匿、瞒报应税收入，造成国家巨额税款流失。检查中，该企业采用更换电脑硬盘、转移经营资料、关键人物失联、拒不提供资料、干扰核对数据等一系列恶劣手段对抗税务机关依法实施的税务检查。面对被检查企业财务管理混乱、账务资料缺失的状况，稽查人员在实施调账检查、实地核查等常规检查方法无果的情况下，创造性提出"以核实资金流来查定应税销售额"的稽查新理念，其办案思路、取证方法和案件定性对当前税务稽查案件均有着突破性的借鉴意义。但是，涉案企业对税务稽查部门的处理、处罚决定和强制执行措施等行政行为并不轻易就范，进而引发行政处罚听证、行政复议、行政诉讼（一审、二审）等一系列行政救济程序。

本案例通过逐步引导税务稽查人员核查生产计划单等证据，结合"主营业务收入""其他业务收入"等明细账，查实企业产成品、边角料等是否有隐匿收入的情况，掌握产成品的实际数量及出库产品的真实性；通过核对现金账、银行存款账、资金往来记录与产品销售收入明细账，把握企业应税收入的准确性。帮助稽查人员理解资金流在核查企业应税销售收入中的重要作用,熟悉税务稽查实务中的取证技巧。了解税务听证、行政复议以及行政诉讼的应对措施,重点是稽查证据的取得与应用,难点是行政复议以及行政诉讼的应对。

2019年,元月初。

"中国税务意气风发,为了祖国富强贡献力量……"。

豪迈雄壮的《中国税务之歌》的响起,预示着,下课了。

收拾完笔记本电脑、遥控笔、U盘包,随手打开静音的手机,居然有十多个未接来电。

"喂,领导,刚才在上课,把手机静音了。您有啥命令,请指示吧!"

"哦,刚才打电话你没有接,猜到了你应该在上课。"电话那头传来熟悉的声音,"就是告诉你一下,那个思柔公司的二审判决下来了,意料之中的,咱胜诉了!"

"胜诉?"电话这头听闻,那个貌似已经是很久远的案子一下子在脑袋里弥散开来,勾起久远的回忆……

昔日夫妻,同心商海创事业
现世冤家,反目举报誓送监

原来这样

2011年4月21日,国家税务总局稽查局税收违法案件举报中心接到实名举报:江南思柔卫生用品有限公司(以下简称思柔公司)采取预收货款、账外经营等方式,隐瞒销售收入,大肆偷逃税款。公司2006年至2011年6月期间每年实际销售额在 1.2 亿元至 2 亿元之间,而 2006 年至 2008 年 8 月每月申报销售金额却在 200 万元至 500 万元不等。2008 年以后,逐步增加申报金额。公司的销售货款不入账,要求客户汇到指定的个人账户。另外,公司每月销售边角废料大概 15 万元至 25 万元,也未入账。

举报人还同时提供了与销售收入紧密关联的 11 张银行卡账号(后经查明其中 1 个系公司已申报的账户,1 个系 2011 年 7 月开户),其余 9 个为侯某二(企业原股东之一,时任法定代表人)、张某芬(企业原出纳员,2011 年 4 月已离职)的个人银行卡账号,共涉及建行、中行、工行、农行及农商行 5 家金融机构。

经了解,举报人与被举报企业思柔公司的实际经营人侯某大本系夫妻关系,后因感情纠葛离异,并对原经营的生意进行了分割;其后,举报人经营的生意逐渐萎缩,而侯某大经营的思柔公司却飞速发展。因二人独生女在国外上学,当其女得知父母离异消息后以极端方式结束生命,举报人因生意不景气及丧女的双重打击,遂引发举报,并声称要将侯某大送进监狱才罢休。

图 46 人物关系图

举报人就同一内容,接连于 2011 年 11 月、12 月及 2012 年 7 月分别向江南省国税局局长和纪检组长多次进行举报;2012 年 12 月向中共江南省纪律检查委员会进行举报;2013 年 3 月 24 日再次向江南省国税局局长进行举报。

2014年5月14日,江南省国税局接到中央第八巡视组第四批交办督办函,敦促XC市国税局迅速调查落实思柔公司偷税案。

【人物内心】:

敲黑板,复习功课啦!根据以上资料,结合最新版的《税务稽查规范1.1》等规定,请思考并回答:根据案源信息的来源不同,案源信息包含哪些类型?

参考意见:根据案源信息的来源不同,将案源分为九种类型:

(一)推送案源:根据风险管理等部门按照风险管理工作流程推送的高风险纳税人风险信息分析选取的案源;

(二)督办案源:根据上级机关以督办函等形式下达的,有明确工作和时限要求的特定纳税人税收违法线索或者工作任务确认的案源;

(三)交办案源:根据上级机关以交办函等形式交办的特定纳税人税收违法线索或者工作任务确认的案源;

(四)安排案源:根据上级税务局安排的随机抽查计划和打击偷税(逃避缴纳税款)、逃避追缴欠税、骗税、抗税、虚开发票等稽查任务,对案源信息进行分析选取的案源;

(五)自选案源:根据本级税务局制定的随机抽查和打击偷税(逃避缴纳税款)、逃避追缴欠税、骗税、抗税、虚开发票等稽查任务,对案源信息进行分析选取的案源;

(六)检举案源:对检举线索进行识别判断确认的案源;

(七)协查案源:对协查线索进行识别判断确认的案源;

(八)转办案源:对公安、检察、审计、纪检监察等外部单位以及税务局督察内审、纪检监察等部门提供的税收违法线索进行识别判断确认的案源;

(九)其他案源:对税务稽查部门自行收集或者税务局内、外部相关单位和部门提供的其他税收违法线索进行识别判断确认的案源。

上述类型中,因督办案源、交办案源、转办案源、检举案源和协查案源的来源渠道特殊,所以统称为特殊案源。

再思考:案源信息应包括哪些内容?

参考意见:案源信息的内容具体包括:

(一)纳税人自行申报的税收数据和信息,以及税务局在税收管理过程中形成的税务登记、发票使用、税收优惠、资格认定、出口退税、企业财务报表等涉税数据和信息；

（二）税务局风险管理等部门在风险分析和识别工作中发现并推送的高风险纳税人风险信息；

（三）上级党委、政府、纪检监察等单位和上级税务机关（以下统称上级机关）通过督办函、交办函等形式下发的督办、交办任务提供的税收违法线索；

（四）举报人提供的税收违法线索；

（五）受托协查事项形成的税收违法线索；

（六）公安、检察、审计、纪检监察等外部单位以及税务局督察内审、纪检监察等部门提供的税收违法线索；

（七）专项情报交换、自动情报交换和自发情报交换等过程中形成的国际税收情报信息；

（八）稽查局执法过程中形成的案件线索、处理处罚等税务稽查数据；

（九）政府部门和社会组织共享的涉税信息以及税务局收集的社会公共信息等第三方信息；

（十）其他涉税数据、信息和税收违法线索。

思考三连击：结合以上资料，请分析本案应归属于哪种案源类型？

参考意见：根据本案案源处理主体的不同，可归属的案源类型：

举报人向国家税务总局进行举报，经××省国税局对检举线索进行识别判断确认，应归属于检举案源；

国家税务总局稽查局举报中心将该纳税人的税收违法线索以交办函等形式移交给××省国税局，应归属于交办案源；

××省国税局将有明确工作和时限的要求、有明确税收违法线索的特定纳税人，以督办函等形式移交给汉都市国税局稽查局的案源，应归属于督办案源；

同时，中共××省纪检委等外部单位向××省国税局提供的税收违法线索，经××省国税局进行识别判断确认的案源属于转办案源。

应该注意的是，虽然按照《税务稽查案源管理办法（试行）》的规定，案源信息划分为九种类型，但是在金税三期税收管理系统（以下简称"金三系统"）——税务稽查——案源登记模块中，案源登记类型受各级权限所制，或显示为"自选案源""检举案源""协查案源""转办案源"及"其他案源"等选项。

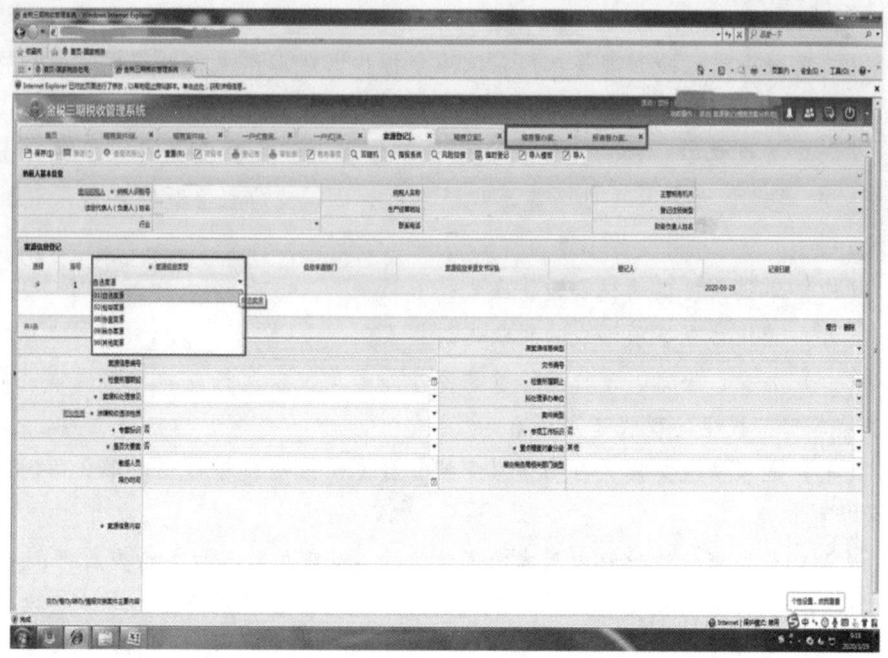

图47 "金税三期"税收管理系统图示

同时,可根据实际需要在稽查督办案源及报请督办案源等模块中进行操作标识。】

企业概况

提起思柔公司,不得不说一下它的辉煌历史:

在侯某大三兄妹的共同努力下,公司自2009年以后,先后获得"五一劳动奖""××之星最佳企业""汉都市市长质量奖""江南省质量诚信承诺单位"等荣誉;当地政府也将其列入百户重点保护企业名单。其产品先后认定为"汉都市知名商标""江南省著名商标""中国驰名商标"。公司成立的研发中心的实验室数据一度成为"抗菌妇女卫生用品工程技术标准"……

【人物内心:

虽然说辉煌属于过去、光荣只是历史、成绩已成坐标,但是这些资讯却也成为后来进行税务稽查时用于信息比对的第三方信息来源。】

基本信息

思柔公司成立于 2005 年 9 月 27 日，原名汉都卫生用品有限公司，2007 年 11 月变更名称为江南思柔卫生用品有限公司。注册地址在汉城县产业聚集区北环路东段，经济类型为其他有限责任公司，主要从事思柔牌卫生巾、卫生护垫、尿裤、口罩、二类医疗器械的生产、销售及进出口贸易；以及卫生用品、日用百货的批发和零售。注册资本金 6 000 万元（国家企业信用信息网站公示信息显示：股东林某荣、侯某刚分别持股 50%），法定代表人侯某三（初任法定代表人王某正，2007 年 5 月变更为侯某二，2012 年 2 月变更为侯某三）。2006 年 3 月 27 日办理税务登记，同年 8 月认定为增值税一般纳税人，主管国税机关：汉城县国税局紫云税务分局。股权架构、对外投资及历史股东变更事项如图 48 所示：

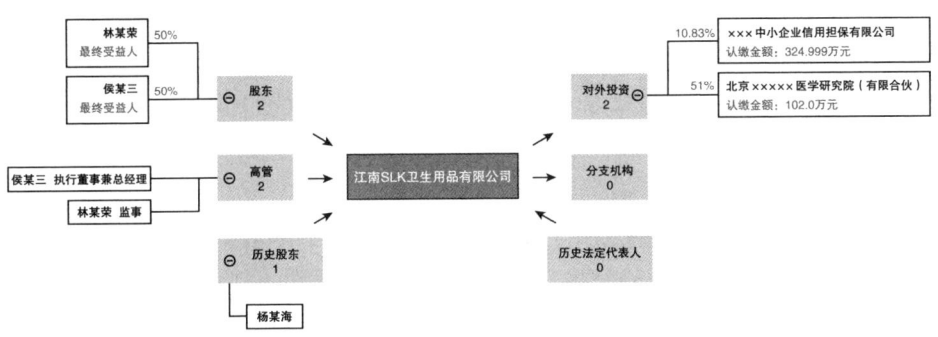

图 48　思柔公司股权架构、对外投资及历史股东信息

财务状况

根据案源通知事项，涉案期间内财务申报数据如下：

2006 年度申报应税销售额 2 688 754.03 元，增值税销项税额 457 088.22 元，进项税额 337 841.29 元，已纳税额 119 246.93 元。增值税税负率 4.44%，主营业务利润 -37 934.58 元，2006 年度申报利润总额 -856 402.23 元，纳税调整增加额 293 247.68 元，当年度实际缴纳企业所得税 0 元，已缴纳地方各税 7 344.05 元。

2007 年度申报应税销售额 33 233 547.16 元，增值税销项税额 5 649 703.01

元,进项税额 4 969 246.76 元,已纳税额 680 456.25 元。增值税税负率 2.04%,利润总额 726 923.60 元,纳税调整增加额 229 266.32 元,纳税调整减少额 856 402.23 元,弥补以前年度亏损后,预缴企业所得税 69 317.85 元,当年度实际缴纳企业所得税 213 095.40 元,已缴纳地方各税 143 960.36 元。

2008 年度申报应税销售额 58 092 853.87 元,增值税销项税额 9 875 785.13 元,进项税额 8 360 828.51 元,已纳税额 1 492 996.54 元。增值税税负率 2.57%,利润总额 -942 408.69 元,纳税调整增加额 1 321 212.52 元,纳税调整减少额 63 981.36 元,当年度实际缴纳企业所得税 0 元,已缴纳地方各税 519 518.56 元。

2009 年度申报应税销售额 101 054 888.51 元,增值税销项税额 17 179 331.12 元,进项税额 14 688 340.90 元,已纳税额 2 355 063.87 元。增值税税负率 2.33%,利润总额 3 545 189.98 元,纳税调整增加额 75 982.63 元,纳税调整减少额 63 981.36 元,当年度实际缴纳企业所得税 889 297.50 元,已缴纳地方各税 702 657.95 元。

2010 年度申报应税销售额 121 055 107.95 元,增值税销项税额 20 579 368.41 元,进项税额 17 825 177.98 元,已纳税额 2 755 913.74 元。增值税税负率 2.28%,2010 年度申报利润总额 -329 290.85 元,纳税调整增加额 476 789.25 元,实际缴纳企业所得税 287 179.54 元。已缴纳地方各税 612 192.29 元。

2011 年 1-6 月申报应税销售额 67 861 026.86 元,增值税销项税额 11 536 374.54 元,进项税额 10 785 373.62 元,进项税额转出 260 477.03 元,已纳税额 1 011 477.95 元。增值税税负率 1.5%。当年度实际缴纳企业所得税 100 000 元,当期已缴纳地方各税 280 796.18 元(2011 年度申报应税销售额 150 831 117.15 元,增值税销项税额 25 641 289.92 元,进项税额 22 983 689.50 元,已纳税额 3 038 849.95 元。增值税税负率 2.01%,利润总额 -3 063 356.64 元,纳税调整增加额 697 395.08 元,纳税调整减少额 1 785 698.66 元。账簿显示:该公司 2011 年 8 月补缴增值税 50 万元,企业所得税 70 万元)。以上数据如表 23 所示。

表23　思柔公司2006－2011年5月公司财务概况

年度	已申报销售额	销项税额	进项税额	进项税额转出	已纳税额	增值税收负担率	利润总额	纳税调整增加额	纳税调整减少额	预缴企业所得税	实际缴纳企业所得税	已缴纳地方各税
2006年度	2 688 754.03	457 088.22	337 841.29		119 246.93	4.44%	-856 402.23	293 247.68			0.00	7 344.05
2007年度	33 233 547.16	5 649 703.01	4 969 246.76		680 456.25	2.04%	726 923.60	229 266.32	856 402.23	69 317.85	213 095.40	143 960.36
2008年度	58 092 853.87	9 875 785.13	8 360 828.51		1 492 996.54	2.57%	-942 408.69	1 321 212.52	63 981.36	0.00	0.00	519 518.56
2009年度	101 054 888.51	17 179 331.12	14 688 340.90		2 355 063.87	2.33%	3 545 189.98	75 982.63	63 981.36	0.00	889 297.50	702 657.95
2010年度	121 055 107.90	20 579 368.41	17 825 177.98		2 755 913.74	2.28%	-329 290.85	476 789.25			287 179.54	612 192.29
2011年1－6月	67 861 026.86	11 536 374.54	10 785 373.62	260 477.03	1 011 477.95	1.50%					0.00	
合计	383 986 178.33	65 277 650.43	56 966 809.06		8 415 155.28						1 389 572.44	1 985 673.21
2011年度	150 831 117.15	25 641 289.92	22 983 689.50		3 038 849.95	2.01%	-3 063 356.64	697 395.08	1 785 698.66		0.00	

【人物内心】

研讨！研讨！现在组织研讨啦！请列位看官根据上述资料，围绕被查对象的基本信息、所属行业特点、生产经营情况以及相关财务、税收政策等方面，对被查对象的财务资料、申报信息、第三方获取信息等内容进行比对、分析后，形成待核实疑点，结合税务稽查有关规程、制度等规定，制定税务检查预案。】

【参考意见】思柔案件税务稽查预案（至少应包括内容）

一、案件来源

二、税务检查实施的目的和要求（依照法定权限和程序，由案件组织领导者或主办单位对根据案件需要设定的税务检查所属期间实施税务稽查，收集能够证明案件事实的证据材料，对举报信息所反映的举报线索以及案头分析中发现的其他涉税问题逐一查证，制作《税务稽查报告》及相关文书，并将与案件相关的证据材料一并移交审理部门。）

三、思柔公司基本情况（特别提示：关注被查单位名称，应全面考虑企业名称中关键词相同的企业是否存在关联性。要详细标明各被查单位的具体名称，以确定被查对象的准确选取。）

四、检查实施时间的安排（根据案件需要设定集中时间和检查时间）

五、税务检查实施的范围和重点（以案头分析数据为支撑，结合行业特点、生产经营情况、主要财务指标以及税收征管资料信息，研判涉税问题易发点，确定工作重点及切入点。）

六、税务检查实施的具体方法和步骤

（一）实施方法和步骤

1. 拟定检查方案：拟定检查思柔公司财务账册、凭证、发票使用、资金往来状况以及盘存企业存货（含原材料、产品或商品）、车间实物及仓储物流的重点内容、主要方法和实施方案。

2. 拟定调账方案：了解思柔公司已向主管税务机关备案的会计核算软件，并熟悉主流的财务软件和业务系统的操作应用；拟定调取企业财务、业务相关资料及内控管理制度等具体实施方案。

3. 拟定取证方法：针对发现的问题预研证据体系和各项待证明事项，主要包括证据收集内容、取证要求和主要方法。

（二）检查人员的分工

1. 标识重点检查对象：应重点关注思柔公司核心人员，包括且不限于法定代表人或负责人侯某二、实际控制人侯某大及总经办负责人、财务经理、出纳等人员的检查。需要重点检查的部门包括：财务部门、行政办公室、采购、供销、生产、仓储及物流等业务部门。

2. 合理调配检查人员：主查人员合理配置稽查力量的分布，并主要负责对思柔公司核心人员和财务部门进行检查。检查过程中要注意防范被检查单位人员通过门卫、单位办公室的门窗等地点转移重要信息资料。必要时，可调配熟悉计算机硬件、软件、网络和数据库等知识的专业人员对服务器进行重点检查，必要时可以要求税务机关内具有行政执法权的技术人员进行技术支持。

3. 适时配备检查装备：进行调账检查，应准备好对被查单位的计算机、服务器等进行数据搜索和固定其电子数据证据所需的工具软件和硬件设备，如笔记本电脑、便携式打印机、交叉网线、移动硬盘、U盘、照相机、复印机、执法记录仪、录音笔、硬盘读取器、无线上网卡等电子信息设备，以及数据采集软件、查账软件、解密软件、恢复删除数据软件、数据检索等专业技术应用软件工具信息化稽查软件。采集数据时应同时准备封存存储介质的包装物。

（三）准备可能用到的税务文书

1. 《税务检查通知书》及送达回证。

2. 《询问通知书》及送达回证，空白《询问笔录》主页及附页。

3. 《调取账簿资料通知书》《调取账簿资料清单》及送达回证。

4. 《税务机关检查纳税人、扣缴义务人存款账户、储蓄存款许可证明》及送达回证。

5. 《冻结存款通知书》《冻结存款决定书》及送达回证。

6. 《查封（扣押）证》《查封商品、货物、财产清单》或者《扣押商品、货物、财产专用收据》及送达回证。

7. 《现场笔录》。税务稽查人员依法进行实地调查时，就与案件事实确认等相关的现场执法情况、违法事实等事项应当场进行客观记载，不能事后补充制作。

8. 《勘验笔录》。税务稽查人员就与案件事实确认相关的物品、现场进行勘查、测定、检验，应客观记录勘验过程、结果。

七、检查实施过程中可能出现的问题及应急措施

（一）因涉及举报案件，拟对该企业进行突击检查，故必须注意保密管理。在统一行动前，不告知检查人员以及配合人员被查企业的名称和行动方案，确保检查顺利实施。

（二）该案件系特殊案件，进行突击检查时，应考虑到对突发事件的应急

措施：如为防止被查对象隐匿转移财务数据和资料，应在被查单位的重点部门周围布置应急机动人员，同时还应注意事先与公安、地税等部门做好沟通工作，请求给予必要的支持和配合，以便及时应对突发事件。

（三）配置检查力量及明确各自分工，拟定检查工作纪律。

八、对计算机、服务器等设备取证的注意事项

（一）取得电子数据

1. 存储介质应注意防尘、防潮、远离高温和强磁场，避免受到强烈震动，以防介质中存储的数据丢失或损坏。注意机械硬盘高速运转过程中不要随意移动。

2. 检查人员应把采集到的涉税电子数据信息复制、备份至少2个以上有形存储介质中，分别用于检查和证据备份，并使用复制件进行取证分析。采集的电子数据应标明信息所属部门、计算机名称，以及文件的创制时间、路径、名称、格式、大小等信息，方便当事人确认。

3. 若被查对象的专业技术人员不在检查现场或不会操作计算机等设备，检查人员应要求其法定代表人（或负责人）、财务负责人或者技术人员在场的情况下，操作其计算机设备，进行检索、拷贝、备份数据文件等操作。取证全程在只读环境下进行，避免造成原始证据破坏。

4. 检查人员在采集电子数据时，只能做电子数据读取、复制操作，不得进行新建、修改等写入操作，不允许对提取的涉税电子数据信息进行转换、加密和压缩，并保证检查人员的操作未影响被查对象的计算机设备和系统正常运行及运行安全。

【话中话：

税务稽查的相关文件中对采集纳税人计算机（服务器）设备中的涉税电子数据信息时"进行完整、真实的拷贝、备份操作，不允许对提取的涉税电子数据信息进行转换、加密和压缩（旨在保持证据'与原件一致性'），并保证其计算机设备和系统正常运行和安全"的要求，应该是源自于上级于2013年下发的一个便函《信息化管理企业税务稽查工作指南（试行）》（以下简称"工作指南"）。虽然总局文件中明确指出要"各地结合实际情况参照执行"，但是其"为进一步加强对信息化管理企业的税务稽查工作，提高税务稽查人员检查信息化管理企业的业务技能，规范检查行为，规避执法风险"的指示性表述，让基层人员在行政执法时不由得认为该文件就是规避执法风险的指引。

这里我们暂不论该便函作为税务稽查执法依据的法律效力问题，仅谈一下

这个文件部分条款中所隐含的执法风险隐患。工作指南在"涉税电子数据的取得"一章规定：可对其计算机（服务器）设备中的涉税电子数据信息进行完整、真实的拷贝、备份操作，不允许对提取的涉税电子数据信息进行转换、加密和压缩（保持证据"与原件一致性"），并保证其计算机设备和系统正常运行和安全。

制定该条款时的前因后果我们无从知晓。但是稽查实践中，在对被查对象计算机（或服务器）设备中的涉税电子数据信息进行数据采集时，无论是采用的当前税务系统普遍使用的"税软科技"，还是ETA、用友、普金等查账软件，其采集数据的实质无非是从众多财务软件后台数据库表中获取财务数据，采集总账系统中包含固定资产、进销存、工资、往来管理等模块数据。

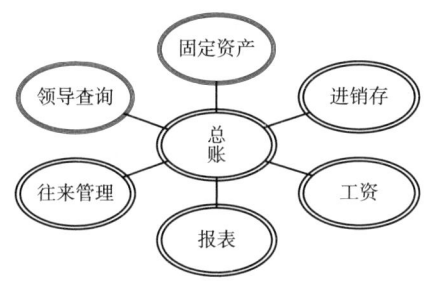

图49 总账系统

但是，由于面对当前财务软件市场中种类多达 3 600 余种且制定标准不一、软件供应商制定标准不一及数据存储不一的状况，为便于检查、审计等用户的操作，软件商遂根据多方需求把诸多财务软件中采集出来的财务数据尽可能以一种便于识别、易于应用的格式进行统一转换，从而达到在一个平台中进行兼容显示多家不同格式数据的目的。对于使用者来说，只需掌握了一款数据采集查账分析软件，就可以对市面上所有财务软件数据进行分析查看，而不需要逐一学习种类繁多的财务软件。于是，针对包含有大量数据的财务软件，采集软件在采集数据时仅针对财务软件数据库中相关财务数据表文件，如科目表、余额表、凭证表、期间表、核算项目类别表及核算项目明细表等进行抽取就可以达到采集目标。

	科目代码	科目名称	科目性质	借贷方向	核算项目数	项目类别1	项目类别2	项目类别3
1	1001	库存现金	1	1	0			
2	100101	人民币	1	1	0			
3	1002	银行存款	1	1	0			
4	100201	人民币户	1	1	0			

图50 Account（科目）表图示

科目代码	项目代码1	项目代码2	项目代码3	项目代码4	项目代码5	项目代码6	期初余额	期初
1	1001							1 671.65	0
2	100101							1 671.65	0
3	1002							3 718 778.13	0
4	100201							1 359 743.06	0
5	10020101							1 304 205.27	0
6	10020102							15 207.84	0
7	10020103							38 699.04	0
8	10020104							16 30.91	0

图 51　Balance（余额）表图示

	制单日期	会	凭证类型	凭	附件	科目代码	项目代码1	项目代码3	项目代码5	凭证摘要	借方金额	贷方金额	借方数量	贷方数量	制单人员
1	1 2017-01-31	1	现金收款凭	1	-1	100101					600	0	0	0	
2	1 2017-01-31	1	现金收款凭	1	-1	630107					0	600	0	0	
3	2 2017-01-31	1	现金收款凭	2	-1	100101					300	0	0	0	
4	2 2017-01-31	1	现金收款凭	2	-1	630107					0	300	0	0	
5	3 2017-01-31	1	现金收款凭	3	-1	100101					20	0	0	0	
6	3 2017-01-31	1	现金收款凭	3	-1	630107					0	20	0	0	
7	4 2017-01-31	1	现金收款凭	4	-1	100101					700	0	0	0	

图 52　Voucher（凭证）表图示

	会计期间	起始日期	结束日期
1	1	2017-01-01	2017-01-31
2	2	2017-02-01	2017-02-28
3	3	2017-03-01	2017-03-31
4	4	2017-04-01	2017-04-30
5	5	2017-05-01	2017-05-31
6	6	2017-06-01	2017-06-30
7	7	2017-07-01	2017-07-31
8	8	2017-08-01	2017-08-31
9	9	2017-09-01	2017-09-30
10	10	2017-10-01	2017-10-31
11	11	2017-11-01	2017-11-30
12	12	2017-12-01	2017-12-31

图 53　Period（期间）表图示

	代码	名称
1	C	客户
2	D	部门
3	I00	研发项目
4	I97	项目管理
5	I98	现金流量项目
6	I99	成本对象
7	Ich	存货核算
8	P	人员
9	S	供应商

图 54　ProjectType（核算项目类别）表图示

类别	代码	名称	上级代码	级次	是否明细
C	0000001	司		1	1
C	0000002	有限公司		1	1
C	0000003	公司		1	1
C	0000004	限公司		1	1
C	0000005	公司		1	1
C	0000006	限公司		1	1
C	0000007	司		1	1
C	0000008	限公司		1	1
C	0000009	司		1	1
C	0000010	限公司		1	1

图 55　Project（核算项目明细表）图示

所以，针对特定表格进行抓取特定的数据，由采集软件采集到的数据量一般不会很大，一般企业的数据大小多为 100KB 至 200KB。理论上讲，企业一年会计记账凭证量约 10 000 条会计分录的财务数据，采集到的 dat 文件大约为 112KB。即无论企业财务软件数据库有多大，采集到的数据结果都不会很大，这是因为采集软件采集数据的同时对其进行压缩且加密，以防止数据明文化。并且，为防止相关数据被暴力破解开发商还做了相应的乱码处理，以最大程度去保证数据的安全性。

我们以某公司的财务数据为例，采集前查看财务软件的库备份文件类型为 bak 文件和 lst 文件，文件大小约 5.13G，而查账软件采集生成的数据文件类型为 dat 文件，文件大小按照年度的不同分别为 300K 至 352K 不等，如图 56 所示。

088账套			
名称	修改日期	类型	大小
UFDATA.BAK	2017/3/12 10:20	BAK 文件	5,383,386 KB
UfErpAct.Lst	2017/3/12 10:23	LST 文件	1 KB

088 › 采集后转换数据			
名称	修改日期	类型	大小
2009	2017/3/13 11:14	DAT 文件	300 KB
2010	2017/3/13 11:13	DAT 文件	348 KB
2011	2017/3/13 11:13	DAT 文件	345 KB
2012	2017/3/13 11:09	DAT 文件	343 KB
2013	2017/3/13 11:10	DAT 文件	346 KB
2014	2017/3/13 11:10	DAT 文件	352 KB
2015	2017/3/13 11:10	DAT 文件	343 KB
2016	2017/3/13 11:11	DAT 文件	326 KB

图 56　采集前后文件大小对比图示

上述事例说明，目前市场上所有的查账应用软件，在采集数据时一定程度上都与上级要求的"不允许对提取的涉税电子数据信息进行转换、加密和压缩"等规定相悖！经过征询软件行业专业人士意见，无论从开发者还是使用者的角度来说，均达不到"不对提取的财务数据信息进行转换、加密和压缩"之要求。

同时，值得注意的是，因为企业综合管理系统（ERP 软件）的普及，很多企业采用了 Oracle、SAP、Salesforce、Sage 等国外品牌 ERP 系统，因企业需求不同，或导致用户为满足自身需要而进行二次开发，采用与软件开发商不一样的标准，这样一来经过再开发程序的查账软件采集的数据可能无法进行适格匹配，最终导致可能发生"借贷不均衡"数据丢包等情形，无法达到总局"保持证据与原件一致性"的要求。

不过，应该提醒的是，2019年修订后的《全国税务稽查规范1.1》已对原规定进行了删除和修改。

5. 应当关注在对涉税电子信息系统检查时被查对象恶意删除、修改和转移涉税电子数据信息资料的现象。虽然我们可以采用必要的技术手段对已被删除的电子数据进行恢复，但是恢复已删除的电子数据，如何对电子数据进行检验分析，找出其与案件事实的客观联系，从而确定电子数据的真实性和可信性，是摆在稽查人员面前的一道难题。

6. 因电子数据具有易复制性，在案件查办过程中数据需要复制一次甚至多次，如何保证数据的原始性？这就要求稽查人员在提取证据的时候需要记录相关文件的哈希值（Hash），从而确保所提取证据的原始性。遗憾的是，通过全国不同税务培训机构的调查问卷、课堂反馈、在线留言等不完全调查，能在税务稽查实践中为确保电子数据原始性而进行过哈希值验证的稽查案件（人员）不足3%。

【小贴士：

哈希值，即Hash，一般翻译做"散列"函数，也有直接音译为"哈希"，相当于"电子数据指纹"。就是把任意长度的输入，通过散列算法，变换成固定长度的输出，该输出即散列值。简单地说，就是一种将任意长度的消息压缩到某一固定长度的消息摘要的函数。

由于任何文件均可用散列算法创建一个Hash值，Hash值具有高度离散性，哪怕是只修改一个字节值都会导致Hash值发生巨大变化；两个内容完全一致的文件其Hash值相同；两个同名文件内容稍有差异Hash值不同；具有不可逆性，不能通过Hash值恢复源文件内容。从实践角度，不同信息具有相同MD5或SHA1值的可能性非常低，通常认为是不可能的。故，Hash值相等，原值不一定相等。但是Hash值不相等，原值必定不相等。Hash值的这个特性用来验证源码是否被修改，如提取的文档（件），先计算出其MD5或SHA1值（这里以MD5为例演示），如果不相等，则该文件一定被修改过。如果相等，虽然该文件也有可能被修改，但是修改过之后MD5要做到一样，几乎不可能出现。

本案中，稽查人员在提取到思柔公司生产主管吕某娟提供的办公U盘中保存的"2011年度生产计划表"等电子文档资料后，当场进行了Hash值验证，以证实现场提取的文档资料与原始文档相同。此处我们以 HashCalc2.02（简体中文版）为例，演示对提取到的《陈述申辩意见》进行 Hash 值验证，通过识别该文件的"数字签名"，以此判断文件是否为同一文件、是否被修改过、是否与思柔公司的原件具有一致性：

打开 HashCalc2.02 软件，将待验证的例举文件《申辩20140103》点击左键拖入软件界面，随即在 MD5 值一栏处显示其计算的结果"84c9302d297ea74cb77f829474ad0836"，如图 57 所示。

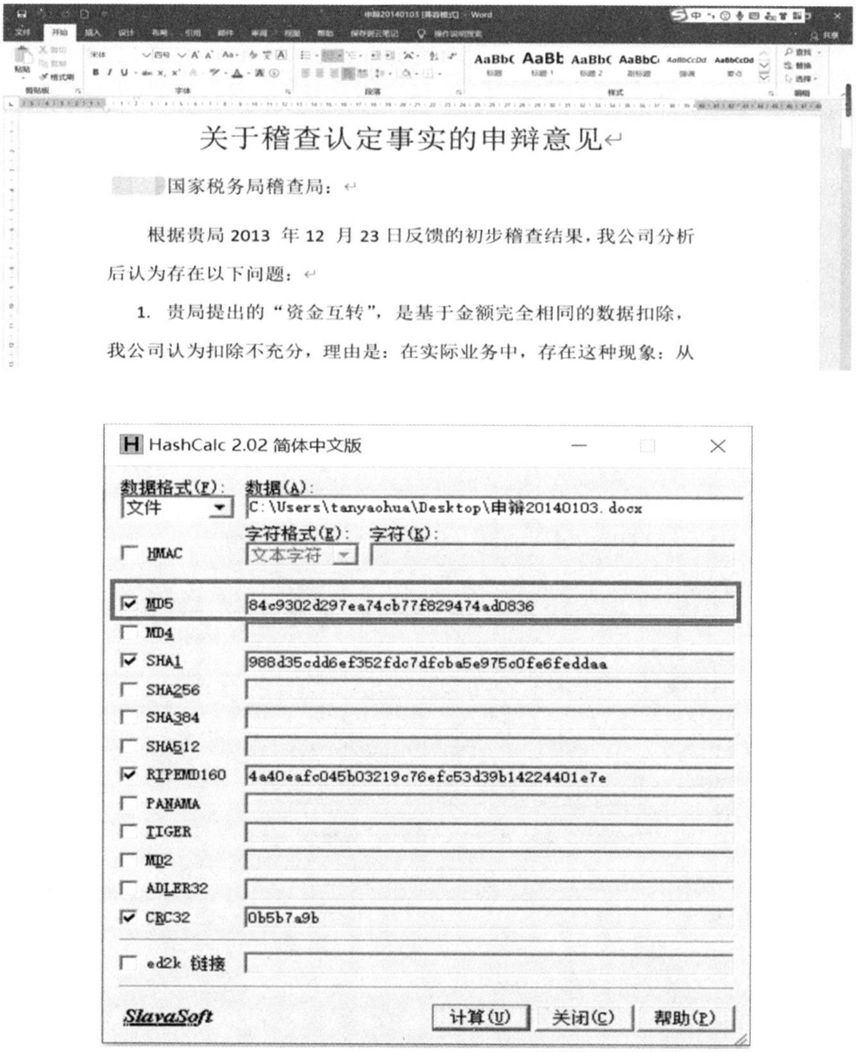

图 57　Hash 值验证图示 1

再次打开例示文件《申辩20140103》，我们可以随意对其进行修改、删减、增加字符等操作（这里为简要说明问题，仅以改变文档标题字体"宋体二号"为"黑体二号"为例），然后保存后关闭。再将修改后的文件《申辩20140103》拖入软件，其 MD5 值一栏处显示其计算的结果已经变为"374291ccb915ed1d9442eb66a915d202"，如图 58 所示。

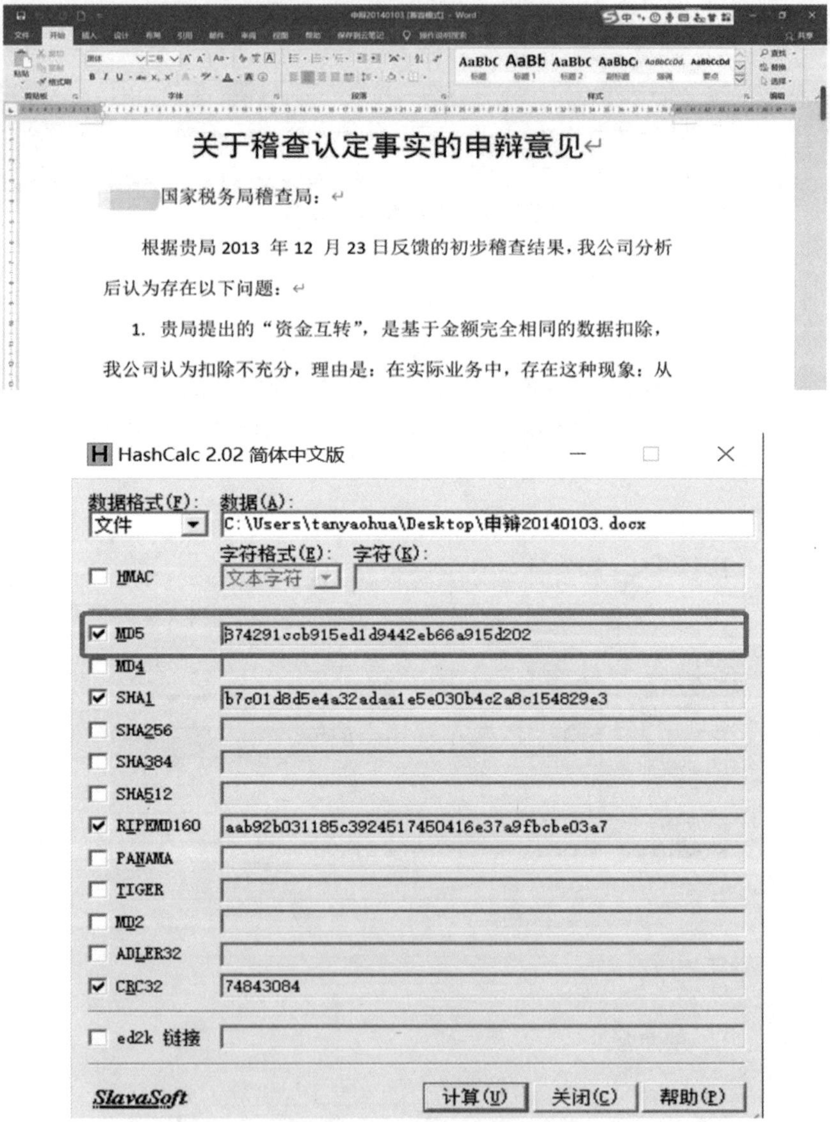

图 58　Hash 值验证图示 2

以上例示说明，如果 MD5 或 SHA1 值不相等，则表明该文件应该已被修改。

（二）固定电子数据

1. 以电子数据的内容证明案件事实的，可以要求被查对象将电子数据打印成纸质资料，在纸质资料上注明数据出处、打印场所、打印时间，注明"与电子数据核对无误"，并由被查对象签章。

2. 若被查对象计算机（服务器或者其他电子设备）设备中财务核算系统或者其他业务管理系统的数据库信息量庞大，检查现场直接打印成纸质资料有困难的，应当对其涉税电子数据拷贝、备份到 2 个以上有足够存储容量的有形存储介质中，并由被查对象对其中一份的有形存储介质进行签封，分别用于检查和证据保全。

3. 在涉税检查现场检查和取证过程中，检查人员可以通过制作《现场笔录》或者视听资料记录检查和取证过程，并要求被查对象确认本次检查未损害电子信息系统。

（三）使用电子数据

1. 在防止数据泄露外传的情况下，根据案件需要，负有权限的稽查人员可以对电子数据采用适当的检查方法进行检查分析，如查阅文档文件，搭建、还原模拟环境，利用查账软件对电子数据进行检查分析等。

2. 因检查需要对电子数据进行鉴定等原因，需要使用电子数据，由经办人员书面说明理由，经税务局稽查局局长批准后领用签封的有形存储介质。

3. 需要将电子数据作为证据使用的，应保持电子数据的原始性，应当先打印原始数据，再采取另行制作分类、筛选、汇总表等。打印的原始数据应当由被查对象核对后注明数据出处并签章。

（四）保管电子数据

1. 对涉税电子数据的存储，应当指定专人保管、登记台账，有条件的情况下可实施有形存储介质和网络硬盘双备份。网络备份时需进行 Hash 验证并截图留存。

2. 作为证据使用的电子数据，应当按照《税务稽查工作规程》中有关案卷资料的规定归档管理。

【话中话：

税务总局稽查局在工作指南中对"账"的定义是，纳税人用于记录其生产经营活动过程的纸质或电子设备等有形载体。对于记录纳税人的生产经营活动情况，在纸质载体中是以书写或打印成字符的形式体现，在电子设备存储介质载体中则是以数据库类型和文档类型等电子文件的形式体现。如果按照该定义，稽查局依照《中华人民共和国税收征收管理法》（以下简称征管法）行使第五十四条（一）项职权，调取纳税人"以数据库类型和文档类型等电子文件的形式体现的账"时，是否应该遵照《中华人民共和国税收征收管理法实施细则》（以下简称征管法实施细则）履行相关调取账簿资料手续？是否应该与纳税人共同核实数据是否相符并在《调取账簿资料清单》上签字？是否应该按照规定履行检查纳税人电子信息系统审批程序？是否应该遵照《征管法实施细则》的规定在法定的期限内退还相关调取账簿资料手续？

但是《税务稽查规范1.1》要求，"稽查局每年年底对统一保管封存的电子数据存储介质进行清理，对于已经结案并已执行完毕，已经超过行政诉讼期限没有发生行政复议、诉讼或者行政复议、诉讼程序已经终结，不涉及涉税刑事案件或者刑事案件已经审判终结，并无其他争议的，相关电子数据存储介质可予以解封清空，并将清理情况记录在案"。该项要求不但在现行税法体系中并未找到适当的出处，而且每年年底解封清空相关电子数据的规定，是否意味着调取的电子"账簿"可以不受《征管法实施细则》"3个月（或30天）内完整退还"的时限限制呢？这样的规定，会不会为稽查一线执法人员带来执法风险呢？我们不得而知。图59系某稽查局在对不同纳税主体调取的以往年度的账簿数据。

案件编号	纳税人名称	案件年度	稽查...	稽查人员	稽查实施日期
002	房地产	2016 - 2018		超级用户	2018-10-29 至 2018-11-28
003	制品有限公司（外）	2017 - 2018		超级用户	2018-11-21 至 2018-12-21
004	制品有限公司（内）	2017 - 2018		超级用户	2018-11-21 至 2018-12-21
101	科技有限公司	2018 - 2019		超级用户	2019-04-03 至 2019-05-03
102	信息科技有限公司	2018 - 2019		超级用户	2019-04-03 至 2019-05-03
103	工程机械租赁有限公司	2016 - 2018		超级用户	2019-04-03 至 2019-05-03
104	机械租赁有限公司	2018 - 2019		超级用户	2019-04-03 至 2019-05-03
2019001	网络科技有限公司	2018 - 2019		超级用户	2019-06-22 至 2019-07-22
222	酒业	2013 - 2018		超级用户	2019-09-09 至 2019-10-09
BM001	罐	2019		超级用户	2019-10-11 至 2019-11-10
CS001	超市	2015 - 2016		超级用户	2019-06-29 至 2019-07-29
CS002	房地产	2015 - 2016		超级用户	2019-06-29 至 2019-07-29
CS003	酒厂	2015		超级用户	2019-06-29 至 2019-07-29
CS004	铁路设备制造公司	2017		超级用户	2019-06-29 至 2019-07-29
CS005	食品制造	2015		超级用户	2019-06-29 至 2019-07-29
CS006	酒业有限公司	2015		超级用户	2019-08-31 至 2019-09-30

图59 账簿数据图示

在进行研讨式教学授课时，笔者曾多次对中级、高级等多批次、不同层级的税务稽查培训班提出该问题。调查结果显示，接受问卷调查的学员中几乎均未做到对已调取电子账簿数据的退还与清空。

团队协作，抽丝剥茧解谜团
开拓创新，锲而不舍索真相

再回首检查情况

汉都市国税局自 2011 年 4 月接到上级转来的举报信息后，立即成立以市国税局局长为组长，分管信访工作的副局长、主管稽查局的纪检组长为副组长的领导小组，以富有基层工作经验的主任科员、主管副局长等为检查组长的专案检查小组，先后召开 30 余次案情分析会，制定多个检查方案，并将检查人员分为账簿检查组、资金调查组、外围调查组 3 个小组，积极配合早在 1 个月前就接到举报信息的当地公安机关进行检查。但是，由于当时的公安机关要落实公安部统一部署的"清网行动"等多项任务，专案人员经常出差，以至于合作不顺畅，检查进度缓慢。

经前期检查组检查，截至 2012 年 3 月，检查人员检查发现以下问题：

一、账面显示思柔公司 2010 年年底"库存商品"明细账与仓库保管账余额不符。经核查，系该公司向其经销商奖励货物 3 373 901.52 元（含税）造成。该公司并未就奖励货物一事进行会计处理及纳税申报，造成少申报缴纳增值税 490 225.01 元。

二、账面显示，思柔公司 2006 年至 2010 年期间销售"边角废料"，应记未记应税销售额 555 990.60 元，应申报未申报增值税 94 518.40 元。

新思维评估风险

2012 年 3 月，在接到省局领导对案件的再次批示后，汉都市局适时调整了案件检查方向。针对思柔公司生产品种多、采购材料杂、销售数量大以及现有稽查力量难以满足检查需要的现状，于是安排了该局主攻大要案检查的稽查一科组成第五批检查组主导该案检查。

【人物内心：

眼看着"走马上任"的检查科长接了这么一个案子，科里的小伙伴们实在存不住气了："科长，有些话我们明知不该说，可又不能不说，你得正确对待啊。"

"什么意思？"科长突然懵了。

"就俩意思。"科里的同事好心地提醒到，"这个案子肯定不好办，千万别逞能。你办不了吧，贻误时机，肯定得挨批；你能办到吧，就显得其他那么多检查组无能，更何况是人家真的查不出来吗？所以得悠着点。"

"科长，这个案子你能推辞了最好！"一同事接着说道。

"怎讲？"科长说道。

"刚才说过的我就不说了。我就从纳税人角度说，县、市的明星企业，老板是人大代表，从县里到市里、省里的关系都非常熟。税款查的少了举报人不愿意、税款查的多了企业又不高兴，指不定搞得咱们里外不是人。"

"这个事儿我也想过。案件查办难度很大，这是不争的事实。咱先不上纲上线说《公务员法》规定应当执行上级的决定或者命令。就从私人感情上讲，咱领导对咱们真的很不错，这段时间这个案子上面的压力这么大，咱就从为朋友两肋插刀的角度讲也得帮帮他吧？"科长缓缓说道，"这样说吧，上面注重的是社会影响，我只看案子，这个案子应该是迄今为止咱们稽查局遇到的最大挑战。"】

检查组在前期检查人员已实施账簿资料检查、实地调查、银行账户往来资金核查等措施的基础上，结合产能法、成本占比倒算法、主要购货人核实法等检查方法对该案件查处情况进行了复核，并向市局专案领导小组提出了维持前四批检查组对账面情况检查的初步意见。

【人物内心：

据前期案件检查人员介绍，或是源于举报人的复杂内心，其实早在2011年4月举报至国家税务总局举报中心之前，江南省、汉都市两级公安机关、工商及质检部门均接到举报人的举报信，但是多以"举报事项不属于我局的职责范围"等缘故不予受理，举报人才转念"以隐瞒收入、偷逃税款"等诉求转而向税务机关举报。而前期先后派出的四批检查组对思柔公司进行的专案稽查，成效也不甚理想。

检查组通过查阅前期交接的案卷资料后分析，之所以前期的税务检查并未发现举报人举报的多头开设私人账户所导致的偷逃税款行为，或因前期多批检查组的介入检查、检查人员更替频繁导致企业积累了应对税务稽查的反制经验所致。当然，也不排除或因前期多批次检查人员未深入了解到思柔公司所在行业情况及生产工艺流程、产品种类结构、生产效率能耗、采购销售行情、仓储物流输送以及会计核算情况等情形。】

检查思路商定以后，主办人员提出"鉴于案情背景复杂、可能会涉嫌偷逃税犯罪，建议提请司法会计鉴定提前介入。为尽快查结案件，税务稽查和司法会计鉴定共同熟悉案情、交互查账方法、融合审计技术，依据各自规则，强化同步取证、同步出具报告"的建议，获得上级批准。检查组决定探索从这个角度剖析怎样借鉴审计思维、审计知识和技术方法对思柔公司全面了解情况、查找突破口，以期尽快对案件进行靶向性突破。虽说税务稽查和审计在执法职能、主体、目标、对象、内容、依据、工作规范等方面各有倚重甚至截然不同，但二者都是以会计及相关经济信息为基础，从工作理念与技术方法角度讲，具有一定的共享性。

检查组首先借鉴了风险导向审计中的风险识别技术，通过采集企业的申报资料等征管信息、第三方信息、电子账套数据，并与企业管理层、业务层相关人员沟通，观察生产经营现场，结合财务报表数据，以可能发生的战略、财务及运营风险的分析评估为导向，把控制业务环节风险作为核心，以降低信息风险、审核风险，并由此对企业涉税风险作出初步判断。

【人物内心：

其实审计方法中的风险评估技术，与《税务稽查规程》第二十一条"检查人员实施检查前，应当查阅被查对象纳税档案，了解被查对象的生产经营情况、所属行业特点、财务会计制度、财务会计处理办法和会计核算软件，熟悉相关税收政策，确定相应检查方法"的规定基本契合，都是以增强问题针对性，提高工作效率为出发点，即通过索取、查询、询问、问卷分析等方法，采集思柔公司各流转环节的信息，对思柔公司的涉税风险进行初步判断，识别和评估可能存在的重大涉税风险，重点对财务报表的可靠性以及法律遵从度进行初步评价，确定各环节风险点，制定检查计划。】

查询

检查按照既定程序针对思柔公司的不同层级、不同类别人群中先后组织了三次不同类型的问询讨论,并通过了解部门管理资料、企业征管信息、企业及其行业的相关报道以及其他第三方外部信息后进行讨论,以提高了解企业内部环境信息工作针对性。

【人物内心】:

稽查人员首先通过 CTAIS、税收分析监控系统等应用查询思柔公司的税收征管信息(见表24),掌握基本情况,为查找稽查疑点提供靶向性意见。

表 24　　　　　　　　　　纳税人征管信息

单位名称:	编制人:	日期:	索引号:A1-2
检查期间:	复核人:	日期:	页次:

一般指引:纳税风险评估人员首先应了解企业税收征管信息,掌握基本情况,为制定风险评估方案提供参考

查询项目	查询内容
纳税人基本信息	具体指引:主要了解企业填列"纳税户基本信息栏"和"纳税户统计分析指标栏"以及税务登记信息的"税务登记表""税务登记变更信息"和"状态变更信息"等相关内容,以获取企业税务登记的主要信息
	底稿索引
税种登记信息	具体指引:主要填列"税种登记及历史变更信息"的相关内容,以获取企业税种登记信息
	底稿索引
税务认定信息	具体指引:主要了解企业"税务认定信息"和"一般纳税人信息及历史变更情况"的相关内容,以获取税收"减、免、抵、退"、一般纳税人认定与年审等税务认定信息
	底稿索引
申报征收信息	具体指引:主要了解企业"申报信息"和"征收信息"的相关内容,以获取企业的纳税申报与征收信息
	底稿索引
发票使用信息	具体指引:主要了解企业"发票信息"的相关内容,以获取企业的发票"领、用、存"、票种核定及历史变更、超限量购买发票审批、防伪税控核定及历史变更、发票开具明细等发票使用信息。主要内容包括:核定票种、最大持票限量、保管方式、购票方式、开票限额、检查期间购买发票情况等项内容
	底稿索引

续表

查询项目	查询内容
稽查违法违章信息	具体指引：主要了解企业"稽查信息"中的"已结案稽查案件信息"以及"违章信息"中的"已结违法违章案件信息"的相关内容，以获取企业的稽查违法、违章信息
	底稿索引
情况说明	具体指引：根据具体情况，对了解的情况作必要说明
	底稿索引

其次，稽查人员通过查阅网络、报刊等媒体对企业及其行业的报道，记录可能对企业财务报表编制和纳税申报情况产生影响的相关内容，如表25所示。

表25　　　　查阅网络、报刊等媒体对企业及其行业的相关报道

单位名称：　　　　　　　编制人：　　　日期：　　　　索引号：A1-3
检查期间：　　　　　　　复核人：　　　日期：　　　　页次：

信息来源	主要内容	工作底稿索引号

稽查人员通过Sos×、×度等互联网搜索引擎，拟定思柔公司等关键字词定向搜索网络上发布的信息，并将搜索到的信息转化成可识别的文本，藉以税务稽查中发挥作用。网络资料显示：思柔公司企业2006年申报销售额270万元，2011年已增长至1.51亿元，发展势头强劲，时任省委书记视察工作时多次考察了该企业。当地政府不仅授予"市长质量奖"等诸多荣誉，更是将其列入《市属40户重点企业培育发展大企业（集团）和100家小巨人企业名单》。

经查阅该项评选规则，能获此殊荣的企业，不仅要求其属于未来产业政策扶持行业且居于行业领先地位，也说明已具有突出的经营业绩或社会贡献，品牌形象已经深入人心；更说明产品已经得到了同行业及用户的充分认可。同时，申报条件也要求企业上年度营业收入、利润总额等主要经济效益指标位必须居市内同行业前列，且最近3年未发生亏损。思柔公司既然能获此奖项，那么诸多的限制性条件不应该成为阻碍其获奖的羁绊。但是，税务机关征管系统资料显示，思柔公司连年申报的亏损与"市长质量奖"预示的繁华景象并不匹配。呵呵，到底是哪个数据撒了谎？

最后，通过了解国家相关行政管理机关、与企业生产经营有关的第三方相关涉税信息（见表26），经过信息比对分析等方法，以发现涉税疑点。

表 26　　　　　　　　　　　了解其他第三方税收信息

| 被查单位： | 编制人： | 日期： | 索引号：A1-4 |
| 检查期间： | 复核人： | 日期： | 页次： |

信息来源	主要内容	工作底稿索引号

经查询《国家企业信用信息公示系统》及"×查查"等 APP 查询后获知，该公司 1998 年至 2017 年共计获得"非凡舒服""爱你"等 15 个注册商标。2011 年至 2014 年间获得"外观专利""发明授权""实用新型"等专利技术约 40 项。

对一家企业而言，注册商标以及申请专利（技术）的优势不仅是便于消费者认牌购物、为创名牌打基础，还是商品获准进入市场销售的凭证，便于消费者认牌购物，为创名牌打基础。同时，作为一种无形资产，可对其价值进行评估，通过转让、许可给他人使用，或质押来转换实现其价值。但是纵观思柔公司账面情况，竟然未发现有研发专利技术和注册商标信息的账载记录，显得极其诡异。】

询问

询问思柔公司管理层和其他相关人员，不仅是风险评估程序中的重要环节，同时也是税务稽查程序中检查人员了解被查单位及其环境的一个重要信息来源。

举报人的丧女之痛，或让周边人为之惋惜不已。而专案组多次联络举报人、以期摸清涉税举报事项基本流程而不得的结果倒在意料之中。经多次耐心细致的电话联络、疏导安抚举报人，终于在辗转数地之后，检查人员终于在举报人指定的地方见到了举报人。检查组终于摸清了举报事项中涉及思柔公司销售货物的资金流转过程：

经销商根据销售需求先打款到思柔公司指定的个人银行卡账户（主要为举报人提供的 9 张账外银行卡资金账户）→思柔公司根据是否开具发票等需求将部分货款转至账内→根据收货款情况发出货物，对转至账内的款项计入当期销售收入，其余货款隐匿不记账"。流程如图 60 所示：

客户打款→侯某二等个人银行账号　┬→部分转入思柔公司账户→发货记收入
　　　　　　　　　　　　　　　　└→部分做账外资金→发货

图 60　思柔公司销货流程图示

在对举报人进行了详细了解之后，检查组依照审计方法中的风险评估程序，设计了"决策层、管理层、财务部门等"不同类别的调查问卷，以通过对相关人员的问卷调查或询问有助于了解、判断其针对思柔公司内部控制设计和运行有效性，以及管理层对检查发现的问题是否采取适当的措施。

问卷调查是为了了解被检查单位内部信息，根据不同层级的划分，设计了不同的目的。内容包含且不限于以下信息（见表27）。

表27　　　　　　　　　风险评估程序表（部分）

二、了解被检查单位内部信息				
1. 内部环境信息				
企业资料清单				A2-1
股东大会、董事会、监事会及其他决策层会议记录				A2-2
企业内部审计报告				A2-3
现场观察企业记录				A2-4
管理层调查表				A2-5
公司法务内审等人员记录				A2-6
财务部门调查表				A2-7
销售部门调查表				A2-8
采购部门调查表				A2-9
生产部门调查表				A2-10

一、在对思柔公司决策层询问时，检查人员关注的问题主要有公司经营战略或目标的变化、股权结构、组织架构、行业竞争对手变化等可能对企业产生的影响。但是，每每被侯某大顾左右而言他所回避，检查组只能另辟蹊径。

二、在与决策层交谈问询之后，检查组敏锐的从其谈话内容中提取到了部分关键的信息：作为实际控制人的侯某大确实有着科学的品牌意识，为打造行业品牌、创立企业形象，聘请了国内该行业顶级人才组成职业经理人团队。这些都是行业有知名度的人才，且不说总经理是从事该行业三十余年的资深专家，主管生产的副总经理系前某军工企业总工程师、主管营销的副总经理系原国内某著名零售终端的负责人、而担任财务总监的则是业内资深注册会计师。

于是，检查组对公司所处的行业状况、法律环境与监管环境、管理层的经营总体规划、生产结构、主要客户源和供应商的增减变化，以及关键客户信用、公司商业信用等信息有了进一步了解：

和总经理交谈时，既夸赞他30多年卫生巾行业的经营管理经验，又"惋惜"他从一线城市行业内标杆上市企业被挖至创业初期各方面条件不好的思柔公司时，总经理禁不住侃侃而谈：为了心中的理想才不惜舍弃原有的优厚条件前来为公司助阵，侯某大与其惺惺相惜，为了留住人才，毫不犹豫为其配备了奔驰豪车；为了改变公司好产品只卖"白菜价"的现状，他大刀阔斧进行产品的更新换代，果断停止纸尿裤的生产，用处理纸尿裤生产线的价款购买了当前国际最先进的生产线……这一番交谈，让检查组不禁联想起奔驰车在账面上根本就没有记载、纸尿裤生产线依旧还在账面计提着折旧！

询问财务副总时，财务副总只是谈了下核算流程，其余并未多讲：订单处理——核准信用状况及赊销条款——填写订单并准备发货——编制货运单据——订单运送/递送追踪至客户或由客户提货——开具销售发票——复核发票的准确性并邮（送）至客户——生成销售明细账——汇总销售明细账，并过至总账和应收账款明细账等交易。

三、与公司法律事务专员交流时，问及决策层、管理层对法务部门管理发现问题后所采取的行动、与业务合作伙伴的安排、近年来产品售后责任及涉诉情况应对以及合同条款含义等问题的时候，谈的更多的居然是决策层侯某大等股东的众多人力资源、极高社会声誉以及担任的参政议政职务等。

四、通过询问生产及仓储人员，得知企业的生产管理已经全部实现信息化管理。市场营销部把最近时期各品种的需求数据通过信息化系统报经生产副总审批调整后，自动推送给生产主管，生产主管根据推送数据下达生产指令推送到各生产线，所有生产线和相关数据联系在一起，实现了数据流和物流的统一管理。

五、对财务部门的了解，虽然不局限于问询思柔公司的财务状况、经营成果和现金流量数据，检查人员关注更多的是可能影响财务报告的交易和事项，或者目前发生的重大会计处理问题等。但是,财务经理看似平静表情下的闪烁其词虽然掩饰了不少尴尬,但是这些细微的动作均留给了检查人员深刻的印象。

【话中话:

通过对财务部负责人刘某晓的询问,检查人员固定了该公司主观上有隐匿销售收入故意的言词证据,并与已获取的账簿、凭证、出入库单及协查资料等书证形成完整的证据链,用以证明思柔公司存在账目混乱、销售收入不入账、成本核算资料不全、无法查账核收的情况,如图61所示。】

7. 2011年9月份至2013年11月份,对刘某晓的询问笔录共计五份、231号税务事项通知书及送达回证、经刘某晓确认的25页9个账外账户资金文本资料、原告关于账外账户资金与其公司收入账之间关系的回复及情况说明。证明:(1)被告在要求原告提供有关账户及成本核算资料时,原告的财务负责人刘某晓承认,公司对经销商的奖励以给予货物方式兑现,不计销售收入,废品收入老板掌握,不交财务就不记账。侯某二、张某芬的个人账户系原财务经理通知她,她让张某芬开的。(2)刘某晓承认,原告作为私人企业"很多事都是老板说怎么办就怎么办,私人账户上的钱回到现金账上,其开票或者不开票申报收入就进行成本核算,你们查出的少缴税款部分没有进到财务账上,就没有进行成本核算,账外的事糊里糊涂",存在不开票申报收入情况,且明确表述查出的少缴税部分没有记账,账外的事糊里糊涂。足以证实原告存在账目混乱、成本资料不全的事实,并且明确承认已经认识到错误。(3)刘某晓在2013年8月9日、2013年11月13日的笔录中均称,9个

图61 选编自中国裁判文书网裁判文书的截图

分析

检查人员通过对账簿凭证、财务报表、纳税申报表等资料以及账簿记载的财务数据与生产经营中的非财务数据间内在联系的比对,结合举报信"隐瞒销售"的信息,确定了"以核查收入"为中心的分析思路,以尽快能够识别出与其他信息不一致或与预期数据严重偏离的波动和关系。

在实施分析程序时,因前几批检查组已多次将检查所属期内的财务报表、账簿等数据进行对比分析、检查复核,现检查组根据专案领导小组"认可前批次检查组稽查成效"的意见,适时改变了账簿资料的检查方向,责成思柔公司限期提供与经营相关的资料,如:公司的中期、年度财务报告,股东大

会、董事会及高级管理层会议的会议记录或纪要、与其他单位签订的采购、销售合同等，拟以此结合财务报表中的重点关注目标，进行金额、比率和趋势的分析，进而识别异常的交易或事项。但是，思柔公司除了提供部分购销合同之外，对于检查组责成提供的其他资料均以"人员素质低、核算不健全、管理不规范、制度不完善"为由不予提供。

在网上搜索到思柔公司的产品生产是按照国家行业标准设计的，为了保证产品质量，公司还与中国科学院联合制订了更为严格的生产工艺流程。询问中得知企业采用信息化系统对生产全过程进行监控，同时财务部门也采用某品牌会计核算软件进行财务处理。经提取思柔公司服务器的备份数据比对，生产记录、财务原始凭证与财务软件核算系统中的数据完全一致。但是，在和财务部门负责人聊天时，不经意间在财务经理办公室的墙壁上看到了一幅残缺不全的运营流程，其中"公司仓储物流部直属财务部领导……"这条话顿时让检查人员顿时警觉起来，如果主管产成品的入库仓储、发货出库的仓储物流部归属于财务部，本来财务核算系统的数据就是由财务部门人工录入，那么会不会存在财务信息失真和物流信息滞后的情形呢？

表 28	风险评估程序表（部分）				
二、了解被检查单位内部信息					
2. 内部财务信息					
资产负债表分析工作底稿					A3－1
利润表分析工作底稿					A3－2
财务指标分析工作底稿					A3－3
结构分析工作底稿					A3－4
趋势分析工作底稿					A3－5
涉税常用指标分析工作底稿					A3－6
3. 纳税申报信息					
企业所得税申报表分析工作底稿					A4－1
增值税申报表分析工作底稿					A4－2
三、总结及计划					
风险评估会议纪要					A5－1
制定下一阶段检查计划					A5－2

【人物内心：

检查人员应了解被检查单位内部信息，包含且不限于：记载股东大会、董事会、监事会及其他决策层会议记录、管理层调查表、企业内部审计报告等资料的内部环境信息；财务指标分析、结构（趋势）分析及涉税常用指标分析等内部财务信息；企业所得税及增值税等主要税种的纳税申报信息，如表28所示。将检查期间的上述信息进行比对分析，找出重点关注目标，再结合分组情况和实质性程序，以核查其结果是否正确。】

观察

审计技术中的观察，其实与稽查方法中的观察法大同小异，都可用来印证对思柔公司及其相关人员的疑点信息。检查人员观察了企业生产经营场所、生产工艺流程、生产设备及经营活动等方面，并记录对企业纳税产生影响的相关情况。

一、观察思柔公司的生产经营活动。如观察思柔公司车间生产流水线人员正在从事的生产活动，以此进一步增加检查人员对思柔公司如何进行生产经营活动及实施内部控制的了解（见表29）。

表29	现场观察企业生产记录		
单位名称：	编制人：	日期：	索引号：A2-4
检查期间：	复核人：	日期：	页次：
日期：			
参加人员：			
被检查部门的人员：			

二、实地查看思柔公司的生产经营场所和设备。通过现场访问和实地察看思柔公司的生产经营场所和设备，以帮助检查人员了解思柔公司的性质及经营活动，如图62至图64所示。在实地察看思柔公司的厂房和办公场所的过程中，检查人员或有机会与思柔公司管理层和担任不同职责的员工进行交流，可以增强检查人员对思柔公司的经营活动及重大影响因素的了解。

图 62　实地查看图示 1

图 63　实地查看图示 2

图 64　实地查看图示 3

【话中话：

为了准确核实思柔公司的销售金额，检查人员决定从生产产量着手查找疑点。卫生用品的生产环境着实严格：进入生产区要换消毒衣和工作鞋，戴工作帽、戴口罩，要求不得携带手机等相关电子设备。这给检查人员出了一道不大不小的难题，本来想着在生产车间有所新的发现直接录音录像取证，但是不让携带设备，这可咋办？得，走一步说一步吧！

在检查组的刻意要求下，车间主任终于"第一次打破只允许最多两人进入车间"的惯例，让三名检查人员在主管生产的副总、财务经理、主办会计的陪同下进入了车间。

忽悠！如果这是第一次打破惯例，那么当地媒体播报的新闻中，每年都有省府主要领导来公司视察时在车间的镜头又作何解释？

现代化的车间，除了正在生产的机器设备发出轻微的嗡嗡声响之外，给人最直观的感觉，就是浑身的暖意。传送带输送着原材料在上下飞舞，一切是那样的整整齐齐，一切是那样的井然有序。放眼望去，并看不到轰轰烈烈的劳动场景，整个十几条生产线的车间里，只有十几个穿着隔离服的工人慢条斯理地逛来逛去，只是偶尔在仪表盘处悠闲地戳几下。

虽然参观路线是按照主管生产副总经理的意图规划的，但是检查组可不是来参观学习这些个生产技术的。在组长的示意下，一名组员有意无意地和财务经理热烈地交谈着目前的时尚元素，另一名组员紧跟着主管会计问东问西。组长却东瞅瞅西看看，但凡有仪表、操作台、有人气儿的地方，组长都很感兴趣地瞄上一眼，让副总不得不跟着也四处晃悠。

"您给介绍一下生产流程吧？"

"我们公司的生产流程特别简单，就是公司的销售部根据归集的市场行情，向生产部提出拟销售计划，生产部根据拟销售计划制定生产计划单，每日分三班次向生产车间制作下达。生产车间按照生产计划单核准的品名和数量进行生产，就这么简单。"

"怎么个简单呢？"

"嗨，就是销售副总把拟销售计划传递给我，我根据销售产品品种调配生产线后再下达给生产主管，由生产主管在系统内设定核准的品名和数量，制作销售计划单直接推送到生产车间。车间主任安排人员在各生产线备货后自动生产……"

"领导，咱们往这边看看吧。"就在组长和副总谈的热火朝天之时，财务经理急匆匆赶过来。组长发现，财务经理一直在眨巴着眼睛貌似给副总传递着不知何意的眼神。

"领导，我那边的生产线可能有点问题，我得去看看。"

一番寒暄，副总不再陪同，财务经理也不再谈时尚，只是寸步不离地跟着检查组。

组长见状，寻思着这样再看下去也不会有什么意外收获了。于是打定主意，要想掌控整个生产销售的真实情况，必须要掌握生产部门制作的销售计划单。而要拿到销售计划单，关键在于找到制作销售计划单的生产主管！

果断结束了参观生产流程的检查组，直接回到公司办公大楼。现代化的企业管理，考虑的当真是事事周全。一楼大厅的楼层分布索引图，标注着各楼层的指引指示牌，便于展示公司形象的同时，也为检查组的顺利查找提供了方便，急忙忙赶过来的财务经理也陪着检查组来到了生产部。

公司的办公环境真的很好，铝合金打造独具现代化的格子间用仿古屏风融入了中华传统的古典元素。每扇屏风的显著位置都镶有一枚铭牌，上面赫然写着生产主管的名字。

在财务经理的介绍下，组长向生产主管出示了《税务检查证》亮明身份后，顺势"背诵"了一段《征管法》第五十四条的规定。"税务机关有权进行下列税务检查：（一）检查纳税人的账簿、记账凭证、报表和有关资料，检查扣缴义务人代扣代缴、代收代缴税款账簿、记账凭证和有关资料；（二）到纳税人的生产、经营场所和货物存放地检查纳税人应纳税的商品、货物或者其他财产，检查扣缴义务人与代扣代缴、代收代缴税款有关的经营情况；（三）责成纳税人、扣缴义务人提供与纳税或者代扣代缴、代收代缴税款有关的文件、证明材料和有关资料……"

"现在请您配合我们的检查，生产车间的'销售计划表'是你制作推送的吧？"

"是的。"

"那就请您提供一下您任职以来制发的所有的计划表。"

"那些东西我下发以后根本就没有保存。"

"你忽悠我吧，你看看，你看看，你打开的这个U盘的文件夹里不就有2011年的销售计划表吗？"

（……此处省略检查组依法调取生产主管相关资料的过程。）

当检查组顺利地提取到生产主管提供的包含有2011年度的"销售计划表"在内的一系列生产资料时，时间已经是中午13：00。想着大家伙都要午餐，于是组长在检查人员和生产部、财务部人员的共同见证下，直接在生产主管的办公电脑上对所拷贝文件进行了哈希校验值的计算并截图另存，同时对所拷贝文件全部进行打包并同时拷贝了三份：一份拷贝至 U 盘后封存，一份放置在生产主管的电脑桌面上留待下午继续核对，一份通过生产主管的办公电脑上传到×度网盘做云端备份。

当检查组匆匆吃完午餐来到生产主管处，令人吃惊的是不但生产主管的座位上空无一人，而且中午时分留有拷贝资料的电脑居然也不翼而飞！急忙询问赶过来的财务经理，说"因为生产主管胆小害怕，从来没有和你们行政机关的打过交道，看到你们来检查，很害怕！突然之间就疯了！我们也不知道她跑到哪里了！"

"那桌子上的电脑呢？"

"她疯了，就给砸了！当时拦也拦不住呢。"

"那电脑的碎片呢？"

"当时她一个人嘟嘟囔囔的，后来自己给扫了扫，给带走了。"

"你的意思是说生产主管突然疯了，之后不但把公司的电脑砸了，还把电脑碎片清扫之后带走了？"

"是啊，我没有必要骗你啊。"

"那好，咱们现在去一下你们的安保部，看看监控录像不就知道她的去向了？"

"俺们的监控系统早就坏了，现在都是摆设。"

……

检查组当即通过生产主管座位下的网络插口，从网盘中提取出了云端储存的备份数据，如图 65 所示。

	A	B	C
1	2011年销售计划与账务记载比对表--全年汇总		
2			单位：元
3	月份	数量差额	金额差额
4	1	40 320.00	3 458 335.69
5	2	11 790.00	1 044 101.64
6	3	31 734.00	2 746 994.36
7	4	33 020.00	2 745 836.51
8	5	11 823.00	997 413.03
9	6	15 925.00	1 502 233.30
10	7	11 718.00	1 036 822.29
11	8	11 761.00	1 028 151.49
12	9	11 847.00	1 047 764.72
13	10	0.00	0.00
14	11	11 758.00	1 023 355.28
15	12	11 836.00	1 008 266.56
16	合计	203 532.00	17 639 274.87

序号	产品编码	计划销售	实际出库	账簿结转销售成本的出库数量	产品同期售价(含税)	数量差额	审增销售金额
				2011年销售计划与账务记载比对表--1月			单位：件
1	B1020	16 000	15 735.58	11 837.58	83.52	3 898.00	278 257.23
2	B1020X	3 500	2 977.00	2 143.00	83.52	834.00	59 534.77
3	B1023	12 000	12 214.75	9 217.75	108.48	2 997.00	277 875.69
4	B1023X	1 000	931.00	725.00	110.16	206.00	19 395.69
5	B1030	12 300	12 286.25	9 164.25	116.88	3 122.00	311 879.79
6	B1820	4 400	5 518.00	4 334.00	96.72	1 184.00	97 877.33
7	B2020	12 000	12 032.50	9 011.50	83.52	3 021.00	215 652.92
8	B2020X	800	1 191.00	1 022.00	83.52	169.00	12 064.00
9	B2023	8 000	7 428.46	5 527.46	108.48	1 901.00	176 256.82
10	B2023X	0	340.00	340.00	110.16	0.00	0.00
11	B2030	5 200	5 292.67	4 084.67	116.88	1 208.00	120 676.10
12	B2820	4 000	3 188.00	2 320.00	96.72	868.00	71 754.67
13	B3023H	0	43.00	10.00	126.00	33.00	3 553.85
14	B4023H	0	43.00	10.00	126.00	33.00	3 553.85
15	BQ3810K	0	7.00	7.00	95.76	0.00	0.00
16	BQ4810K	0	5.00	5.00	95.76	0.00	0.00
17	C1410	5 100	5 485.22	4 188.22	87.48	1 297.00	96 975.69
18	C1810	600	1 444.28	1 267.28	97.56	177.00	14 759.08
19	CC1520K	0	6.35	6.35	120.96	0.00	0.00
20	CC1530K	0	7.04	7.04	161.28	0.00	0.00

图65　备份数据图示

经计算，生产部制发、统计的"销售计划表"显示2011年1-12月实际出库数量与会计账簿中结转销售成本的出库数量存有较大差异，实际出库数量比账面结转销售成本的出库数量多达203 532箱，根据同期的销售价格计算后，账簿记载的销售金额比实际出库金额少17 639 274.87元。】

测试

审计技术中执行的穿行测试，是通过追踪几笔交易在业务流程中如何生成记录、怎样进行处理以及控制如何执行的过程。

于是，检查人员按照规范模板设计了测试流程：

先由思柔公司描述公司规范某项经济业务行为的业务流程，以此来判断思柔公司的经济业务是否按所描述的业务流程运行。随后，由检查人员随机抽取一定比例的业务样本，要求思柔公司提供所抽取业务样本所有的运行记录，并按照流程环节描述样本业务的实际运行情况，再由检查人员对照流程环节与要求，比较并记录测试流程中没有做到位的地方。但是，按照测试流程得出的结果与财务部门核算的数据基本一致。

【人物内心：

奇怪？不过，检查人员马上就明白了个中缘由。究其原因，应该是检查人员按照规定的审计流程去执行测试，但是随机抽取的业务样本均源自于账面数据，而账簿记载就是按照财务总监设计的有关流程执行的。用规定的控制程序去验证按照控制程序设置而得出的数据，得到的验证数据一定是与数据一致的结果！这句话是不是有点绕口？嗨，简单说，就是用那个谁谁谁演小品时的那句名言嘛，虽然不精准，或许很恰当：用谎言去验证谎言，得到的一定是谎言！】

而获取到的销售计划表，与账载销售金额的巨大差异，虽然使得检查人员可以确定思柔公司的生产流程和相关控制与之前通过询问财务总监所获知的情况根本就不一致。但是，要想以这些获取到的销售计划表来证明企业隐瞒销售收入、少缴税金，目前看尚缺乏与之匹配的证据支持！

怎么办？

细品味控制测试

控制测试原本是为了确定被查单位控制政策和程序的设计与执行是否完整与有效，对企业内部控制制度的可行性和有效性进行测试，明确涉税风险、提高检测准确度而实施的审计程序。

由于该举报案件涉嫌偷逃税款，所以检查人员在风险评估的基础上，拟通过对思柔公司销售、采购、生产、投资与筹资、固定资产、人资薪酬管理、关联和非常规交易及货币资金等环节内部控制的了解及测试，了解各流程中涉及的岗位、人员和岗位之间责任交接的具体要求，从内控层面筛选出可能存在的涉税风险。如：

收入确认方面

风险点：理论上讲，财会部门的销售记录完整、准确并应与销售部门、发货部门记录一致。若财会部门的销售记录与销售部门、发货部门记录不一致，则可导致漏记销售收入、少计税金。

【人物内心：

但检查组在采集获取思柔公司相关财务信息时，意外发现公司物流调配中心正常情况下理应作为一级部门归属分管副总经理统管,而思柔公司的物流、仓储部门竟然设置成归属于财务部直接领导的二级部门。如果这样架构设置下的财务信息、物流信息流转记录一致的话,那么会不会刚好掩盖了思柔公司隐瞒收入的事实呢?】

思柔公司在公司架构中把仓储物流部设置在财务部之下,不排除为了定期对财会部门的销售明细账与销售部门台账、发货(仓储)部门进行实物账簿核对的工作便利。但是,假定思柔公司正如举报信中所描述的"账外经营隐瞒销售收入"的话,这样的架构设置岂不是刚好符合当下税收管理中流行甚广的"会计+销售+物流"三部门分立且"票据流+资金流+货物流"三流合一的逻辑?那么能不能利用符合性测试对思柔公司内部控制制度是否有效执行进行监督执行,并以此揭开举报信中所反映的思柔公司偷逃税款呢?

打定主意,检查组遂选定在周五的17:30去仓储部门进行查看。

【人物内心:

请思考:一般来说,实施盘存应当选择适当的盘点时间。请思考,盘点的时间一般选择在哪个时点?

参考意见:盘点时间的选择,应以不影响企业正常生产经营为原则,一般选择在每天业务终了以后,或是业务开始以前。或者在熟悉企业生产流程时,也可选择在两次领料的中间进行。】

检查人员在财务人员的指引下,来到了生产车间后面的仓储物流部,如图66所示。

图66 仓储物流部现场图示

与仓库码放的整整齐齐的货品有着明显差别的是，物流部办公室的摆设几乎可以说是清贫都不为过：两张办公桌上，摆放着一台与公司豪华办公楼相比来说是破败不堪的电脑，如果不是主机上频频闪烁的指示灯的提示，几乎会当作是一台废机。组长一脸惊讶的样子，问着值班库管员"仓库居然用着这么古老的机器，还能开得了机吗？"

库管员淡淡一笑，"我们这里就是入库出库记一下，并不需要太高深的文化，这样就已经很好了。"

组长顺手唤醒了休眠状态的电脑，电脑桌面上除了系统图标外，就一个孤零零的"新建文件夹"。双击打开文件夹，嚯！不但有当月的物流出库清单，居然还有 2011 年 5-12 月的物流出库明细的电子文档，"出库单汇总表"（见图 67）惊奇地呈现在检查人员的面前！匆匆看了一下表格内容，呵呵，发货日期、购货方名称、销售数量、销售金额都挺详细！

江南思柔卫生品有限公司2011年度出库单汇总表

发货日期	客户名称	销售数量	金额	制单人	发货人	备注
2011-01-03	昌商业有限公司	1 100	110 000.00			
2011-01-03	昌商业有限公司	1 100	110 000.00			
2011-01-03	百货有限公司	970	100 000.00			
2011-01-03	百货有限公司	925	95 003.60			
2011-01-03	实业有限公司	1 026	106 195.20			
2011-01-03	实业有限公司	754	71 892.00			
2011-01-05	购物广场有限公司	95	8 774.54			
2011-01-05	有限责任公司	950	100 000.00			
2011-01-05	商贸有限公司	1 150	110 000.00			

图 67　出库单汇总表图示

【人物内心：

组长不动声色的点击右键查看了一下表格的属性：文件创建于 2011 年 1 月，修改日期则刚好是前期检查组去物流部检查的当天！组长瞬时间感到血压升高心跳加速，勉强按捺着内心的激动。理论上讲，文件创建时间是表示这个文件存在于本机上的时间。要是这个文件和销售部门、财务部门的数据不一样，是不是就找到了突破口呢？因为有了财务人员的陪同，组长拷贝物流部电脑上相关数据文件的行为，仓管员也没有说些什么。

检查组收好 U 盘，不动声色地回到会议室，着急忙慌地插上 U 盘，打开表格，先在这一行来个 Σ，再来一个 SUM，再除以 1.17 还原成不含税价格，白激动一场！"出库单汇总表"上合计后的销售金额和销售收入明细账中登载的数据分毫不差！即从货物的收、发、存等流转情况中并未发现思柔公司存在举报信中所说的账外经营的情况。

其实想想也能明白,电脑上文件的创建时间、修改时间和访问时间都是可以利用软件任意修改的。如果排除在物流仓储部值守的那些50多岁的中老年仓库保管们可能只懂得简单电脑知识、基本操作技能的话,那么更大程度上是财务部门核心人员在操控物流的入库、出库、结存及盘点的数据。如果是这样的话,那么按照审计程序"检查公司销售、库房、财务工作流程记录,评价岗位分离是否恰当"的方法很可能劳而无功。】

成本确认方面

风险点:从企业生产特点出发拟定符合实际的成本核算方法,从一贯性原则的角度看,如果成本核算方法与生产情况严重脱节,可能会导致虚增成本、少申报缴纳企业所得税等行为的发生。

检查人员根据生产主管U盘中留存的生产工艺流程图及财务部对各环节设置会计处理方法等资料,对材料消耗、工时消耗、能耗情况、费用支出和废品损失以及在产品转移、产成品完工入库的原始凭证进行了审核,同时对各生产环节的流转过程及原始凭证的形成及处理流程进行了询问,再检查其领导签发手续,除了举报人反映的销售废品(料)的事实已由前期检查组查实外,对于生产工艺流程中"每一片卫生制品需耗用压敏胶、木浆棉等原材料的金额"却是没有什么头绪,而这些恰恰是生产成本的重要构成。怎么办?

检查组商议道:既然不能从专业角度对材料成本的消耗进行计算,那么不妨反其道而行之,换一个角度,若能从动能耗用等方向进行分析、计算出每一箱(片)的能耗,那么通过折算的耗用定额指标,也是可以测算出产品产量以及销售额的。从能耗比角度倒推产品数量以及销售收入,从理论上讲是可以核实的。

稽查人员遂前往企业所在地供电公司调取了2006年至2012年4月之间的用电数据,拟为进一步核查生产产能做准备。但因供电公司的电费计量是以变压器的抄见电量为主,并不能按照财务会计核算的要求准确划分至各条生产线。同时,思柔公司生产的卫生用品种类多达一百四十余种也无法归集至某一规格品种的产品,更何况纳税人本身就存在涉嫌"隐匿销售收入的行为",这样盲人摸象般的计算或将导致检查人员无法合理将已耗用电量准确分配在账面所列示商品目录的产成品中。无奈之下，只能放弃采用产能核查法核实产成品具体数量及金额的稽查方法。

"那我们看看周边省份有没有一些业内生产销售同类产品的企业？如果有的话，不妨进行比对参照！或许能从对比企业的角度找到突破口。"领导小组不时地给检查组出谋划策。

按照领导小组商议后的检查思路，检查人员统计出思柔公司实际生产的产品种类，经查询互联网资料，检查组选取了省内"洁邦""洁蓓佳""洁理佳"等企业拟作为参考对比数据样本。但是，到了"洁帮""洁蓓佳""洁理佳"等企业外调协查之时，现场调查情况（见图68）以及相关数据显示，无论从生产技术、经营规模、销售渠道、消费人群、销售价格以及收入水平等方面相比，初步选定的样本企业都与思柔公司相差甚远，根本不具备同期同类货物的参照比对价值。

图 68　外调协查现场图示

不行？那就接着找！

媒体黄金时段不是有个忘记叫什么的上市公司天天在播放着"感动生活"的广告么？就找它！

经查询"H 安国际"官网，"H 安国际集团有限公司"系香港上市公司，经营范围涵盖纸巾、卫生巾、卫生纸、一次性纸尿裤等多个品种。但是，公开信息披露，"H 安国际"主营业务中份额占比较高的业务居然是原纸出口业务，其网站公布的财报数据根本不具有同期可比性。如果一味强调以该企业为参照样本，或将直接陷入"两者主营产品不一致，毫无可比性"的数字迷雾。

以 2011 年年度财务报告为例，纸巾业务依旧是该集团的主要收入来源，收入比重占集团整体收入的份额已由上年度的 45.5% 上升为 47%。卫生巾业务呈稳中有增态势，已由上年度的 23.6% 升至 24.1%，如图 69 所示。

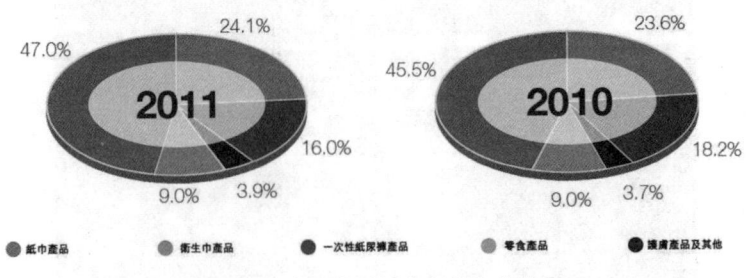

图 69　按产品类别划分之收入结构图

货币资金方面

风险点:从思柔公司违反规定程序开立、注销账户以及隐匿银行对账单等情形,结合"设立账外个人账户收取货款,隐瞒收入,少缴税款"等举报事项,该事项足以影响资金完整性和真实性,可能存在隐匿销售收入行为。

但是,审计技术中货币资金内部控制了解及测试程序的风险点的设置、控制目标、内控分析及测试评价,均是按照标准审计流程而设置。这与思柔公司的现实情况却大相径庭!

怎么办?

解铃还须系铃人!

于是检查组重新梳理了思路:检查组前期在风险评估的基础上,通过观察、盘点、分析、协查等方法,在已固化于各业务循环中会计科目下的基本涉税风险点,按照对应的风险检查程序并结合相应的内部控制进行了实质性检查评估。但是,举报人提供的"采取预收货款、账外经营等方式,要求客户公司的销售货款汇到指定的11个银行卡账户,由此隐瞒销售收入,大肆偷逃税款"的信息,似乎并未引起检查人员的高度关注!

【人物内心:
其实也并非检查人员不关注举报信息中涉及的11个银行卡账户,只是看到那些密密麻麻的银行往来数据看得久了,免不了密集恐惧症般的恶心呕吐。若是能够通过其他检查方法和途径查实违法事实,估计谁也不愿意轻易去触碰这些数字。】

查资金!

表30　　　　　　　　制定下一阶段纳税检查计划

单位名称:	编制人:	日期:	索引号:A5-2
检查期间:	复核人:	日期:	页次:

序号	涉税风险点	应对措施	检查人员	完成时限

辟蹊径重查资金

资金检查三连问之：作用

"资金流"其实通常会被"老稽们"称作破局涉税案件的"DNA"。

(一)"资金流"是查处偷逃税及查办虚开案件的切入点

经济利益的实现离不开经营业务的保障，而经营业务的持续发展又多是通过资金流动完成。因此，举报信息中涉及以隐瞒销售收入的手段进行偷逃税的前提，必然藉以隐藏的形式——"隐瞒经济业务"来实现。但是，若想隐瞒经济业务，如不对其相对应的资金进行隐匿或规划，那么对资金流向进行检查以及对资金流转痕迹的分析或可以彻底揭露所隐瞒的经济业务。

(二)"资金流"可以引导查处"犯罪流"

资金流不但能够反映资金收付人员的真实身份交易对手、资金规模、交易明细、人员关系等多层次信息，具有较强的可靠性和指向性，一旦做到对资金流的有效监控，可以为偷逃税、虚开发票等涉税案件固定证据。

资金检查三连问之：原因

(一) 偷逃税作案手法改变

新时期的偷逃税作案手法虽然已从"大头小尾"等传统手法，飞跃至真假"两套账"分离记账等形式。值得一提的是当下通过真、假"两套账"分离记账，日常税务检查很难发现其违法的证据。

(二) 票据、货物、人员等信息流检查较难形成攻心证据

票据流方面：通过查询金税三期决策支持系统、大数据应用平台等，结合企业信用信息系统查询，票据流多是清晰可见，但是不一定能及时发现问题，否则当前的虚开增值税发票也不至于呈现泛滥态势。

货物流方面：检查人员往往通过检查运输费发票等来核实货物流的流转，但是若企业改以"送货上门"方式就明显增加了查证核实的难度。特别是思柔公司的组织构架，将物流仓储部门归属于财务部门的设置，使得核查仓储物流"出库、入库、随货同行单"等方法犹如重拳狠狠地打在棉花上，几乎毫无反应。

人员信息流方面：资料显示，思柔公司的经销商遍布全国各地，但是要想搞清楚都有哪些经销商销售其产品，所掌握的举报线索中却无具体信息可以挖掘。每每尝试通过大数据查询门头字号关键词的做法也是空自劳苦、白费心力。

资金检查三连问之：方法

检查资金流就是要寻找出资金流转的起源和归宿、资金流转的线路与所涉及的人和企业。资金流检查的基本步骤无外乎：资金查询、数据加工、循迹追踪、甄别研判。

（一）资金查询

通过中国人民银行反洗钱中心、人行省级分支机构、商业银行各级分行，从其信息（数据）中心等部门获取资金往来明细及银行原始传票。

查询资金时应注意以下事项。

1. 查询存款账户信息的要素扩散度要广

日常稽查中，检查人员在查询银行账户时，大概率获取到的资料是由金融机构经办人员"根据既有经验自行判定"后已删减掉"交易地区号、交易网点号、交易柜员号、交易时间、摘要（代码）、交易对手卡号"等信息、只保留有常见的"银行账号、交易金额、账户余额、交易日期、交易描述"等"阉割版"的交易明细。建议一线稽查人员在行政执法过程中，一定要最大限度地保留最"原汁原味"的资金往来明细（见图70），以利于案件的查办需要。

A序号	B帐号	C摘要	D发生额	E更新后余额	F交易日期	G交易地区号	H交易网点号	I交易柜员号	J交易场所简称	K卡号	L交易描述
13		1	24 000.00	26 360.00	2009-04-15	1813	0271	11	公安支营		柜面存款
14		1	28 800.00	55 160.00	2009-04-15	1914	1055	11	鹤城河西处		柜面存款
15		1	42 700.00	97 860.00	2009-04-15	1608	0307	11	新世纪路分		柜面存款
16		1	38 000.00	135 860.00	2009-04-15	1604	0019	11	枣阳支营		柜面存款
17		25	135 000.00	860.00	2009-04-15	1708	1261	1059	中心路分		柜面转帐
18		1	24 909.80	25 769.80	2009-04-15	1814	0751	11	温泉分理处		柜面存款
19		1	35 290.00	61 059.80	2009-04-16	1311	0440	11	颍上支行		柜面存款
20		1	35 000.00	96 059.80	2009-04-17	1813	0281	11	松滋营		存款
21		1	50 000.00	146 059.80	2009-04-17	1609	0051	11	跃进塔分		存款
22		1	47 130.00	193 189.80	2009-04-17	1312	0273	11	城建支行		存款
23		1	31 900.00	225 089.80	2009-04-17	1813	0251	11	监利支营		柜面存款
24		1	18 800.00	243 889.80	2009-04-17	1309	0780	11	潜山行		柜面存款
25		2	200 000.00	43 889.80	2009-04-17	1708	1261	1152	中心路分		取款
26		1	57 000.00	100 889.80	2009-04-17	1311	0430	11	涡阳支行		柜面存款

图 70　资金往来明细图示

2. 检查存款账户许可证明的使用要合规

检查人员对纳税人、扣缴义务人在银行或者其他金融机构的存款账户及案件涉嫌人员在银行或者其他金融机构的储蓄存款账户进行查询时，应依照规定的审批程序和权限使用"税务行政执法审批表"。

【人物内心】：

请思考：在查办思柔公司案件时，因举报信息中提供了 11 个银行账户信息，那么问题来了！在查询 11 个银行账户信息时，是每查询一个银行账户信息需要提请制作、审批一次"税务行政执法审批表"，还是只需提请审批一次"税务行政执法审批表"就可以查询全部已知的银行账户信息？

在金三系统生产环境的操作中，部分稽查人员对检查银行账户的执法审批手续理解或有失偏颇，认为"每查询一个银行账户需要制作一次'税务行政执法审批表'"。《征管法》规定了对从事生产、经营的纳税人、扣缴义务人在银行或者其他金融机构的存款账户和案件涉嫌人员的储蓄存款进行查询时的两种不同程序：

第一，检查人员在调查取证过程中，认为需要查询从事生产、经营的纳税人、扣缴义务人在银行或者其他金融机构的存款账户，由检查实施岗填制"税务行政执法审批表"提出申请，按规定程序和权限由税务局稽查局局长审核后，报县以上税务局（分局）局长审批。

第二，调查税收违法案件时，根据案情需要，查询案件涉嫌人员的储蓄存款，由检查实施岗填制"税务行政执法审批表"提出申请，按规定程序和权限由税务局稽查局局长审核后，报设区的市、自治州以上税务局（分局）局长审批。

在检查人员按照规定程序提请通过"税务行政执法审批表"后，应制作《检查存款账户许可证明》，对相应的银行账户或储蓄存款账户进行检查。

这里需要注意的是，检查银行账户时，不但要检查被查对象已向税务机关报告的银行账户信息，更要关注其他资金收付信息中获取的银行账户、相关联人员个人账户等信息资料，以核对资金流。】

3. 取得资金交易明细电子数据

为便于检查期间对获取的银行账户信息明细数据进行归集、清分、整理，检查人员应在调取纸质资金交易明细资料时，同时索取交易明细的 Excel 电子版，以便于后期计算结果的精准生成。

（二）数据加工

1. 数据量级较小的

将 txt 文本格式的数据加工成 Excel 格式，并根据实际案件需要在表格中增添账户持有人、身份证号码等信息，并按时间排序。

2. 数据量级海量的

把涉案数据通过 SQL server 结构化查询语言处理，对"发生日期、发生时间、付款方账户、收款方账户、发生金额"等关键信息，进行分类汇总后，查看资金流向。

（三）循迹追踪

1. 核查资金账户

梳理企业会计核算记载的账簿凭证，及举报信息所反映的银行卡账户，筛查包含个人银行卡在内的银行账户,以此掌握销售信息。

2. 顺查对手信息

根据资金往来明细,查找资金往来账户、资金往来明细,通过资金痕迹来确认购货方的身份信息,尽可能以最大限度排除非销售事项。

3. 逆查资金流向

通过CTAIS(后期为金税三期)系统查找本地(省)经营范围中有"卫生巾"字样的商户,在后台数据库中抽取本地或周边经销商的经销户数、商户名称、经营地址、经营规模,从而确定外调协查的商户,从这些商户的资金流转逆向查询与思柔公司的资金流向。

(四)甄别研判

结合购货方打款时间与思柔公司销项发票的开具时间相互比较、相互印证。

实质性测试应用

商议证据之道

实质性测试原本是审计人员为取得赖以作出审计结论的足够的审计证据,在审计过程中采用检查、核对、监盘、查询及函证、截止性测试和分析性复核等审计方法,逐一落实前期发现的涉税风险点,从中获取审计证据、落实税收违法问题。

针对举报信件中所反映的"公司的销售货款不走账,要求客户都汇到个人账户上……"等信息,稽查人员依法调取了举报人提供的11个银行账户涉及工行、农行、中行、建行及农商行等5个金融机构11个银行卡账户的资金往来明细账(因其中1个系公司账户,1个系2011年7月开户,故有效资金账户9个)。检查组核实其余9个账户2006年1月至2011年6月期间的资金往来信息，涉及存入资金 2.5 万余笔，总额 6.27 亿元。

但是，部分金融机构的资金往来交易明细只记录了资金的流向，并未显示资金流向的具体信息，要想详细掌握具体的资金流向，须将对应业务的原始传票一一找出核查。而银行的资金往来明细，因为涉及的各个银行的记账规则及要求不一致，所以明细账中记录的往来信息并不一定能清晰指向待证事实（图 71 截取的是建行、农行的数据截图）。关键信息的缺失，直接导致了必须查阅该笔资金的银行业务原始传票才能界定其经济业务是否属于购销业务的性质。

图 71 有关数据截图

可是面对 9 个资金账户几万笔数据，要对发生的业务逐笔去复核、逐份来取证，工作量难以想象。怎么办？

【人物内心：

不对啊！读者朋友或许该问了，税务稽查去金融部门协查案件时，不都是按照程序把所需要提取的信息需求交由金融机构的相关人员去处理的吗？他们把资料找全了通知你们再去领取不就可以了吗？尤其是随着各金融机构在信息化建设过程中的更新迭代，数据集中、业务流程再造、扁平化管理、创新产品和服务层出不穷，现在因涉税取证去银行调取资金往来明细资料，不像以前还需要到基层行或者分理处提取传票、凭证，基本都是在省（或者市）行指定部门的扫描缩微数据库中直接提取。

但是，我们也应考虑到不同金融机构的信息化程度并不一样，例如农村商业银行（原农信社）、城市商业银行（原城信社）及村镇银行等，虽然已具备较好基础，但面临当前集成化、专业化、网络化、多媒体化等重大发展趋势，又要面对广大农村由于市场经济不断发展而日益增强的金融信息服务需求，仍然显得力不从心。加之银行业务管理模式也不统一，专业银行的原始传票多是压缩抽真空后打包存放、集中管理。但是其调取手续烦琐，加上银行账户业务量巨大，检查组曾对该公司在城市商业银行的账户进行尝试逐笔找出对应的原始凭证，检查人员一行三人在两名银行档案管理人员极为配合的情况下，耗时一个工作日，最多时才在管理规范的档案中找出对应账户的12份原始传票，少时才找出4份凭证。按照这样的进度，要想核对、调取该公司9个账户、900多页、两万余笔明细记录逐笔找出对应的原始凭证的难度可想而知。更有甚者，诸如该公司网上银行的多笔业务，都是"异地存款"，要想获取其对应的原始传票，则必须到对应的储蓄业务发生地查找，单单一个中国银行的账户，涉及外地区不同地区不同行号的业务就达千余笔。太难了！】

"实质性测试不是采用抽样方式进行的吗？我们也可以采用抽样方式进行核查啊。"一名小组成员建议道。

"那抽样样本量怎么确定？"另一位成员问道。

样本的适当性是判断一个案子查处精确度的重要指标。样本容量过大，会导致稽查成本增大，而样本容量过小，又会使样本对总体的代表性降低，增大样本误差。所以，怎样解决抽样设计中的样本容量问题至关重要。

"你们先看看这个案例，再想想我们能不能借鉴一下？"领导小组传递过来一个案例。

媒体上登载的一篇某稽查局历时 2 年，成功查处该省首起虚假高新技术企业享受税收优惠案，不但追回企业所得税 1 800 余万元，并且还恢复按 25% 税率缴纳企业所得税 5 557 万元。

在文章的后续，稽查局局长详细介绍了稽查经验，检查人员为了确认该企业研发费用的归集数据不准确，针对该企业数据量庞大，传统的核查方法和取证方法工作量繁重且容易发生差错的现状，大胆启用了电子数据采集与函数运算的方法演算和核对纳税人的账务数据，在众多研发项目资料中抽取了 30% 的数量，涵盖了从立项书到研发流程图再到研发经费预算、决算等全部过程的纸质证据，一一与实际工作对照，查验核实，大大提高了稽查工作效率，是税务稽查方法的有益创新与尝试。

【人物内心：

审计学观点认为，传统的检查质量观应该被新的相对质量观所替代。所谓的相对质量观，是以一定的参照物来决定检查工作的质量要求和水平高低，而不是以检查结论百分之百可靠和精确作为判定检查质量高低的标准。检查人员为了以较少的资源耗费取得较好的检查结果，就不能实施全面细致的审查，而应代之以抽样检查。

那么问题来了！请思考：该案件查办中抽取了覆盖面 30% 的研发项目资料作为抽样样本，会不会因样本量不足而带来对税务稽查不利的法律后果？】

"不太妥当！这个案例可能存在有执法风险！"组长说道。"目前，我国还没有统一的行政执法程序法律，抽样取证的观点在《行政处罚法》中也仅仅只是由一句'行政机关在收集证据时，可以采取抽样取证的方法'一笔带过。怎样抽样？没有规定！抽样样本量多大？没有规定！抽样样本是否能代表全部样本的效力？也没有具体的规定！尤其是目前我们税务执法领域根本就没有制定怎样抽样取证的具体行政程序，这个抽样取证在稽查局行政执法时难以操作啊。保不齐会为我们带来麻烦的呢。"

"难以操作不代表不工作！因为这个案子的特殊背景，如果案件查办时掌握尺度偏紧的话，被查企业大概率要走行政诉讼程序；如果掌握尺度偏于宽泛的话，被查企业可能没意见了，举报人一准儿不满意，按照她举报频次、举报层级还有举报内容进行概率判断的话，极有可能还要向更高层级的部门继续去举报。"

"所以，我们办案时一定要高标准严要求！我们可以参照最高人民法院2002年21号司法解释《关于行政诉讼证据若干问题的规定》的规定执行，一定要办成铁案，要经得起时间的考验！"前来听取案件的专案领导小组说道。

【人物内心：

该司法解释的第十条，对行政诉讼证据中提取书证的形式要件，就有着严格的规定：

（一）提供书证的原件，原本、正本和副本均属于书证的原件。提供原件确有困难的，可以提供与原件核对无误的复印件、照片、节录本；

（二）提供由有关部门保管的书证原件的复制件、影印件或者抄录件的，应当注明出处，经该部门核对无异后加盖其印章；

（三）提供报表、图纸、会计账册、专业技术资料、科技文献等书证的，应当附有说明材料；

（四）被告提供的被诉具体行政行为所依据的询问、陈述、谈话类笔录，应当有行政执法人员、被询问人、陈述人、谈话人签名或者盖章。

法律、法规、司法解释和规章对书证的制作形式另有规定的，从其规定。】

21号司法解释的第十条提示在审理行政诉讼案件中，并未对书证有着可以抽样取证的规定，那么就意味着定性案件法律事实的书证应全部取证。倒是在该司法解释的第十一条对当事人向人民法院提供物证的要求时，就明文规定了"若原物为数量较多的种类物的，提供其中的一部分"。

"那要是全部取证的话，就是把全局的力量都调过来也不是短时间能干完的啊！"

组长深思一番，缓缓说道。"刚好咱们领导和法律顾问今天过来听取案件进展情况。我有个思路,大家伙商议一下,看看可不可行?"

"我们现在是不是进入了核查资金往来明细怎样取证的认识误区?有点作茧自缚的味道,自己把自己绕进来了?大家想想,我们目前已经取得的银行卡(存款账户)的资金交易明细本身就是证据,而交易信息的原始传票是记载存款账户交易信息具体内容的不同载体,二者记载的法律事实都是存款账户资金往来的交易明细记录,这些书证形成的业务过程是不同部门对同一法律事实的如实反映,法律效力是一致的。但是为了稳妥起见,我建议,对这几个有效账户都要调取一定数量的原始传票来佐证银行卡(存款账户)的资金交易明细,以此来证明相关交易在法律上的同一性!"

"同意!"

"这个建议好!"

"我再补充一下。"组长很慎重地说道,"目前我们处于信息不对称的情况下,被举报人作为资金往来明细资料的掌握者,非常清楚自己每一笔资金具体的来龙去脉,但是税务机关并不能完全掌握每一笔资金的具体情况,所以我们严格依照《征管法》《稽查工作规程》的规定,把我们调取的银行对账单、资金往来明细提供给企业,责令其限期核对、说明银行卡内资金的具体情况。我们这个限期既不能规定的太短,因为毕竟有那么大的工作量。但是,也不能设定的太长,限期太长会影响我们的办案进度。这样的话,从行政诉讼的角度,我们做到了合法性和合理性的融合,能最大限度地争取法官的支持!"

一番话,让包括稽查局聘请的法律顾问在内的各位参会人员频频点头。

"那么,我们现在当务之急要对举报信息中的资金账户做些什么工作呢?"组长继续问道。

"当然是抓紧时间厘清资金交易明细的结果啊。"一小组成员道。

"我们有点本末倒置了。"组长说。"请问各位,举报信上的9个账户的两位所有人是谁?"

"侯某二和张某芬啊。"

"现在如果我是被举报人的话,万一我说这是侯某二和张某芬的私人账户,不是我公司的,你怎么办呢?"

"明白了,我们首先要确认这9个账户虽然是侯某二和张某芬的私人账户,但是9个私人账户是用来收取公司销售款项的事实。"小组成员道。

【人物内心:
请思考,针对以上内容,稽查人员该如何确认举报信息中涉及侯某二和张某芬的9张个人银行卡是用在思柔公司的生产经营上呢?即如何确认9张个人银行卡的资金往来与思柔公司的关联性。】

确认账户关联性

获取了9个账户的资金往来信息后,如何确认9个账户的身份属性,如何关联9个账户的资金往来与思柔公司销售收入的关系着实让检查组下了一番功夫。因为一旦企业不承认上述9张个人银行卡账户是用在公司的经营业务,那么想以资金流向核实销售收入轨迹的检查预案势必会被全部打乱。于是检查组商议了一番,重点归集了以下证据:

一、举报人向上级实名举报的检举材料

举报人与思柔公司实际控制人侯某大原系夫妻关系,后因感情纠葛离异,所以其知晓思柔公司生产经营的内情,此次举报中所涉及的银行账户资料均由举报人所提供。

二、举报材料涉及两个开户人的特殊身份

(一)开户人之一的侯某二,不但是思柔公司的股东,也是被举报人侯某大胞妹，更为关键的是在 2007 年 5 月至 2012 年 2 月期间其出任思柔公司的法定代表人。

（二）开户人之一的张某芬，不但是时任思柔公司的出纳员，而且是举报人哥哥的前妻，2011 年案件检查开始后不久离开公司下落不明，且一直无法与其取得联系。

检查前期公安机关和检查组对二人分别就以其二人名称开立的 9 个银行卡账户进行询问，二人均称上述银行账户实为公司收款账户，是用于公司生产经营的，与其个人无关。

三、思柔公司有关人员的询问笔录

检查期间，检查人员多次就 9 个资金账户问题对思柔公司现任财务经理刘某晓依法进行询问，刘经理承认上述 9 个账户系公司业务经营所涉及的账户，9 个账户所载银行资金流水系公司业务经营所致。

四、外部借款涉及的账户

刘某晓承认，部分账户的资金明细中"……凡是出现个人名字的都是借款……"。通过该笔录可以得知，思柔公司部分的民间私人借款系通过上述银行资金账户转来，而不是直接收取现金形成的借贷。

五、资金流入量的判断

9 个资金账户的资金流动交易明细及相关资料显示，涉及账户中，业务交易活动频繁、资金流量巨大，交易日期密集，交易地区、交易网点以及交易场所简称显示为跨省、多地、多点（图 72 为某账户截取个别业务往来图示），这些特点均提示 9 个账户的资金交易业务并非个人用途，而是用于公司业务往来。

交易日期	交易地区号	交易网点号	交易柜员号	交易场所简称	卡号	交易描述
2009-04-10	0506	0262	11	阳城县支行		存款
2009-04-11	0403	3081	11	唐古支行		个人同城汇款
2009-04-11	1708	1261	1476	中心路分		柜面取款
2009-04-12	0504	2220	11	工人村支行		柜面存款
2009-04-13	0511	0354	11	闻喜工行		存款
2009-04-14	1813	0809	11	五七分理处		存款
2009-04-14	0407	0215	11	滏阳支行		柜面存款
2009-04-14	0902	0054	11	中华路分		存款
2009-04-15	1813	0271	11	公安支营		柜面存款
2009-04-15	1914	1055	11	鹤城河西处		柜面存款
2009-04-15	1608	0307	11	新世纪路分		柜面存款
2009-04-15	1804	0019	11	枣阳支营		柜面存款
2009-04-15	1708	1261	1059	中心路分		柜面转账
2009-04-15	1814	0751	11	温泉分理处		柜面存款

图 72 个别业务往来图示

六、银行对账单内容的判断

9 个资金账户的资金交易明细及相关资料显示,"交易描述"栏次显示有"货款"字样,以此佐证 9 个资金账户系用于公司业务往来收取货款,而非个人用途,如图 73 所示。

A 序号	B 帐号	C 摘要	D 发生额	E 更新后余额	F 交易日期	G 交易地区号	H 交易网点号	I 交易柜员号	J 交易场所简称	K 卡号	L 交易描述
476		25	36 400.00	288 930.27	2009-08-24	1708	0268	23	业务中心		货款
517		25	50 615.00	101 337.35	2009-09-07	1708	0268	23	业务中心		货款
705		25	77 910.00	113 271.41	2009-10-19	1708	0268	23	业务中心		货款
905		25	78 176.00	98 727.17	2009-12-10	1708	0268	23	业务中心		货款
984		25	27 700.00	326 528.57	2009-12-24	1708	0268	23	业务中心		货款
179		25	45 500.00	421 069.87	2010-02-08	1708	0268	23	业务中心		货款
226		25	21 500.00	43 307.87	2010-02-26	1708	0268	23	业务中心		货款
377		25	36 848.00	232 552.37	2010-03-26	1708	0268	23	业务中心		货款
413		25	33 600.00	33 950.37	2010-04-20	1708	0268	23	业务中心		货款
488		25	51 110.00	445 240.66	2010-05-12	1708	0268	23	业务中心		货款
538		25	21 540.00	23 253.66	2010-05-18	1708	0268	23	业务中心		货款
642		25	50 650.00	154 072.66	2010-06-22	1708	0268	23	业务中心		货款
798		25	41 528.00	498 301.26	2010-07-26	1708	0268	23	业务中心		货款
910		25	30 100.00	31 615.26	2010-08-23	1708	0268	23	业务中心		货款
1013		25	32 630.00	955 053.36	2010-09-13	1708	0268	23	业务中心		货款
1088		25	30 000.00	303 361.36	2010-09-26	1708	0268	23	业务中心		货款

图 73 资金交易明细图示

七、外部调查证据的证明

检查人员通过对周边部分经销商的走访、调查及询问,以汉都市某县经销商曹××为例，曹××陈述：思柔公司的购货流程是，先由经销商提出购货需求、列明需购进的货品名称、规格型号、采购数量及特殊要求，然后向思柔公司提供的银行卡账户打入高于货款的款项后，再由思柔公司按照采购需求配送相应金额的货物。

综上，以上证据证实，"侯某二""张某芬"名下9个资金账户系思柔公司的收入账户。同时，为做到证据收集工作有序、调查取证细致、翔实、规范，检查组借鉴审计抽样方法，利用统计学原理，对该9个账户所列资金明细抽取了适当样本量（30%）的交易记录进行抽查取证，以弥补账户资金往来明细中部分事项记载不全的，以此进一步证实9个银行账户虽然是个人户名，但是却用在了公司经营，其资金的流入与其隐瞒的销售收入有着莫大的关系。

资金查定销售额

由于举报人提供的9个银行账户流转金额大、汇款人员数量多、资金往来频次高，逐笔核对确认货款的难度很大。检查组通过分析掌握的银行账户对账单交易明细的往来信息，拟定了新的核查思路：以举报人提供的个人银行账户资金流入额，合理排除个人账户间资金互转情况以及其他不属于货款性质的资金流入，再减去个人账户向公司账户的资金流量，其差额为未申报收入。

一、辨析资金结构组成

经对27个账内账户及前述账外9个银行账户资金往来明细的核查，以及对资金流入类型的构成分析：思柔公司流入资金的构成分别是产品销售收入、废料销售收入、私人借贷、银行贷款、银行账户间转款等事项。

二、核实账外资金属性

"各位稍停一下，针对刚才汇报的内容，请大家思考一下，归集账外流入的资金时，需要排除流入资金中的哪些非销售事项？"

"肯定得排除银行贷款吧，借私人的款项吧，还有银行各账户之间的相互转款。"

"不错,想想还有没有什么补充的事项呢?"

"组长,应该还有开户时存入资金,银行定期的结息!"

"还有吗?"组长环视了一下小组成员,"提示一下,在流入资金中有一些单笔金额超过 100 万元、200 万元的资金流入,各位想想,这么大额度的资金能不能定性为销售收入?"

"组长,你说说不能的理由呗。"

"我们试想一下,思柔公司经营的产品并非时下的紧俏商品,一般情况下经销企业支付大量预付款来购进这一类的货物有悖经营常规啊,所以我们应当寻找一个最佳临界点,超过这个临界点就不应当判定为销售收入。当然,我们要有充分的证据来支撑我们的论点,以防止因涉嫌滥用职权而引发不必要的执法风险。"组长鼓励着各位组员,"各位还有没有补充?没人补充的话,我们就一条一条来捋清楚。"

"来,第一项,我们得先核查出 9 个账外银行账户的流入资金总额吧?经过计算,9 个账外账户的资金流入总金额是 601 982 256.51 元。"

【人物内心:
请思考,这个数据是怎样计算出来的呢?
提示:使用 Excel 的"数据筛选"功能或使用 Microsoft SQL Server 数据库平台,可以通过键入相关 SQL 语句,在数据库里存储和查询数据】

"再来,第二项,我们试着算一下 9 个银行账户之间的资金互转情况。"

"组长,这个可是个大工程!目前调取的 9 个银行账户资金往来数据就有两万多条,计算银行账户之间的资金互转,是要用一个账户的一个数据去和其他 8 个账户的所有数据进行逻辑比对,单凭我们几个在这里手工计算那得到猴年马月啊?这还是得找计算机专业人员才行吧?"

要知道检查人员要统计9个银行账户的资金流入并不是简单的数据汇总，否则一张表格选中列次再来一个Σ就完成了？那多没挑战性啊?！这里要计算的9个银行账户的资金流入是仅限于外部资金（即该公司未实际入账的货款）的流入，而不包含9张卡之间的资金互转。这就需要将9张卡之间疑似为账户之间互相流转的资金流动情况剔除，才能计算最终的外部流入资金总额。

【人物内心：

面对两三万条的数据量，还要有数据之间的逻辑比对，这可是几何倍数的工作量。单以人工去计算的话，工作量简直不可想象，更难保证数据的精准！怎么办？求援呀！我们有专家！

检查组想到了市局信息中心的专家们。于是，一纸需求提请至汉都市局信息中心。但是，令检查组没有预料到的是，一周之后信息中心反馈回来的计算结果与检查人员的模拟计算结果大相径庭。详细沟通之后，才知道数据信息中心的计算机专家也是有着信息工程、网络安全、软件开发等专业之分的，而案件检查所用到的数据处理、逻辑勾稽、函数关联等技术需求似乎应该是数据开发人员才能完成的。

怎么办？

向省局求援！多次沟通后计算效果仍有较大出入。

这咋办？总不能卡在这个计算问题上迟滞不前吧？

案情分析会上，"明明抱着个金娃娃，偏偏弃之如敝履。"同时兼任稽查局局长的市局纪检组长，也是本案领导小组副组长如是说，"咱们不是购买的有查账软件吗？咨询一下那个公司，试试看他们能不能做？能做的话，我们就去一趟，请求他们支援。但是不管想什么办法，必须做到数据精准到位，证据确凿扎实！"

一语惊醒梦中人！一番话言简意赅，却一下让检查组的思路豁然开朗。】

在软件公司4位数据工程师的鼎力支持下，检查人员与工程师历时20余天，设定了"以某一时点为基准日，加上前后各一天共计三天区间，若此三天之内某张卡的资金流入（流出）金额与其余8张卡中的某张的资金流出（流入）金额相等，同时加上'资金流出必早于资金流入'时间逻辑关系的辅助验证，则将此资金流动情况认定为疑似互转的情况"判定为卡与卡的资金互转的逻辑关系，简言之即是：把9个账户间"同期同金额、有进必有出、先出后有进"判定为资金互转。并围绕逻辑关系先后搭建数据模型20余个,编写SQL语句200余条,涉及数据计算量达10万余条。

【插入画外音:

检查人员预见到以后的税务稽查案件会越来越多的涉及资金流的查处。如何在税务稽查实践中将"信息流"和"资金流"合二为一,强调以查证"资金流"作为进行当前打击偷逃税、虚开增值税发票案件的核心环节,如何在税务稽查实践中运用高新技术实现涉税案件查处模式的技术创新,检查人员结合企业实践,前瞻性地提出了资金流控制闭环比对的设计思路,形成了一套系统性与创新性、前瞻性与现实性相结合的资金检查模式框架。不过,令人惋惜的是,当时的软件公司或许只满足于单机版查账软件的开发与推广,抑或是对税务稽查案件的发展趋势缺乏预见,囿于眼前利益的"短视"和"近视",使得整套资金模型代码遗忘或者丢失。

有读者朋友可能会说,"不对啊,从2017年往后,税务稽查上不都先后配备了资金查询软件吗?"

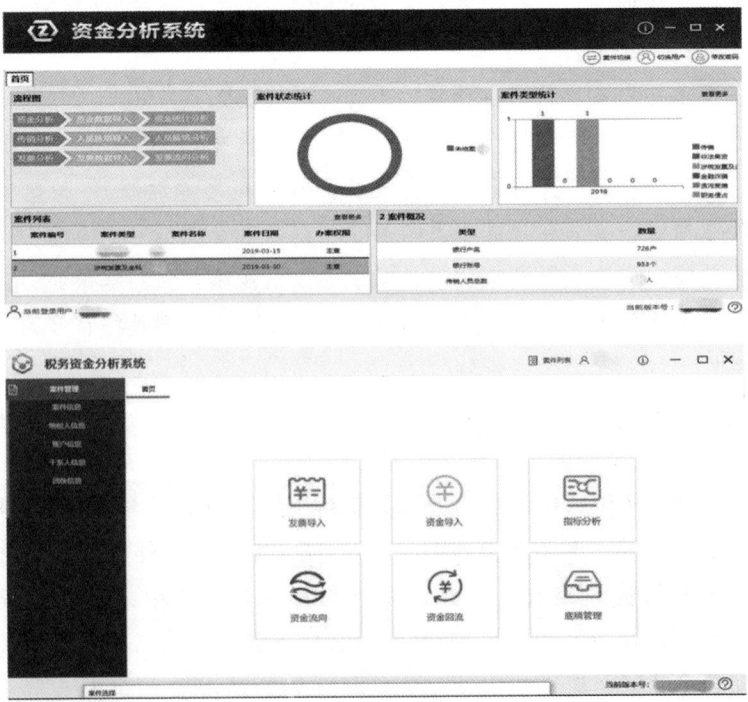

图74 资金分析系统图示

呵呵，别忘了这个案子查询、绘制资金流向的整套业务需求可是在 2013 年就已经提请出来了啊！而现在的资金查询软件无论公安经侦版还是税务稽查版虽然看似便捷，但仍缺失了一部分必要的功能需求。】

经统计，该类结果为"9 个账外账户三日内表间重复数据" 23 695 600.00 元。

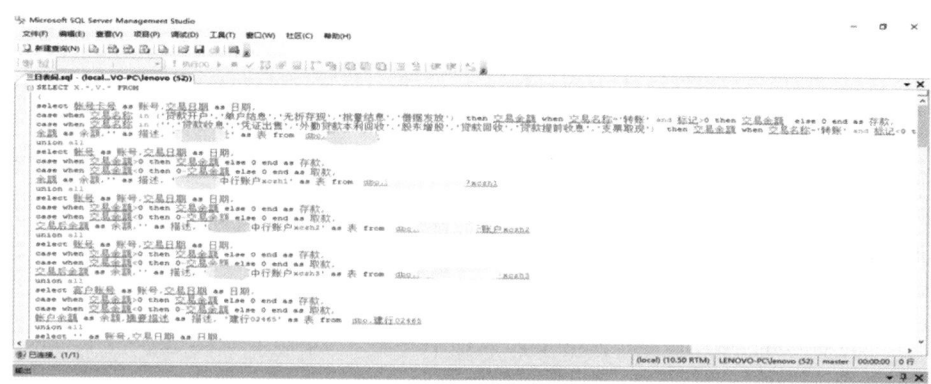

图 75　统计结果图示

"各位，资金互转还有没有其他可能性？"组长提示道。

"会不会有这种情况？大家商讨一下，同一个账户内的资金周转。"一小组成员联想到自己的银行卡，曾经有过卡内活期存款转为卡内定期存款的经历，如是说道。

"是的，这就是我们所要考虑到的第三种资金互转情形，同一账户内的资金互转。"组长说，"各位请看这一笔业务，2009 年 2 月 5 日侯某二建设银行 3132 账户显示，同一天内该账户内出现有先转出 50 000 元后瞬时又转入 50 000 元的资金转账交易情况。我们就这种情况到开户银行咨询了专业人士，确实会有此类情况存在，原因系可能由于客户为了充分发挥自有资金的有效利用，在这一个银行卡账号下，把银行卡内的资金由下设的活期存款部分转为一定期间的定期存款，请注意，银行卡的资金总额并没有变化，但是该类型的交易在明细账中却显示为'转账交易'，这样就会造成在统计时重复统计为该账户的资金流入情况。"

经分拣、筛选,"账外当日表内同金额对冲数据明细"显示该类型应予以剔除的重复计算的数据 13 703 100.00 元。

"来来来,继续进行。第四种情况是银行定期结算的利息,统计了一下是 9 539.58 元。这个计算很简单,使用 Excel 的数据筛选功能或使用 Microsoft SQL Server 都可以统计出来的。"

"第五种情况看一下,这个是纳税人陈述申辩的私人借款事项。经询问、统计,共涉及出借人 67 人,剔除借款金额中与账外 9 个账户三日表间重复数据、与账外当日表内同金额对冲数据中重复数据后,涉及借款金额 7 548 万元。"组长说。

"我插一句,67 个人的证据全部取证了吗?"一小组成员问道。

"这个真的辛苦了我们前后五批检查人员所有人的共同努力。出借人的常驻地点不仅有省内各地市的,还有一部分涉及省外十几个省市。凡是能找到的出借人,我们已取得了 50 多份证人证言,其中三十几个证人还保存有借条,但是也有出借人已经死亡,我们就取得了《死亡证明书》,外出打工的取得证据是外地的工资证明或者通话记录,还有几个在国外的尚无法取得证据。"组长说。

"这个借款的事情,只要被举报人提前商量好,我们就很难落实事情的真伪。"

"现在的难点是我们明知道这些借贷事项有可能是虚假的、虚构的,但是因为信息不对称的缘故,我们无法去证明被举报人所述与出借人之间是否有真实的借贷业务。即使对出借人履行询问,也无法证明出借人明显不具备出借能力、无法证明出借人所依据的事实和理由明显不符合常理、更无法证实出借人不能提交债权凭证存在伪造债权债务的可能,所以不得已只能作出有利于纳税人的判断。"组长有些不死心却又无奈地说。

"我们能不能和地税部门沟通一下,让地税部门核查一下这些出借人是否收取了利息,收取利息可是涉及地税部门的个人所得税啊?"组员建议道。

"最高人民法院 2015 年有个司法解释,自然人之间借贷如果对利息约定不明,人民法院都不予支持,我们取证的难度或者会更大。"组长说。

【人物内心:
果真,检查组去地税部门协查该事项时,一无所获。】

"还有没有其他事项可以不作为销售收入的资金流入呢?"组长道。

"刚刚你不是还说吗,一定额度的资金流入也不能算吗?"一组员笑道。

"我们规整了一下,根据在仓储物流部提取 2011 年和 2012 年的出库单据,我们按照不同区间金额划分出了一个资金的分层统计,各位看一下,能不能找出什么规律?"

组长演示根据"银行对账单资金流入量、企业 2011 年度和 2012 年度的出库单据以及企业有关人员的询问笔录"等资料,使用 Microsoft SQL Server Management Studio 按照不同区间金额划分出"3 万元以下、3－5 万元、5－10 万元、10－30 万元、30－50 万元、50－100 万元以及 100 万元以上"的标准进行了流入资金分层统计的例示图,如图 76 至图 78 所示。

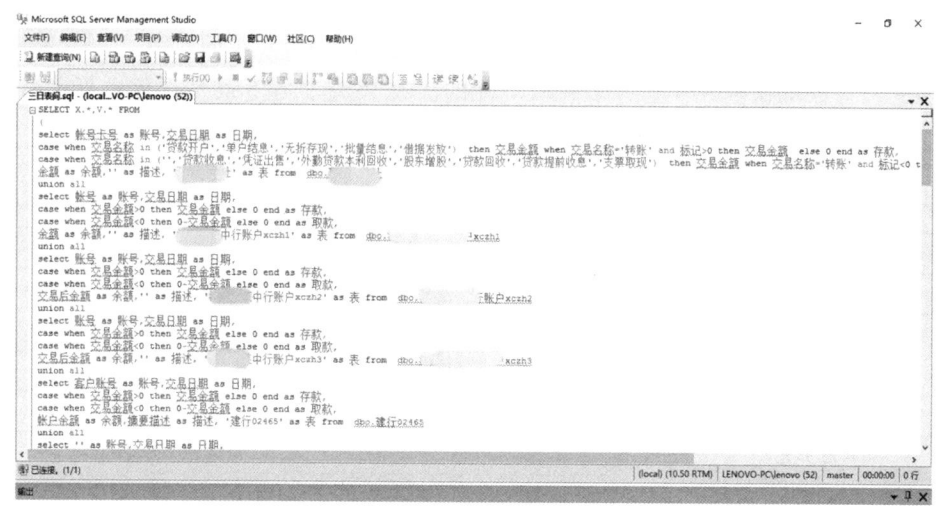

图 76　流入资金分层统计图示 1

账外流入资金分层统计

序号	账户名称	金额分层统计											
		X≤3万		3万<X≤5万		5万<X≤10万		10万<X≤30万		30万<X≤50万		50万<X≤100万		100万<X
		笔数	金额小计	笔数	金额小计	笔数	金额小计	笔数	金额小计	笔数	金额小计	笔数	金额小计	笔数	金额小计
1	侯某二3124账户	435	8 613 067.85	201	1 924 476.00	52	3 550 105.00	16	2 346 640.00	2	1 000 000.00	1	586 000.00	2	5 000 000.00
2	侯某二3132账户	725	14 069 074.47	328	12 940 160.60	152	10 308 615.00	23	4 278 200.00	1	341 387.14	1	1 000 000.00	1	1 500 000.00
3	侯某二3140账户	470	9 536 629.49	315	12 819 689.00	182	12 976 966.00	30	4 103 006.00	0	0.00	0	0.00	0	0.00
4	农行账户	431	9 313 991.41	290	11 919 306.20	172	12 776 004.03	63	9 034 359.35	5	2 110 227.00	4	4 859 993.00	3	4 705 358.91
5	中行——侯某二	76	1 413 671.11	59	2 421 600.00	26	1 803 780.00	12	1 949 700.00	3	1 070 000.00	4	3 490 000.00	2	2 480 000.00
6	中行——张某芬	25	349 576.13	21	851 204.00	12	905 400.00	20	4 087 011.14	7	2 810 000.00	4	4 700 000.00	4	4 760 902.14
7	中行——数据整理	4	30 434.71	4	186 931.60	4	220 900.00	2	440 000.00	1	1 570 000.00	11	10 193 079.00	6	9 470 000.00
8	张某芬（工行）	1442	29 526 577.9	975	38 605 341.80	516	36 249 162.30	121	16 177 230.00	7	2 921 136.00	5	3 810 000.00	2	4 610 158.00
9	张某芬农信社5889	879	16 264 384.33	865	36 260 573.31	1287	92 206 008.27	389	64 003 657.19	27	11 118 259.41	21	15 852 600.00	7	11 988 691.00

图77 流入资金分层统计图2

流入资金分层统计

账户名称	金额分层统计											
	3万元以下		3万元以上		5万元以上		10万元以上		30万元以上		50万元以上		100万元以上
	笔数	金额小计	笔数	金额小计	笔数	金额小计	笔数	金额小计	笔数	金额小计	笔数	金额小计	笔数	金额小计
侯某二3124账户	435	8 613 067.85	274	20407221.00	T3	12 482 745.00	21	8 932 640.00	5	6 586 000.00	3	5 586 000.00	2	5 000 000.00
侯某二3132账户	725	14 069 074.47	506	30368362.74	178	17 428 202.14	26	7 119 587.14	3	2 841 387.14	2	2 500 000.00	1	1 500 000.00
侯某二3140账户	470	9 536 629.49	527	29899661.00	212	17 079 972.00	30	4 103 006.00	0	0.00	0	0.00	0	0.00
农行账户	431	9 313 991.41	547	45405248.49	249	33 485 942.29	77	20 709 938.26	14	11 675 578.91	9	9 565 351.91	3	4 705 358.91
中行——侯某二	76	1 413 671.11	106	13215080.00	4T	10 793 480.00	21	8 989 700.00	9	7 040 000.00	6	5 970 000.00	2	2 480 000.00
中行——张某芬	25	349 576.13	68	18114517.28	4T	17 263 313.28	35	16 357 913.28	15	12 270 902.14	8	9 460 902.14	4	4 760 902.14
中行——数据整理	4	30 434.71	30	22080910.60	26	21 893 979.00	23	21 673 079.00	21	21 233 079.00	17	19 663 079.00	6	9 470 000.00
张某芬（工行）	1442	29 526 577.9	1626	102373028.10	651	63 767 686.30	135	27 518 524.00	14	11 341 294.00	T	8 420 158.00	2	4 610 158.00
张某芬农信社5889	879	16 264 384.33	2596	231429789.18	1731	195 169 215.87	444	102 963 207.60	55	38 959 550.41	28	2T 841 291.00	7	11 988 691.00

图78 流入资金分层统计图3

按照统计学方法的归类，在9个银行账户的资金明细中，检查组进行了分层统计，结果显示：从汇入单笔资金的笔数来看，一次性购买3万元及以下货品的次数4 487笔、3-5万元的次数3 066笔，5-10万元的次数2 402笔，10-30万元的次数676笔，30-50万元的次数56笔，这5类情形就占据了总业务笔数的99.26%，如表31所示。

表31

类别	笔数	占比（%）	累积点比（%）
3万元及以下	4 487	41.67	41.67
3-5万元	3 066	28.48	70.15
5-10万元	2 402	22.31	92.46
10-30万元	676	6.28	98.74
30-50万元	56	0.52	99.26
50-100万元	54	0.50	99.76
100万元以上	26	0.24	100

"组长你看，30－50万元的次数是56笔，而50－100万元的次数是54笔，两者相差不是很大，你为什么统计时不把50－100万元的区间额度统计进去呢？"组员问道。

"我们刚刚说过，这个公司经营的产品只是女性卫生用品，并非什么紧俏商品。所以按照经营常规，经销商不会预付大量款项采购回来囤货。所以我们从业务发生笔数可以看出，一张出库单能够采购30万元以上的货物就已属罕见。但是为什么我们要以50万元而不以30万元作为临界点，还记不记得我们从仓储物流部门提取到的出库单？出库单上单笔最大的出库金额就是40多万元而没有超过50万元。所以我们把临界值限定为50万元，是有理有据的。即使一旦发生争议诉讼，我们也有充分的证据和正当的理由来支撑我们作出的稽查判断！

	A	B	C	D	E	F
1	发货日期	客户名称	销售数量	金额	制单人	发货人
2	2012-04-14	优创商贸有限责任公司	3 969.00	423 527.56		
3	2012-08-27	工艺美术品销售中心	3 320.00	359 218.00		
4	2012-11-30	优创商贸有限责任公司	3 019.00	327 619.40		
5	2012-12-24	量贩有限公司	2 650.00	319 680.00		
6	2012-12-04	商业有限责任公司	2 768.00	316 506.00		
7	2012-04-02	实业有限公司	3 020.00	308 227.20		
8	2012-11-05	商贸有限公司	2 870.00	300 000.00		
9	2012-11-28	卫生用品有限公司	2 612.00	296 349.12		
10	2012-08-25	（中国）投资有限公司	2 757.43	293 727.71		

图79　出库单图示

我们再从一次性采购金额分类别占比的角度来分析，一次性购买3万元及以下、3－5万元、5－10万元、10－30万元这几项的采购金额比例占据了81.5%。

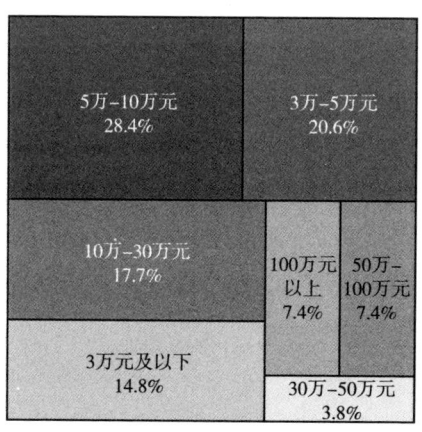

图80　采购金额分类占比图示

从上述分析图表看，在账户统计期间内单笔流入款项金额以 50 万元为界，各账户中单笔流入款项 50 万元以上的往来事项不但笔数及金额锐减，而且金额组成多为整数流入。同时，再结合企业账面记载的产品物流出库单，2011 年度的 1 926 张出库单据和 2012 年度的 2 508 张出库单据中，未发现出库金额单笔大于 50 万元的销售业务。

综合上述事项，由于银行明细数据中资金流入金额大于 50 万元的数据量少、且金额组成多为整数、企业提供的实际出库单中没有发现有单笔大于 50 万元的交易等情况，加之思柔公司生产的卫生巾并非紧俏商品、一般情况下经销企业预付大量预付款购进此类货物有悖经营常规等因素。因此，我们认为，应该将银行账户中 50 万元以上的收到款项作为第六项扣除因素予以合理排除，这一项的合计金额为 61 691 782.05 元。当然，我们也不能把问题绝对化，我们虽然讲银行账户中收到的 50 万元以上的款项作为大额资金扣除因素予以了合理的排除。但是，我们不能保证收到的 50 万元以上的每一笔款项全部都不是销货款，同样道理，我们也不能保证 50 万元以下的每一笔款项全部都是销货款，这个数据就让思柔公司他们来核对。如果核查出来的有，我们核实后再进行扣减。各位，对这一项扣减因素还有什么疑问？如果没有，我们就通过了！"

"同意。"

"分析得太有道理了，坚决同意！"

"好了，我们继续排除银行流入资金是否确认销售收入的干扰因素。"组长继续道。"我们已经核查过的这 9 个银行账户开户时的预存金额，是不是也得扣除？因为开户时候的预存金额理论上应该是账户持有人开立的。所以我们使用 Excel 的数据筛选或使用 Microsoft SQL Server 语句识别出来的数据 141 013.00 元也不应属于销售事项。"

"大家再想想，还有没有其他的扣除情况呢？"

"组长，我有一个疑问。"一组员说。

"你说,我们集思广益,想想看还有没有其他遗漏事项。"组长说。

"我们已经摸清了纳税人销售货物的资金流转过程,首先是经销商根据采购需求先打款,再是思柔公司根据自身需要把开票部分的货款转至账内,然后根据收取货款情况发出货物,最后对转到账内的款项在当期做了销售收入,其余货款隐匿不记账。但是会不会出现账外资金转到账内?这一部分不也会造成重复吗?"

"你说得太对了,这是资金流核查当中一个无法回避的问题。我们现在就是要商量怎样才能拿下这块难啃的硬骨头。"组长环顾了一下四周,如实说道。

【人物内心:

如果用现在的一句流行语表达一下当时检查组的心情的话,我相信检查组应该会异口同声以"我太难了"来回答你:

一、税警配合办案受局限

汉都市稽查局于2011年5月受理该案时,市公安机关正依据举报线索对该案进行调查,由于公安机关单独办案的缘故,稽查局只能配合检查。而当时公安机关正在搞"清网行动",无法集中精力查办此案。至2011年12月份,公安机关才将相关资料移交市稽查局,由市稽查局独立查处此案。但是因前期多部门多次的调查、检查,已经丧失查办隐瞒收入案件的最佳良机。

二、关键人员藏匿,调查取证受局限

检查过程中,企业原出纳张某芬及生产主管吕某某等一些核心人物先后藏匿,使得后期检查获取的企业生产经营数据无法核实,无法形成证据链,最终导致不得不调整检查思路,重新组织对银行资金检查。

三、无行业对比数据,产能核查受局限

为核实公司产量,检查人员调取了企业耗电数据及生产设备数据,但经调查,思柔公司设备为国内同行业中顶尖的生产设备,无法以同行业同类数据比对、无法核实企业产能。

四、资金提取费时力,调查取证受局限

由于关键人员藏匿,又无同行业数据可比,传统检查方法受阻。检查人员调整检查思路,于2011年12月开始,从举报人提供的个人银行账户入手,通过调查资金流入从而核实企业收入,但资金调查异常艰难。

（一）查实账户关联难

举报人提供的个人账户是否为企业的资金流入，需要从汇入资金方确认。检查中，汇入资金方为了保持今后与思柔公司的业务往来，极不配合税务检查，而且汇入资金方多为个体经营，查找困难，资料保管不全。

（二）银行数据调取难

由于金融机构数据管理的需要，调取以前多年度数据需经银行总行批准，经反复协调、逐级呈报，耗时2个月，才由各总行提取了9个银行账户的资金流数据。

（三）原始传票查找难

由于银行账户的资金明细并未全部显示"交易描述"栏次，该项属性是否为"货款"，需要查找相应原始单据予以确认，但由于银行业务量太大，在银行专人配合的情况下，每天查找原始传票量不超过10多份；对网上银行的交易，则更难查找。经过一段时间的调查，面对几万条的往来资金明细数据，检查人员最终放弃了通过查找原始单据逐笔核实资金性质的方法。

（四）资金属性辨别难

在检查组确定了"以举报人提供的个人银行账户资金流入额，合理排除个人账户间资金互转情况以及其他不属于货款的资金，再减去个人账户向公司账户的资金流量，其差额为未申报收入"的核查思路后，仍然面临很大的困难。一是由个人借给思柔公司的款项涉及67人7 548万元，经对其中的50余人调查，地点涉及省内、省外，出借人有死亡、外出打工、出国等多种情况，调查时间从2012年3月一直延续至2013年9月。二是账户资金互转清分困难。经尝试人工清分，发现误差太大；遂请江苏税软科技有限公司4位数据工程师提供支持，历时20余天，先后搭建数据计算模型20余个，编写SQL语句200余条，涉及数据计算量达10万余条。三是单笔大额非交易性质资金剔除难。仅单笔金额50万元以上的资金流入就达200多笔，需逐笔调查资金性质，工作量非常大。

（五）司法会计鉴定难

鉴于案情复杂，为加快稽查进度、查明财务会计事实、获取司法会计鉴定意见作为支撑税务稽查结论的有力证据，汉都市稽查局于2012年9月提请当地某知名会计师事务所依法介入做司法会计鉴定。在4位注册会计师历经8个月的共同查办案件后，该事务所感到数据量太多、工作量巨大，短时间内难以完成合同约定的司法会计鉴定任务，无奈之下放弃了预收费用并提出解除司法会计鉴定协议。2013年5月，汉都市国税局稽查局慎重考虑之后另行委托本省另一知名度较高、信誉度较好、社会认可度排名靠前的江南博大会计师事务所继续实施司法会计鉴定。该所原计划8人团队3个月即可出具鉴定报告，但鉴于案情背景复杂、数据多样交叉、鉴定期间跨度长等原因，最终于2014年3月底才出具了司法会计鉴定报告。】

【人物内心：

专案领导小组听完检查组的专项汇报，分别作出了重要指示。但是，面对这起几乎称得上是本市、乃至本省稽查历史上案情最复杂、查办最艰难的案件，从上到下，包括省局、市局直至市稽查局，各级领导都是高度重视。但是领导究竟有多难？几个方面略窥一斑！

一、从案件督办单位的规格可以看

无论是中央巡视组责成××省委、省政府即办，还是公安部、税务总局挂牌督办，能如此这样的高规格、多部门同时督办一个事项的案件确实不多见。

二、从案件责令督办的频次可以看

中央巡视组、省委、省政府及省纪检委等一度责成省国税局就案件进展情况必须每天一汇报、每天新进展。

三、从专案领导小组的层级可以看

一起涉税举报案件，能组成市局局长任组长、主管舆情工作的副局长和纪检组长任副组长的领导小组也不多见。

四、从参加案件检查的人员可以看

前后5次调整主查人员，查处案件最高峰时期，为加快查办案件进度不得已组织了稽查局一半人数的检查人员、二十余位同志参与该案件的检查。

五、从案件检查结果的定性处理看

对这个案件如何处理，主要是举报人的问题。举报人的目的只有两个，不但要被举报人锒铛入狱还要其倾家荡产。但是无论税务怎样处理，她可能都不会满意，所以只能达到总局、省局指示的最低标准，就是依法办案无过错。至于企业要起诉，那是他们的合法权益！目前案件查办的难度是处理尺度不易把握，掌握标准松了举报人不满意，掌握标准紧了难以执行。

六、从舆情处理影响的把握尺度看

案件经中央巡视组交办，并且举报人多次向省委、省政府、省纪检委及省局反映，应站在政治角度看待该起案件，不但适时成立高规格的专案处理领导小组，同时也要积极和当地政府做好汇报，市局及时给市委、市政府汇报。

市局主管信访的副局长指示：这个案件一定要重视起来。有几个注意事项：一是查看一下执法程序是否合法，证据是否确凿，定性是否准确，处理是否得当。二是必要时请政府协调工作。三是向省局汇报案件进展情况。四是及时和市政府信访部门对接。五是对中央巡视组督察函中提出的为什么查了两年多了还迟迟不能结案，要有充分的理由。

市局领导小组组长、局长指示：先理清头绪，其他工作先放一放，要重视起来这个工作。提几点意见：

一是专案领导小组要把稽查局的副局长和汉城县局的局长都参与进来。专案领导小组至少成立两个工作小组。一个是市局法规科，全面协调，对这个案件全面审核把关。另一个是纪检组长引领、指导稽查局落实到位，切实做到办案无过错。只有无过错，才能为政府息访工作做准备。过去的息访工作不到位，应该面对面和举报人谈谈，既要保证稽查局工作无责无过，也要让举报人感到没有证据的举报是没有结果的。

二是在做好前面部分工作的同时，一定要搞好汇报材料。汇报材料太重要了！写材料的过程中，不仅能厘清工作思路，更重要的是案件这么久未结案，不仅是案件复杂的原因，还有我们掌握的证据和举报人举报的期望值差异过大。这个一定要说清楚。汇报材料形成了，所做工作的依据、思路就清晰了。另外，案件的定性和处理处罚要从法律角度把把关。

三是目前需要做的几项具体工作，分为三个方面：第一，要和地方政府充分沟通。汉城县局要和县委、县政府沟通，说明情况；市局和市委、市政府沟通。第二，怎样提请审理，是由稽查局审理还是由市局审理。第三，怎样执行税款。至于企业想起诉的话，那是企业行使救济权力。企业认为查多了，举报人认为没有查清，我们要想想怎样立于不败之地。

再一个的关键事项是息访问题：对于检查最后的处理结果，基本不可能让举报人满意。稽查局在和举报人沟通时不要只是电话沟通，为什么不去见见她？不见人怎么知道能不能息访呢？所以要面对面和她去谈，这样才能立于不败之地。和举报人沟通时，还要让她继续提供她所掌握的证据。

（插入画外音：其实在检查期间，市稽查局与检查组长多次与举报人沟通案情，并与举报人约定地点直接面谈，通报进展，解释案件查办中存在的困难。但举报人情绪比较激动，不听检查过程，只要处理结果，声称必须要把被举报人送入监狱。在与举报人沟通时，对于检查人员依法不能告知其详细查办过程的行为，举报人未得到满意的答复，于是一直不停多头重复检举：从最开始反映企业偷逃税款到目前举报税务机关和检查人员行政不作为。）

四是工作做得再好，都要反映在材料上。要把案件检查情况说清楚，所运用的法律法规依据都要放在材料上。检查组每天的工作都要向领导小组汇报。】

【人物内心：

专案组一组员说：组长，我怎么觉得领导讲话的重点是息访、是舆情，不是对案件查处作的指示啊？

另一组员说，我咋听出来领导的意思像是在说，不要让"我太难了"成为你逃避的借口？

组长无奈地笑笑说，位置和角度决定了我们的视野和思想是不一样的。换一个位置和角度，会有不同的发现：从咱们办案人员角度应该是事实清楚、证据确凿、依据正确、定性准确、处罚适当、程序合法；从稽查局的角度看，却是案件经得起时间的考验、经得起后续可能出现的复议、诉讼的检验；但是从上级的角度看就应该是举报人满意、纳税人满意、市委市政府满意、应对舆情积极、提高舆情工作满意度。我们得学会多角度看问题，学会多方面思考分析问题！】

办公室里，检查小组继续在研判案情。

"目前我们所获取的证据还不能将思柔公司的 9 个账外银行账户与会计账簿上的'现金'科目 342 549 861.57 元的流入建立起一一呼应的对应关系。但我们通过对被查纳税人原出纳张某芬及现任财务经理刘某晓的询问，并结合企业的经营实际、核算模式流程后综合判断，举报信中所说'现金'的概念不能等同于现代会计学上'现金'的会计科目，实质是为了周转私人银行卡资金而虚拟的中转站。"

故此，检查组判断，账面显示流入的现金总量 342 549 861.57 元应包含在前述 9 个账外银行账户的流入资金 601 982 256.51 元之中。

经过统计，上述 9 个账外银行账户应剔除非经营类流入资金合计 517 275 896.20 元。

用活法律相得益彰

核定检查

检查组实地核查时，在思柔公司生产管理中心工作人员吕某娟电脑中提取的 2011 年度的销售计划表显示，2011 年 1－12 月实际出库数量与同期会计账簿中结转销售成本的出库数量存有较大的差异，数量相差达 203 532 件之多。根据同期的销售价格计算后实际出库金额比账簿记载的销售金额多 17 639 274.87 元，从生产制造角度反映了 2011 年度思柔公司实际产能与销售规模。销售计划比对表等证据的固定，证实了思柔公司涉嫌以隐瞒销售收入手段进行偷逃税款的事实。但是，思柔公司一度拒绝提供相关知情人员吕某娟的下落，从而致使检查工作一度进展缓慢。

【人物内心：

"等等，不对啊，前面在案件描述中不是已经说到从吕某娟的 U 盘中提取了"2011 年度生产计划表"等一系列的涉税资料，同时也进行了复制件与源文件的 Hash 值验证吗？照理说，这些证据足可以直接定性啊！"一组员说到。

"是这样。"组长解释道，"虽然我们获取了吕某娟 U 盘中的涉税资料，但是这些涉税资料要和企业的账簿凭证等资料关联起来的难度大，万一企业辩解说这是吕某娟的个人资料，公司就不知道怎么一回事儿，而吕某娟这个时候又找不见，想通过公安机关查找这个人的下落，但是因为达不到公安机关强制措施的条件又不能采取进一步行动。所以我们现在还无法直接指证生产计划表的真伪，也无法构建生产计划表与账簿凭证的关联关系。我们大家都相信这个资料记载了公司真实的业务，但是恰恰是缺少了这个生产计划表的制作人吕某娟对这个统计表相关证据的确认，所以目前证据还无法形成直接定性企业隐瞒收入偷逃税款的证据链！"

【后续插播：

果然，在后期的行政复议及两级行政诉讼中，思柔公司果真如检查组预料的那样，对吕某娟 U 盘一事的真实性无异议，但认为该 U 盘中储存的资料是公司高管团队的管理资料，而非真实的财务资料，同时，认为 U 盘资料仅是孤证，想要认定销售收入还需要其他证据相互印证。】

"那就是说，生产计划表这些证据不能用呗？那我们费了那么大劲儿搞到的这玩意儿白白浪费那么多时间，还没有用。"

"也不能这样说。思柔公司既然肯下功夫花大本钱聘请这个职业经理人团队过来，钱肯定不会白花出去的。那个财务总监也不愧是一流事务所出来的注册会计师，她和财务经理的联袂，无疑是最精妙的职业搭配。如果不是在账面上给我们留着处理边角废料只作会计处理而不作纳税申报、给经销商按销售比例赠送赠品这些明摆着的问题，账务处理上几乎看不出其他破绽，前几批检查组的账面检查情况已经说明了这个问题。况且买赠现象能不能定性偷税本身就有争议。所以，我们得做好两手准备。虽然这些证据不能作为直接证据指认思柔公司隐瞒收入、偷逃税款，但是换一个角度看，我们从《会计法》的视角讲，从思柔公司一系列财务核算极其不规范、不符合国家统一的会计制度的规定这个角度入手，还是可以为我们以后查定税款埋下伏笔。"】

经对案卷资料的清分、筛选、整理，一份份询问笔录、销售计划表、产品价格表、产量表及销售计划与财务记载比对表等资料收集、确认、归整，证实思柔公司存在"经稽查局核查思柔公司的账簿凭证，发现其财务记账产品销售数量，严重低于销售计划表中实际记载的出库数量，存在隐瞒销售收入不入账的事实……"

同时，思柔公司"设置个人账户收取公司销售货款、借款等款项，部分销售业务未在会计账簿及凭证中记载；向个人的借入款项及支付个人利息亦未见账面显示；销售边角废料未完全入账；向客户奖励货物未入账等行为，违反了《中华人民共和国会计法》第九条'各单位必须根据实际发生的经济业务事项进行会计核算，填制会计凭证，登记会计账簿，编制财务会计报告'及第十三条第三款'任何单位和个人不得伪造、变造会计凭证、会计账簿及其他会计资料，不得提供虚假的财务会计报告'等规定。该行为直接导致其在会计核算业务中账目混乱，收入凭证残缺不全，难以真正核实收入额和成本费用，根据《征管法》第三十五条第（四）项"纳税人有下列情形之一的，税务机关有权核定其应纳税额：（四）虽设置账簿，但账目混乱或者成本资料、收入凭证、费用凭证残缺不全，难以查账的"以及《征管法实施细则》"第四十七条纳税人有税收征管法第三十五条或者第三十七条所列情形之一的，税务机关有权采用下列任何一种方法核定其应纳税额：

（一）参照当地同类行业或者类似行业中经营规模和收入水平相近的纳税人的税负水平核定；

（二）按照营业收入或者成本加合理的费用和利润的方法核定；

(三) 按照耗用的原材料、燃料、动力等推算或者测算核定；

(四) 按照其他合理方法核定。

采用前款所列一种方法不足以正确核定应纳税额时，可以同时采用两种以上的方法核定"之规定，应核定思柔公司的应纳税额。

花开两朵

【人物内心：

为落实汉都市国税局专案领导小组"必须要把思柔案件都办成铁案、精品案"的指示，同时也为加快思柔案件的查办进度，综合考量之下，检查小组拟定了"提请司法会计鉴定机构提前介入、共商案情、同步取证、借鉴方法、同步报告"的案件查办思路，很快得到了领导小组的同意。于是，本地这家具备精湛业务知识、丰富实践经验，且与稽查局有过多次合作的当地某知名会计师事务所顺理成章地继续承担起这项司法会计鉴定。

事务所干活丝毫也不含糊，为了显得对稽查局委托事项的重视，该案件由业务副所长携项目经理一行三人亲自办理，经过三个多月的精心准备，前期工作初见成效。但是在核查比对9个银行账户资金流数据时，却发现无论是从核查资金数据的巨大体量、还是人工匹配勾稽关系都存有极大难度，短时间内难以完成合同约定的司法会计鉴定任务，不论一干人等如何努力，却始终无法触及那看似近在咫尺的真相。如同深陷泥潭之中，越是挣扎越是不能自拔。

于是，为了尽快弥补三个多月来已耽搁的正常业务，事务所艰难决定，果断放弃此案的司法会计鉴定。对他们来说，或许即时终结，不失为当下一种明智与理性的选择。

相互联合、共同查办的紧要关头，事务所突然的"临阵脱逃"，着实让检查组短时间内大伤脑筋：是查办案件的思路出了问题？还是案件查办中的稽查方法不合时宜？难道会是因为被查企业……

想多了，根本不是这些原因！偶然的机会，得知的真相据说是因为接了这个司法会计鉴定的活儿而影响了事务所里的正常营收、耽误了几位注册会计师的正常收入、耽误了司法会计部其他业务的进程、耽误了……】

为了加快办案进度，确保各项工作稳步推进，专案领导小组慎重考虑，2013

年 5 月，汉都市国税局稽查局另行委托本地另一在省内知名度较高、信誉度较好、社会认可度排名靠前的江南博大会计师事务所继续实施司法会计鉴定。

案情介绍、资料交接、证据分类、数据复核等一系列基础工作，虽然检查人员与审计人员的交流对接的很是顺畅，但是从对案情一无所知，到熟悉案情整理思路，毕竟也要一个过程。所幸，该所从董事长、所长到项目经理在听取检查人员对案情的介绍后，迅速进入工作状态，认真审阅了案卷材料，并结合账簿凭证、案卷资料、证据固定、案件定性、相关法律适用以及案卷中存在的疑问发表了看法与建议。

该所原计划派出 8 人团队计划用 3 个月时间保证完成任务、出具鉴定报告，但是由于案情背景复杂、数据交叉多样、鉴定期间跨度较长等多种原因，直到 2014 年 3 月底才拿出长达 26 页、1 万余字的司法会计鉴定报告。52 盒的司法会计鉴定档案的副卷，满载着稽查局对思柔公司账簿、凭证与 9 个账外账户资金流向的对比、调查结果说明。

司法会计鉴定显示：在思柔公司自 2006 年至 2011 年期间，用于公司收取销售收入的 9 个账外个人账户中，经从中抽样核对，其流入的大量收入资金未在公司账面、记账凭证中显示，9 个账户资金与其记账凭证会计账簿记载不相符。司法会计鉴定认定思柔公司存在账目混乱、销售收入不入账的违法事实。

【人物内心】：
"组长，我总觉得哪儿有点儿不对劲儿？"一组员一脸担心地说。
"怎么？有什么纰漏，你给大家提示一下，我们尽可能弥补。"
"我是说，我们是第五批次派出来的检查组。从 2011 年案件开始实施稽查，到现在已经 3 年了，案卷资料里可是显示的是当初实施的是调账检查。既然是调取资料账簿了，那么按照《税收征管法》的规定，经县以上税务局（分局）局长批准，可以将纳税人、扣缴义务人以前会计年度的账簿、记账凭证、报表和其他有关资料调回税务机关检查，但是税务机关必须向纳税人、扣缴义务人开付清单，并在 3 个月内完整退还。我们如果超期没有退回账簿资料的话，是不是违反《税收征管法》的规定了呢？更何况，当初的检查组还调取的有 2012 年当年的账簿凭证资料啊？这样会不会影响案件的进展啊？"

（插入画外音：行政诉讼一审过程中，思柔公司提供的一份《存放证明》复印件及资料清单显示：思柔公司为配合会计师事务所的审计工作，暂把账簿凭证等资料存放于汉都市档案局档案保管室。存放证明上显示的落款时间为2013年5月16日。但是思柔公司提起行政诉讼时，诉求之一即是汉都市国税局稽查局调取账簿逾期，直到2014年4月11日才进行退还，并以此《存放证明》来证实汉都市稽查局调取账簿资料程序严重违法。）

"你看看这是什么？"组长笑着说，熟门熟路地从案卷中找出一份《调取账簿资料清单》，清单上赫然写着思柔公司财务负责人签署的退账日期及签名。完全符合法律规定的期限！

"咱们前几批的检查组对收集到的思柔公司的账簿凭证资料，还有与案件有关的其他资料都及时进行了复制取证。"组长很认真的样子。】

确定应税销售额

根据举报人提供的、检查人员核实的9个有效账户的相关信息，9个账户共计流入经营资金601 982 256.51元，扣除账外9个账户三日表间重复数据净额为23 695 600.00元、账外当日表内同金额对冲后数据净额为13 703 100.00元、计息金额9 539.58元、个人借款金额75 485 000.00元、50万元以上部分应扣除金额61 691 782.05元、账户开户金额141 013.00元以及转入账内账户现金金额342 549 861.57元后，余额为84 706 360.31元，即为思柔公司隐瞒销售的收入总额，不含税金额为72 398 598.56元。各年度隐瞒销售金额如表32所示：

表32　　九个账外账户分年度资金流入统计及扣除项目统计表　　单位：元

年度	账户名称	账户资金流入总额	剔除借入款金额	账外净收入合计	调整后账外净收入合计	账外净收入换算为不含税销售额
2006年	合计	6 103 374.55	3 242 403.53	2 860 967.02	2 860 967.02	2 445 270.96
2007年	合计	60 216 973.10	36 613 269.27	23 603 703.83	23 603 703.83	20 174 105.84
2008年	合计	49 869 119.53	61 672 701.13	-11 803 581.60	0.00	0.00
2009年	合计	184 055 264.33	154 411 061.57	29 644 202.76	17 840 621.16	15 248 394.15
2010年	合计	184 759 291.12	159 700 506.02	25 058 785.10	25 058 785.10	21 417 765.04
2011年1-6月	合计	116 978 233.88	101 635 950.68	15 342 283.20	15 342 283.20	13 113 062.56
	总合计	601 982 256.51	517 275 896.20	84 706 360.31	84 706 360.31	72 398 598.56

确定少缴税款

一、增值税查补情况

（一）根据前述情况，思柔公司2006年1月1日至2011年6月30日期间未申报销售额为72 398 598.56元（不含税），应补缴增值税12 307 761.76元。各年度少缴增值税税额如表33所示。

表33　　　九个账外账户分年度资金流入统计及扣除项目统计表　　　单位：元

年度	账户名称	账户资金流入总额	剔除借入款金额	账外净收入合计	调整后账外净收入合计	账外净收入换算为不含税销售额	少缴增值税
2006年	合计	6 103 374.55	3 242 407.53	2 860 967.02	2 860 967.02	2 445 270.96	415 696.06
2007年	合计	60 216 973.10	36 613 269.27	23 603 703.83	23 603 703.83	20 174 105.84	3 429 597.99
2008年	合计	49 869 119.53	61 672 701.13	-11 803 581.60	0.00	0.00	0.00
2009年	合计	184 055 264.33	154 411 061.57	29 644 202.76	17 840 621.16	15 248 394.15	2 592 227.01
2010年	合计	184 759 291.12	159 700 506.02	25 058 785.10	25 058 785.10	21 417 765.04	3 641 020.06
2011年1—6月	合计	116 978 233.88	101 635 950.68	15 342 283.20	15 342 283.20	13 113 062.56	2 229 220.64
	总合计	601 982 256.51	517 275 896.20	84 706 360.31	84 706 360.31	72 398 598.56	12 307 761.75

（二）思柔公司在2010年向经销商奖励货物3 373 901.52元（含税）没有申报缴纳增值税，造成少申报、缴纳增值税490 225.01元。

上述两项合计少缴增值税12 797 986.77元。

二、企业所得税查补情况

经检查人员查明，思柔公司虽设置账簿，但账目混乱或者成本资料、收入凭证、费用凭证残缺不全，难以查账，根据《征管法》第三十五条第（四）项以及《征管法实施细则》第四十七条之规定，对思柔公司少计应税所得额、少缴企业所得税情况应予核定：

（一）根据《核定征收企业所得税暂行办法》（国税发〔2000〕38号）第十条"实行核定应税所得率征收办法的，应纳所得税额的计算公式如下：

应纳所得税额 = 应纳税所得额 × 适用税率

应纳税所得额 = 收入总额 × 应税所得率

或 = 成本费用支出额/(1 - 应税所得率) × 应税所得率

应税所得率应按下表规定的标准执行：工业、交通运输业、商业 7% - 20%"之规定，思柔公司 2006 年度应缴企业所得税额 123 607.99 元。当年度已申报缴纳企业所得税 0 元，本次检查，2006 年度应补缴 123 607.99 元。

（二）根据《国家税务总局关于调整核定征收企业所得税应税所得率的通知》（国税发〔2007〕104 号）第一条"制造业的应税所得率调整为 5% - 15%"之规定，思柔公司 2007 年度应缴企业所得税额 714 765.51 元，当年度已申报缴纳企业所得税 213 095.40 元，故本次检查，2007 年度应补缴 501 670.11 元。

（三）根据《企业所得税核定征收办法（试行）》（国税发〔2008〕30 号）第八条"应税所得率按下表规定的幅度标准确定：制造业的应税所得率为 5% - 15%"之规定：

2008 年度应缴企业所得税额 726 160.67 元，当年度已申报缴纳企业所得税 0 元，故本次检查，2008 年度应补缴企业所得税 726 160.67 元。

2009 年度应补缴企业所得税额 1 579 897.67 元，当年度已申报缴纳企业所得税 889 297.81 元，故本次检查 2009 年度应补缴企业所得税 690 599.86 元。

2010 年度应缴企业所得税额 1 816 956.87 元，当年度已申报缴纳企业所得税 287 179.54 元，故本次检查 2010 年度应补缴企业所得税 1 529 777.33 元。

思柔公司 2011 年 1 - 6 月应缴企业所得税额 1 012 176.12 元，当年度已申报缴纳企业所得税 100 000.00 元，故本次检查 2011 年 1 - 6 月应补缴企业所得税 912 176.12 元。

上述合计应补缴企业所得税 4 483 992.08 元。各年度计算应补缴的企业所得税如表 34 所示。

案例10：瞒一时，瞒不了一世

表34　思柔公司2006年—2011年6月30日企业所得税核定计算一览表

年度	账面收入项目				账外应计收入项目			总合计	核定所得率	核定应税所得额	企业所得税率	核定应纳企业所得税	法定申报期内已缴纳企业所得税	法定申报期内少缴纳的企业所得税
	主营业务收入	其他业务收入	促销品视同销售	合计	主营业务收入（计算的未入账销售收入）	促销品视同销售	合计							
2006年8月	216 970.06			216 970.06										
2006年9—12月	2 688 754.03			2 688 754.03										
2006年小计	2 905 724.09			2 905 724.09	2 445 270.96		2 445 270.96	5 350 995.05	7%	374 569.65	33%	123 607.99	0.00	123 607.99
2007年	33 233 547.16			33 233 547.16	10 085 574.55		10 085 574.55	43 319 121.71	5%	2 165 956.09	33%	714 765.51	213 095.40	501 670.11
2008年	58 092 853.87			58 092 853.87	0.00		0.00	58 092 853.87	5%	2 904 642.69	25%	726 160.67	0.00	726 160.67
2009年	100 995 401.33	59 487.18		101 054 888.51	25 336 925.44		25 336 925.44	126 391 813.95	5%	6 319 590.70	25%	1 579 897.67	889 297.81	690 599.86
2010年	120 847 504.53	161 620.51	45 982.91	121 055 107.95	21 417 765.04	2 883 676.51	24 301 441.55	145 356 549.50	5%	7 267 827.48	25%	1 816 956.87	287 179.54	1 529 777.33
2011年1—6月	67 762 907.20	98 119.66		67 861 026.86	13 113 066.56		13 113 066.56	80 974 093.42	5%	4 048 704.67	25%	1 012 176.17	10 000.00	912 176.17
合计	380 932 214.09	319 227.35	45 982.91	381 297 424.35	72 398 602.55	2 883 676.51	75 282 279.06	459 485 427.50		23 081 291.28		5 973 564.88	1 489 572.75	4 483 992.13

处理建议

鉴于思柔公司存在"设置个人账户收取公司销售货款、借款等款项，部分销售货款未见入账；向个人拆借资金的借款及支付个人利息亦未见入账；销售边角废料未完全入账；向客户奖励货物未入账等行为，导致在会计核算业务中账目混乱，收入凭证残缺不全，难以真正核实收入额和成本费用"等违法事实，2014年4月10日，检查组依法查定税款，应追缴增值税税额12 797 986.77元、企业所得税税额4 483 992.08元，合计追缴税款17 281 978.85元。

5月19日，稽查局依法送达了《税务行政处罚事项告知书》，对思柔公司隐瞒销售收入、销售边角废料未完全入账及向客户奖励货物未入账等违法行为导致少缴税款17 281 978.85元的行为定性为偷税，拟对所偷税款处以60%的罚款计10 369 187.31元。以上税款、罚款合计27 651 166.16元。

依法维权，定分止争诉法律
高自标誉，不达楼兰拗不还

税务处理

2014年4月10日，汉都市国税局稽查局在新一任稽查局领导班子调整后迅速召开案审会，依法对江南思柔卫生用品有限公司下达了汉国税稽处〔2014〕176号《税务处理决定书》：

××省思柔卫生用品有限公司：

我局于2011年8月30日至2013年12月5日对你公司2006年3月27日至2011年6月30日增值税、企业所得税申报缴纳情况进行了实地及调账检查，违法事实及处理决定如下：

一、发现的违法事实及政策依据

鉴于公司因账务混乱，费用凭证、收入凭证残缺不全，难以查账，应予以核定：

（一）经检查人员核查你公司生产现场时发现，你公司生产流程是生产部根据销售部门的销售计划，每日都向生产车间制作并下达生产计划单，生产车间按照生产计划单核准的品名和数量进行生产。在你公司生产部的主管人员处，我们发现其记载有2011年度的"销售计划表"。经对比生产部统计的"销售计划表"我们发现，该"销售计划表"显示2011年1－12月实际出库数量比同期账簿中结转销售成本的出库数量存有较大的差异，实际出库数量比账面销售收入账及结转销售成本的出库数量多203 532件，根据同期的销售价格计算后实际出库金额比账载销售金额多17 639 274.87元。

（二）你公司设置个人账户收取公司销售货款、借款等款项，一部分销售货款未见入账；向个人拆借资金的借款及支付个人利息亦未见入账；销售边角废料未完全入账；向客户奖励货物未入账等行为，违反了《中华人民共和国会计法》第九条："各单位必须根据实际发生的经济业务事项进行会计核算，填制会计凭证，登记会计账簿，编制财务会计报告"及《中华人民共和国会计法》第十三条第三款："任何单位和个人不得伪造、变造会计凭证、会计账簿及其他会计资料，不得提供虚假的财务会计报告"等规定。

你公司上述行为导致其在会计核算业务中的账目混乱，收入凭证残缺不全，难以真正核实收入额和成本费用。

二、处理决定

（一）增值税：

1. 根据《中华人民共和国税收征收管理法》（修正）第三十五条第（四）项"纳税人有下列情形之一的，税务机关有权核定其应纳税额：（四）虽设置账簿，但账目混乱或者成本资料、收入凭证、费用凭证残缺不全，难以查账的"以及国务院2002年362号令《中华人民共和国税收征收管理法实施细则》"第四十七条 纳税人有税收征管法第三十五条或者第三十七条所列情形之一的，税务机关有权采用下列任何一种方法核定其应纳税额：（一）参照当地同类行业或者类似行业中经营规模和收入水平相近的纳税人的税负水平核定；（二）按照营业收入或者成本加合理的费用和利润的方法核定；（三）按照耗用的原材料、燃料、动力等推算或者测算核定；（四）按照其他合理方法核定。采用前款所列一种方法不足以正确核定应纳税额时，可以同时采用两种以上的方法核定"之规定，根据我们核实的、举报人提供的9个有效账户，9个账户共计流入经营资金601 982 256.51元，扣除账外9个账户三日内互转重复数据23 695 600.00元、同账户内当日重复数据为13 703 100.00元、计息金额9 539.58元、个人拆借资金金额75 485 000.00元、50万元以上部分应扣除金额 61 691 782.05 元、账户开户金额 141 013.00 元以及转入账内账户现金金额 342 549 861.57 元后，余额为 84 706 360.31 元，即你公司隐瞒销售的收入总额，折算为不含税金额 72 398 598.56 元。根据前述情况，你公司 2006 年 1 月 1 日至 2011 年 6 月 30 日期间整理后的未申报收入数额为 84 706 360.31 元（不含税销售额为 72 398 598.56 元），应补缴增值税 12 307 761.76 元……

2. 你公司在 2010 年向经销商奖励货物 3 373 901.52 元（含税）没有申报缴纳增值税，造成少申报、缴纳增值税 490 225.01 元。

上述少缴增值税合计 12 797 986.77 元。

（二）企业所得税：

你公司虽设置账簿，但账目混乱或者成本资料、收入凭证、费用凭证残缺不全，难以查账，根据《中华人民共和国税收征收管理法》（修正）第三十五条第（四）项以及《中华人民共和国税收征收管理法实施细则》第四十七条之规定，对你公司少计应税所得额、少缴企业所得税的情况进行核定。

……

上述合计应补缴企业所得税 4 483 992.08 元。

……

其他告知事项：

责令你公司自收到本决定书之日起 15 日内到汉城县国家税务局将上述税款及滞纳金缴纳入库，并进行相关账务调整。逾期未缴，将依照《中华人民共和国税收征收管理法》第四十条规定强制执行。

你公司若同我局在纳税上有争议，应自收到本决定书之日起六十日内依照本决定书缴纳税款及滞纳金，或者提供相应的担保，然后可依法向汉都市国家税务局申请行政复议。

同日，汉都市国税局稽查局依法定程序向思柔公司送达《税务处理决定书》，并责其限期补缴 2006 年度至 2011 年度少缴的增值税 12 797 986.77 元、企业所得税 4 483 992.08 元，合计应补缴税款 17 281 978.85 元，以及对应的税收滞纳金。

【人物内心：
各位，看过之后有何感想？
写得好，没毛病啊。

嘻嘻，此处有不易察觉的细节，没看出来？慢慢来，后面有说明！】

税务听证

在《税务行政处罚事项告知书》送达后的第三日，即 2014 年 5 月 21 日思柔公司向汉都市国税局稽查局递交《税务行政处罚听证申请书》，向税务机关书面提出听证要求。

正当稽查局检查人员和审理部门忙得不亦乐乎时，思柔公司 5 月 23 日却又意外撤销了听证申请。

【人物内心：
撤销听证申请是啥原因啊？
令人好生奇怪！撤销原因不得而知。
不过，据不可靠消息称，思柔公司聘请了财税法界的知名人士为其财税顾问，在听取了大咖团队提出的"申请但不听证，直接进行复议，择机行政诉讼，赢取最终胜利"经验性建议之后，思柔公司撤销了听证申请，并于 5 月 26 日再次递交了税务行政处罚申辩材料一份。】

税务处罚

2014 年 5 月 27 日，汉都市国税局稽查局依法对江南思柔卫生用品有限公司作出了税务行政处罚决定：

××省思柔卫生用品有限公司：
我局于 2011 年 8 月 30 日至 2013 年 12 月 5 日对你单位 2006 年 3 月 27 日至 2011 年 6 月 30 日增值税、企业所得税申报缴纳情况进行了实地及调账检查，你单位存在违法事实及处罚决定如下：
一、违法事实
你单位因账务混乱，费用凭证、收入凭证残缺不全，难以查账，根据《中华人民共和国税收征收管理法（修正）》第三十五条、《中华人民共和国税收征收管理法实施细则》第四十七条之规定，经核定，你单位 2006 年 3 月 27 日至 2011 年 6 月 30 日期间整理后的未申报收入数额为 84 706 360.31 元（不含税销售额为 72 398 598.56 元），少申报缴纳增值税 12 307 761.76 元。

你单位在 2010 年向经销商奖励货物 3 373 901.52 元，没有申报缴纳增值税，根据《中华人民共和国增值税暂行条例实施细则》（中华人民共和国财政部令第 65 号）第四条之规定，你单位少申报缴纳增值税 490 225.01 元。

因你单位虽设置账簿，但账目混乱或者成本资料、收入凭证、费用凭证残缺不全，难以查账，根据《中华人民共和国税收征收管理法》（修正）第三十五条第（四）项、《中华人民共和国税收征收管理法实施细则》第四十七条，以及国税发〔2000〕38 号《关于印发〈核定征收企业所得税暂行办法〉的通知》第十条、国税发〔2007〕104 号《国家税务总局关于调整核定征收企业所得税应税所得率的通知》第一条、国税发〔2008〕30 号《关于印发〈企业所得税核定征收办法（试行）〉的通知》第八条等规定，核定你单位少申报缴纳企业所得税 4 483 992.08 元。

二、处罚决定

根据《中华人民共和国税收征收管理法》第六十三条第一款之规定，对你单位上述少缴增值税 12 797 986.77 元、少缴企业所得税 4 483 992.08 元的行为定性为偷税，对你单位处以少申报缴纳税款百分之六十的罚款计 10 369 187.31 元。

以上应缴款项共计 10 369 187.31 元。限你单位自本决定书送达之日起 15 日内到汉城县国家税务局缴纳入库。

……

【人物内心：

各位，看出什么端倪来了吗？】

行政复议

2014 年 4 月 25 日，思柔公司以"资金紧张，生产经营面临严重困难，无力一次性缴纳巨额税款"为由申请分期缴纳税款。截至 5 月 14 日，思柔公司已缴纳入库增值税 5 680 000 元、企业所得税 3 600 000 元。

2014 年 6 月 9 日，思柔公司因不服汉都市国税局稽查局对其作出的征税行为和行政处罚行为，在决定书规定的期限内预缴增值税、企业所得税税款共计 928 万元。同时，向税务机关申请以其机器设备提供纳税担保（纳税担保金额 19 501 978.85 元），向汉都市国家税务局申请行政复议，要求依法撤销汉都市国税局稽查局作出的《税务处理决定书》和《税务行政处罚决定书》，同时退还已缴纳的税款，并赔偿相应的利息损失。

案例10：瞒一时，瞒不了一世

【人物内心：

相关税法规定，纳税人同税务机关在纳税上发生争议时，在行使行政复议等法律救济权利之前，必须先依照税务机关的纳税决定缴纳或者解缴税款及滞纳金或者提供相应的担保。而这样的规定，正是基于合理行政、程序正当的基本要求，其目的并非是通过设置苛刻条件将税务行政复议申请拒之门外，而是防止纳税义务人利用复议程序期间转移财产、规避税收征管以及保证税款及时足额入库。

国家税务总局也因全国部分地区提出"因制式文书'税务处理决定书'的式样中规定的行政复议时限不够明确"的建议，在2008年时对《税务处理决定书》的式样进行了修订。

修订后的《税务处理决定书》中提示：

> 限你（单位）自收到本决定书之日起＿＿＿日内到＿＿＿＿＿＿将上述税款及滞纳金缴纳入库，并按照规定进行相关账务调整。逾期未缴清的，将依照《中华人民共和国税收征收管理法》第四十条规定强制执行。
>
> 你（单位）若同我局（所）在纳税上有争议，必须先依照本决定的期限缴纳税款及滞纳金或者提供相应的担保，然后可自上述款项缴清或者提供相应担保被税务机关确认之日起六十日内依法向＿＿＿＿＿＿＿＿＿＿申请行政复议。
>
> 税务机关（印章）
> 年　月　日

那么"追魂三问"来了！

第一问，Who？提供相应的担保应当由哪一级税务机关来确认？

是主管税务机关？还是行政复议受理机关？还是做出处理决定的税务机关？

之所以提出这个问题，就是因为在汉都市国税局稽查局制发《税务处理决定书》之时，与汉都市相邻的某市地税局稽查局在对一案件进行税务处理时，因未明确告知纳税人纳税担保受理机关而被人民法院以"影响纳税人复议权利的行使"，最终被判决败诉。

为汲取经验教训，检查组和审理人员多次沟通、商讨并及时请示、请教，最终达成共识：纳税人依法申请行政复议，必须先依照处理决定书规定的期限缴纳税款及滞纳金或者提供相应的担保。限期缴纳税款及滞纳金，其受理机关应为其主管税务机关。而"提供相应的担保"时的受理机关应该是作出影响纳税人权利义务的具体行政行为的税务机关,即汉都市国税局稽查局。

反观国家税务总局在"税务处理决定书"的修订式样中,只对纳税人在何处缴纳税款及滞纳金进行了规定,而对于纳税人办理纳税担保时由哪一级税务机关进行确权、如何确权并未规定。或许,正是基于总局规定的制式文书模板未能将受理纳税担保的涉税事项明确如何告知,才导致了基层行政执法时纳税争议的直接发生。

第二问,How?税务机关怎样确认纳税人提供了相应担保财产的价值?

国家税务总局第11号令《纳税担保试行办法》"用于纳税担保的财产、权利的价值不得低于应当缴纳的税款、滞纳金,并考虑相关的费用""纳税担保财产清单应当写明财产价值以及相关事项。纳税担保书和纳税担保财产清单须经纳税人签字盖章并经税务机关确认"等规定,因为用于纳税担保的财产、权利的价格确定,除法律、行政法规另有规定外,是参照同类商品的市场价、出厂价,或者评估价估算,这对税务机关来确认纳税担保财产的价值是一个挑战,毕竟价格估值是一件专业的事儿。

在思柔公司提供纳税担保时,检查组责成其应按照税法的规定提供合规的纳税担保书和纳税担保财产清单。当检查组拿着薄薄的十几页评估报告,翻着厚厚的附件资料,但是无论怎样翻来翻去,还是没有核实的思路呀!该怎样验证由中介机构出具的评估报告中价格的适当性呢?

拜能者为师!检查组商议道。

现在的会计师事务所体系,一般多会整合融会计审计、工程咨询、造价评估、税务代理、会计咨询和会计培训等综合性业务于一体的综合事务所组合。于是,检查人员找到做司法会计鉴定的博大会计师事务所。正好!博大事务所的董事长就是一位集注册会计师、造价工程师、资产评估师、税务师等一系列执业资格于一身的"九证狂人"。

在专业人士的点拨下,检查组逐渐理出了核实确认担保资产的思路:以票控价,程序为上。以核对机器设备等待估值资产的发票、收据等原始计量依据,加上安装调试业务价款的行业参考均值,再与报告核对,以期发现是否存在破绽。

核查思路看似简单,实施起来却很麻烦。

评估,本身就是评定、估算,既然是估算,就一定有职业判断能力等主观人为因素包含其中。万一评估师一口咬定这是我掌握的专业知识和工作经验形成的职业判断啊,我可是有证(《资产评估师职业资格证书》)的人,我可是经中国资产评估协会登记的资产评估专业管理人员诶,我就是从事的资产评估工作诶。难不成税务机关还能有什么办法可以限制他这样评估吗?

"那咱们就核实一下担保资产在估值时,整个程序是不是合规呗!"一组员道。

"对,如果评估的程序不合规,即使执业判断再精准,那么得出的评估报告也不具有法律效力。"

于是,检查组首先审核了出具资产评估报告,对委托方思柔公司的资格进行了审查,以确定其是否具有委托资格。没问题!

在评估行为依据充分、评估目的明确的前提下,资产评估报告又对评估对象的权属进行了充分关注。没问题!

再核实资产评估委托方思柔公司与机器设备等估值资产的权属关系,也未发现有分离等情况。还是没有问题啊!

再核对评估报告中机器设备的型号、产地、数量、成新度及目前状况等要素,果真遇到难题了!机器设备的型号、产地、数量以及价格在凭证资料中都有显示,只是成新度及目前状况稽查人员无法判定。那可不就是又走入了职业判断的死循环了吗?

"你们去一下评估师事务所了解一下吧,核实一下情况,无论评估事项是否真实,我们都要实事求是地去判断。"稽查局长听过案件汇报之后,建议道。

检查组及时联系到了评估师事务所所在地的国税机关,顺利找到了这家事务所的驻地。评估师事务所所长一脸的不耐烦不但写在脸上,而且还反映在语言上。

"我们真的很忙。你们有什么事情改天再来吧。"所长一直在忙着手中的活计,只是偶尔间斜楞一下眼角。

"我们就是问问当时的评估情况,请你们尽量配合我们一下吧。"

"我们对公检法有配合的义务,没有法律规定一定要配合你们税务调查的。"所长的眼神继续飘忽。

"那你的理解太有失偏颇了。《中华人民共和国税收征收管理法》规定,各有关部门和单位应当支持、协助税务机关依法执行职务。这不但是你公司义务,更是应尽的责任!"组长不卑不亢回应道。

"你听我给你解释,这个企业的评估吧我也没有去,我们一般都是一个评估师带几个助理去做业务,所以我也不太熟悉情况。但是那个评估师现在出差去外地了,这个事儿改天再说吧。"所长说道。

(情景回放:果然有破绽!检查人员看到《资产评估报告》上的两位资产

评估师的签名中就包括有这位所长的大名,难不成这个资产评估业务不是这位所长承办的?如果这位所长没有承办的话,那么有他签名的制发的《资产评估报告》岂不是公然违背了《资产评估执业准则——资产评估报告》中"资产评估报告应当由至少两名承办该项业务的资产评估专业人员签名并加盖资产评估机构印章"的规定吗?)

"那麻烦您给我一下那个参与评估的同志他的电话号码,我就打个电话问一下相关情况,不会耽误您太多时间的!"检查组长说。

在拨通所长告知的评估师的电话号码时,组长悄悄打开了手机录音机。

"王老师您好!请问思柔公司的资产评估事项是您和刘总一起去的吧?"组长问。

"啊,对对对,我一个人去的。"电话里资产评估师说道,"但是为了程序合法,刘总是在最后的报告上签署了意见。"

"那请您介绍一下当时的评估情况。"

"我当时就是看一下他们(思柔公司)的设备使用状况,由此判断成新率。"

"你们去现场看了吗?是在车间看的?还是在监控室看的?还是在观摩廊道里看的?"

"我去车间看了看。至于你说机器设备的原值,就是增值税专用发票的价款。和评估报告的价款之间的差额,都是安装运输费。"

"那你们是对哪几条生产线进行的评估啊?"

"这个报告上面有啊。"

"那你们作出的评估报告的评估值比发票票面金额要大很多,是怎么回事啊?"

"那就是安装费。"

"安装费的估值比生产线的估值要高三四倍吗?"

"……那是我们的职业判断。"

"那你们的职业判断,也不按照《资产评估执业准则——资产评估报告》来规范吗?"

"喂,喂喂,怎么信号不好啦?"电话中虽然传来评估师清晰的语音,但是随即就被挂断。随后再怎么联系这位资产评估师,电话一直处于无人接听状态。

检查组一行走出评估事务所。返程途中,组长打开手机的播放软件,当听到扬声器里回放的与所长、评估师的清晰通话时，大家伙露出了会心的微笑。

"我们自己用手机录下来的这些内容，能作为证据使用么？"一组员道。

"咱们自己用录音的方法获取的证据材料，又没有侵害他们事务所的合法权益，更何况我们给他们出具的有协查手续啊，还有当地税务局稽查局的协同，这样的证据为什么不能用呢？最高人民法院可是在2002年时对行政诉讼证据如何使用出台有具体的规定诶。"另一组员反驳。

"我前几天在中国裁判文书网上以'行政诉讼''录音''最高人民法院''判决'为关键词，共搜索到判决书7份，在这些判例中，录音证据被采信的案件不足50%。大家说说，我们在提取录音证据时应该怎样提高证据的采信程度呢？"组长说道。

"我们得先要确认通话的两个人的身份吧？就是电话号码的主人。"组员说。

"说得好！还有吗？"组长点头鼓励道。

"是不是要获得对方允许的情况下才能录音啊？"一组员起疑说。

"要获得对方允许的话还能叫偷拍偷录吗？"另一组员笑着说道。

"我再补充一下，那通话内容得要能达到证明的目的呗。"

"录音不能是孤证，必须有其他证据辅证。"

大家你一言我一语地补充，车厢里进行着热烈的讨论。

"大家看到我刚才的举动了吗？"组长说，"那个刘所长用他的手机拨打电话，我先用我的手机拍了一下刘所长打电话的情形，然后再用我手机在录音的过程中，拍了一下刘所长手机的免提通话状态，以此来证明存在有通话过程。然后我们回去了再把图片和音频文件导出来，这样尽可能地让照片与录音文件的形成时间相互佐证。"

"组长，我就纳闷儿了，为什么我们一定要证实评估报告是虚假的啊？"

"看现在的情形架势，企业是铁定要跟咱们打官司的，复议只不过是热身而已。但是《征管法》第八十八条规定了纳税前置的限制条件，后来《税务行政复议规则》又对纳税前置做了进一步的明确，你不缴清税款又不缴清滞纳金的话就不能申请行政复议。"

"那岂不是说，没钱的话就失去了申请复议救济的资格了？"

"不是这样子的，如果还想复议，还可以走提供纳税担保的路子，但是纳税担保本身就涉及了很多问题，比如今天咱们遇到的这个担保财税的价值确认问题，按照《复议规则》应该由作出具体行政行为的税务机关对抵押担保、质押担保进行审查，对不符合法律规定的抵押担保、质押担保不予确认，这句话说起来容易，真地执行起来问题很多，网上有不少因为纳税担保问题导致的行政诉讼案例。还有税务机关拒绝接收提供纳税担保的，这样一定程度上限制了行政行为相对人申请行政复议。"组长道。

"嘿嘿，组长，说跑题了吧？我就想知道咱为啥要跑这么远证实评估报告是虚假的呢？"组员说。

"假如你作为刚刚到任的领导，如果走马上任之时就接到一个行政复议案件，并且这个案子还有极大可能引发行政诉讼，你是啥感受啊？"组长说道。

"我觉得这是好事儿啊！这样不但体现了纳税人极高的维权意识，充分保障纳税人行使法律救济权利，又能着力提高税务执法能力的一种途径。何乐而不为呢？再说，税务稽查的职能不是有教育职能吗？这不也是宣传税法的一种方式啊。"组员说。

"一言难尽啊！换位思考一下，或许考虑的就不一样了。现在很多基层稽查局宁可委曲求全、息事宁人，也不愿意抛头露面地去应诉。你想，假如你去外地开会学习和稽查朋友聚到一起时，一聊起来大家都知道你局里又发生复议诉讼案件了，是不是面子上说不过去？再者说，上面还设置有考核指标的硬性控制，如果复议诉讼率达到一定幅度了，考核是要扣分的。现在的稽查案件加分项目不多，但是扣分项目不少。咱就是不能加分，起码也得做到不丢分吧，换一个角度，不丢分也是一种加分啊。"组长无奈地说。

"过去都说分分分，学生的命根；考考考，老师的法宝。我看现在咱系统内更能体现这个考核分的作用。分就是荣誉、就是奖励、就是收入、就是升职器啊！"一组员笑呵呵地说。

【后续插播：

据说"复议诉讼率"这个考核指标在 2018 年以后被取消了，至于什么原因我们不得而知。】

"我明白了，这个时候如果咱们证实了这个资产估值是虚假的，那么企业就得重新作出纳税担保，不然就不能申请行政复议。"组员恍然大悟。

"我问一个问题。"另一组员说道，"如果说纳税人在没有缴税、缴滞纳金，也没有提供纳税担保的情况下提起复议，复议机关应该不会受理。那么这样的话，法律如何保障纳税人实施行政救济的权利？"

【话中话：

这可是妥妥的第三问的问题啊？

第三问，What？纳税人该怎么办？

一起同行的稽查局的法律顾问笑着说，"这个要看各地人民法院的认知程度，能不能直接对原行政行为提起行政复议，这个在各地人民法院的裁判是不一样的。最高人民法院的裁判案例显示，基本是不支持行政相对人就原行政行为提起诉讼。但是，行政相对人无法就原行政行为提起诉讼程序，并不代表行政相对人不能就税务行政处罚决定提起诉讼。税务行政处罚是不同于税务行政处理的另一种具体行政行为，当然，前提是行政相对人提起行政诉讼的时间必须在法定六个月的期限内。"】

汉都市国家税务局2014年6月9日依法受理其复议申请。

复议事项

思柔公司认为：

第一，纳税主体认定错误：

我司工商注册的登记名称为"江南思柔卫生用品有限公司"，而税务机关送达我司的汉国税稽处〔2014〕67号《税务处理决定书》显示的企业名称为"江南省思柔卫生用品有限公司"，虽只有一字之差，但在法律上却系完全不同主体。我司相信该错误系因稽查机构工作失误造成，但该错误却造成我司对自己是否系适格税务行政处理相对人的身份产生疑虑。鉴于法律文书严肃性，我司建议复议机构以主体错误为由撤销该处理决定书。

【人物内心：
什么？
《税务处理决定书》的纳税人名称竟然写错了？
这是真的吗？】

第二，核定理由与事实不符：

税务机关认定我司"账务混乱，费用凭证、收入凭证残缺不全，难以查账，应予核定"的理由系根据生产计划表与会计账簿记录之间的差异推定得出，与事实根本不符。

第三，事实不清楚、证据不完整：

1. 稽查局仅依据我司的"销售计划表"和9个个人账户资金流水推定违法事实，核定计税依据和应补税款，证据链明显不完整。

2. 稽查局在认定账户互转扣除事项上，存在认定标准过高、扣除不充分的问题。《决定书》对50万元以下的款项全部推定为销货款，而不是根据调查事实逐笔据实进行扣除。

3. 《决定书》确认账户互转的条件之一是日期相近、金额相同。我司认为如此认定账户互转会造成大量账户互转的业务未被扣除。实际业务中，可能存在如下情况：从一个账户提取现金，部分用于日常报销，另一部分存入另一个账户，从而导致第二个账户的资金流入重复计算；我司还有为配合银行完成揽储任务，从多个不同银行卡取款，转存到特定银行的一个卡或数个卡中；或者从一个卡取款，然后转存到数个银行卡中的业务往来，这些因素稽查局均未考虑，从而导致重复计算。

4. 实际业务中存在先收款，然后再退款的情况，并未导致少计收入。如经销商先交款、后退款情形，公司根据合同规定，取消部分经销商资格；或经销商主动请求解约，申请人将剩余款项退还给经销商等。

5. 《决定书》对部分特殊扣除事项未予考虑。如我司2010年4月8日收取的山东××公司工程质量保证金20万元，2010年12月8日收取的农行还款20万元，虽然也是通过银行卡收取的、已形成资金流入，但并不属于销售收入。

【人物内心：
请思考：针对以上内容，请各位看官思考应如何进行抗辩，请提交答复辩驳意见。参考：
税务行政复议答复意见书
一、针对"纳税主体认定错误"的抗辩意见：
思柔公司提出的"工商登记名为'江南思柔卫生用品有限公司'，而送达给申请人的汉国税稽处〔2014〕67号《税务处理决定书》（以下简称67号

《税务处理决定书》）和汉国税稽罚〔2014〕66号《税务行政处罚决定书》（以下简称66号《税务处罚决定书》）显示的相对人为'江南省思柔卫生用品有限公司'"的事实确实存在，但是该事实的存在并非像"申请人"所说"在法律上却系完全不同主体"能够产生"申请人建议复议机构以主体错误为由撤销该处理决定书"的后果：

（一）文书确有瑕疵，但是该瑕疵并没有侵犯到行政相对人的实体权益：

67号《税务处理决定书》把"江南思柔卫生用品有限公司"描述为"江南省思柔卫生用品有限公司""一字之差"的笔误，并没有以违背法律规范为前提，只是合法状态下的微小缺点或瑕疵，但是该瑕疵并不影响行政行为的法律效力。

（二）2012年4月6日中共中央办公厅、国务院办公厅联合印发了《党政机关公文处理工作条例》提出了"规范化简称"的概念，并且规定"文内可使用简称"。该简称应具有如下特征：

1. 明确性。由于规范化简称是在全称的文字基础上选择关键词（或词素）进行简缩，所以应具有明确性。

2. 同一性。规范化的简称与全称在实质性上应具有同一性。

3. 排他性。使用规范化简称未对公众产生歧义，即具有排他性。

我们查询了税务当局目前依照有关法律、法规设置，并用于工作实践的"金税三期税收管理系统"后得知：以"思柔卫生用品"为关键词在××省管辖范围内进行搜索，仅显示有"江南思柔卫生用品有限公司"一家企业。即：我局出具的67号《税务处理决定书》所标识的"江南省思柔卫生用品有限公司"与申请人"江南思柔卫生用品有限公司"具备明确性、同一性和排他性，即属于同一主体。

（三）根据《中华人民共和国税收征收管理法实施细则》第一百零二条"送达税务文书应当有送达回证，并由受送达人或者本细则规定的其他签收人在送达回证上记明收到日期，签名或者盖章，即为送达"，以及第一百零三条"受送达人或者本细则规定的其他签收人拒绝签收税务文书的，送达人应当在送达回证上记明拒收理由和日期，并由送达人和见证人签名或者盖章，将税务文书留在受送达人处，即视为送达"等规定，受送达人思柔公司对不符合规定的行政事项可拒绝签收税务文书。但是，回顾本案，思柔公司在收到税务人员送达的67号《税务处理决定书》时，经过核对并在送达回证上记明收到日期及签名的行为，本身也说明了其对67号《税务处理决定书》的认可，否则决然不会接受。试想，一家拟上市公司会去签收"法律上却系完全不同主体"的其他企业的税务文书吗？

中国法学会行政法研究会副会长、国家行政学院行政法研究中心叶必丰教授在其专著《行政行为的效力研究》中所指出："如果仅仅以某些具体行政行为在程序上存在小瑕疵而撤销该具体行政行为，势必导致行政机关重复作出实质内容相同的行政决定及增加行政诉讼当事人诉累，既增加了社会纠纷处理成本，不利于提高行政效率及司法效率，亦可能引起行政机关与司法机关之间产生隔阂，不利于和谐社会的构建。赋予瑕疵行政行为以实质确定力，是为了实现法的安定性和贯彻诚信原则"。

综上，67号《税务处理决定书》中的瑕疵，并未侵害到思柔公司的合法权益，也未妨碍其权利的救济。因此，不应构成具体行政行为的违法，不能成为撤销具体行政行为的理由。

二、稽查局采用核定方式征收税款符合法律规定

（一）思柔公司存在账务混乱，费用凭证、收入凭证残缺不全，难以查账的事实

思柔公司存在设置个人账户收取公司销货款、借款等与生产经营有关的款项，收到的销售货款没有全部入账，向个人拆借资金的借款及支付个人利息亦未见入账，销售边角废料款未完全入账，向客户奖励货物未入账等行为。

稽查局在查看思柔公司生产现场时确认，其生产流程是生产部根据销售部门的销售计划，每日向生产车间下达生产计划指令，生产车间按照生产计划单核准的品名和数量进行生产。经询问企业相关负责人，上述确认情况属实。在思柔公司生产部主管人员处发现其2011年度的"销售计划表"。经对比，该"销售计划表"显示2011年1-12月实际出库数量与账簿结转销售成本的出库数量存有较大的差异，实际出库数量比账面销售收入账及结转销售成本的出库数量多，财务负责人不能给出合理解释，并且也未提供相关证据证明不存在差异。

（二）核定方式征收税款的法律依据

《中华人民共和国税收征收管理法》第三十五条第（四）项规定："纳税人有下列情形之一的，税务机关有权核定其应纳税额：……（四）虽设置账簿，但账目混乱或者成本资料、收入凭证、费用凭证残缺不全，难以查账的"以及《中华人民共和国税收征收管理法实施细则》第四十七条"纳税人有税收征管法第三十五条或者第三十七条所列情形之一的，税务机关有

权采用下列任何一种方法核定其应纳税额：（一）参照当地同类行业或者类似行业中经营规模和收入水平相近的纳税人的税负水平核定；（二）按照营业收入或者成本加合理的费用和利润的方法核定；（三）按照耗用的原材料、燃料、动力等推算或者测算核定；（四）按照其他合理方法核定。采用前款所列一种方法不足以正确核定应纳税额时，可以同时采用两种以上的方法核定"。

三、思柔公司税收违法事实清楚，证据确凿，核定计算的方式符合法律规定

（一）违法事实的证据

根据举报人举报的线索，稽查局对思柔公司2006年到2011年6月的申报纳税情况进行了检查。经检查发现：

思柔公司2006年-2011年6月底使用9个银行账户隐瞒销售收入，造成少缴增值税税额12 797 986.77元（含2010年无偿奖励货物未申报缴纳增值税490 225.01元）、企业所得税4 483 992.08元。

对上述事实，有举报人向上级实名举报的检举材料、询问笔录、9个账外资金账户的资金流动交易及相关资料、银行对账单、对思柔公司的部分经销商外部调查材料、企业同期记载的账簿、凭证以及申报表等证据证明。

（二）对未申报销售收入的检查计算方式符合法定程序，检查结果准确无误

为确保最终检查结果数据准确无误，稽查局多次下达《税务事项通知书》，告知思柔公司计算方式和依据，最终确认思柔公司2006年3月-2011年6月底9个银行账户共流入资金601 982 256.51元。扣除2006年3月-2011年6月底9个银行账户之间的资金互转、私人借款等非经营性资金517 275 896.20元后，隐瞒销售收入总额84 706 360.31元。

稽查局针对思柔公司提出的陈述申辩意见，于2014年1月6日向其送达汉国税稽通〔2014〕0202号《税务事项通知书》，责令其于2014年1月10日前提供其陈述申辩意见的证据。但是思柔公司未在规定期限内提供。

综上所述，稽查局认为作出具体行政行为的证据确凿，适用法律法规正确，程序合法，思柔公司复议理由缺乏依据，依法不能成立。】

复议结果

2014年8月6日，经汉都市国税局审理查明：

1. 关于思柔公司提出的"一字之差"。67 号《税务处理决定书》中的瑕疵,并未侵害其合法权益,也未妨碍其权利的救济。因此,不构成具体行政行为的违法,不能成为撤销具体行政行为的理由。

"江南思柔卫生用品有限公司"与"江南省思柔卫生用品有限公司"是否为同一个纳税人,不能仅从 67 号《税务处理决定书》的一个称谓来看,需要结合整个办案程序与案卷当中所有法律文书综合来看。案卷显示,"税务稽查立案审批表""行政执法审批表"《税务稽查任务通知书》《税务事项通知书》及相关的送达回证显示的企业名称均为"江南思柔卫生用品有限公司",相关文书中的纳税人识别号也都是同一个,办案过程中,到税务机关接受询问的刘某晓是"江南思柔卫生用品有限公司"的财务负责人,《税务检查通知书》《调取账簿资料通知书》的受送达人都是"江南思柔卫生用品有限公司",送达地点都是该公司办公地点。以上显示,"一字之差"并没有造成法律主体的混淆,稽查局的执法行为的对象只有思柔公司一个,思柔公司在 67 号《税务处理决定书》的送达回证上签字也说明了思柔公司认可该处理决定书正是对其作出的,"一字之差"实际上是一个笔误。

2. 稽查局认定思柔公司利用 9 个银行账户进行账外经营,事实清楚。对思柔公司采取核定方式征收税款依据和方法符合《中华人民共和国税收征收管理法》第三十五条第(四)项和《中华人民共和国税收征收管理法实施细则》第四十七条规定。

稽查局提供的该涉税案件证据资料证明思柔公司隐瞒销售收入,少缴增值税税额 12 797 986.77 元,企业所得税 4 483 992.08 元,事实清楚,证据确凿,适用依据正确,数据计算准确。

稽查局实施税务检查、作出汉国税稽处〔2014〕67 号《税务处理决定书》的具体行政行为的程序合法。

汉都市国家税务局做出复议决定,维持原税务处理决定。

2014 年 8 月 19 日,思柔公司以"稽查行为事实不清、证据不足、计算方法不当；认定我司账目混乱、费用凭证、收入凭证残缺不全与事实不符；稽查局核定我司漏记销售收入存在扣除标准过高、扣除有漏项、计算错误等情况与事实不符，缺乏依据，以及本案行政行为存在程序瑕疵"为由，一纸诉状将汉都市局稽查局告上法庭。

行政诉讼

和解协议

在思柔公司以"本辖区内重大、复杂的案件"为由向汉都市中级人民法院提起诉讼的同时，"友好地"向汉都市国税局稽查局释放出"善意信息"：如果你们不想被诉讼，请按照我司拟定的《税务案件解决方案（讨论稿）》协商妥善解决。

组员看过《解决方案》后道："现在都已经起诉我们了，居然还再提出来和解？"

组长放下手中的《解决方案》，说："以往我们认为行使行政权力是公权力，所以行政机关无权处分你应该行使的行政职权。一旦行政机关向行政相对人妥协的话，可能会损害国家利益和公共利益。所以，《行政诉讼法》明文规定了人民法院审理行政案件时，不适用调解。但是，后来在越来越多的行政诉讼案件实践中，却不乏看到经过协调后当事人最终撤诉案例中和解的存在。《中华人民共和国行政复议法实施条例》中就有和解的规定，或许这是在为行政诉讼中应用和解制度在试水。"

【后续插播：

最高人民法院在2018年2月施行的1号司法解释《关于适用〈中华人民共和国行政诉讼法〉的解释》中，"人民法院审理行政案件，调解过程不公开，但当事人同意公开的除外""当事人自行和解或者调解达成协议后，请求人民法院按照和解协议或者调解协议的内容制作判决书的，人民法院不予准许"的规定，以及"能调则调，当判则判，调判结合，事了结案"的行政审判新理念，也是在充分地发挥主观能动性，努力维护社会的和谐稳定。】

"这个《解决方案》好嚣张,组长你看看,和解条件都有啥?"组员很生气地指着桌子上的薄薄的两页纸。《解决方案》写道:

第一,撤销税务行政处罚决定,修改《税务行政处理决定书》中有关"隐瞒""账外"等表述。因为申请人根本没有偷税的故意,不存在账务混乱的事实。申请人设置个人账户的目的是为了方便货款收取,且收取的货款一定会陆陆续续转入会计账簿进行核算并最终纳税。

第二,降低销售业务认定标准。处理决定书采取扣除法从有关银行账户流水中扣除非销售项目的办法推算销售收入,其扣除项目之一是"50万元以上"。而申请人的正常销售业务单笔25万以上的基本都没有,因此就存在大量20万元以上50万元以下的不是销货的资金流被确认销售的问题。

第三,修改处理决定书存在的明显错误。主要包括且不限于以下内容:

1. 收款后又退款未扣除部分;

2. 非日常业务事项未扣除,如向施工方收取的工程质量保证金等;

3. "转入账内账户现金金额"计算错误;

4. 应交所得税计算错误;

5. 已交所得税统计错误。

以上事项均有确凿证据,税务机关可以据此方案修改相应内容。

第四,税款追征期从处理决定书之日前溯五年。《中华人民共和国税收征收管理法》第五十二条第二款规定"因纳税人、扣缴义务人计算错误等失误,未缴或者少缴税款的,税务机关在三年内可以追征税款、滞纳金;有特殊情况的,追征期可以延长到五年。"而处理决定书于2014年4月10日作出,追征

2006–2008年税款缺乏法律依据。

第五，滞纳金计算至《税务检查通知书》送达之日。我们认为税务检查时间长短纳税人无法左右，责任在税务局，不在纳税人，稽查期间作为加收滞纳金的时间对纳税人不公。同时，税收征管法中也有类似立法精神。《中华人民共和国税收征收管理法》第五十二条规定："因税务机关的责任，致使纳税人、扣缴义务人未缴或者少缴税款的，税务机关在三年内可以要求纳税人、扣缴义务人补缴税款，但是不得加收滞纳金。"

【后续插播：

在思柔公司提出的和解协议中，其对计算滞纳金的意见还真可能引发争议。2017年4月7日最高人民法院在《广州德发房产建设有限公司与广东省广州市地方税务局第一稽查局再审行政判决书》（〔2015〕行提字第13号）中对于广州税稽一局核定应纳税款后追征税款和加征滞纳金是否合法的问题认为：

"税收征管法对税务机关在纳税人已经缴纳税款后重新核定应纳税款并追征税款的期限虽然没有明确规定，但并不意味税务机关的核定权和追征权没有期限限制。税务机关应当在统筹兼顾保障国家税收、纳税人的信赖利益和税收征管法律关系的稳定等因素的基础上，在合理期限内核定和追征。在纳税义务人不存在违反税法和税收征管过错的情况下，税务机关可以参照税收征管法第五十二条第一款规定确定的税款追征期限，原则上在三年内追征税款。本案核定应纳税款之前的纳税义务发生在2005年1月，广州税稽一局自2006年对涉案纳税行为进行检查，虽经三年多调查后，未查出德发公司存在偷税、骗税、抗税等违法行为，但依法启动的调查程序期间应当予以扣除，因而广州税稽一局2009年9月重新核定应纳税款并作出被诉税务处理决定，并不违反上述有关追征期限的规定。德发公司关于追征税款决定必须在2008年1月15日以前作出的主张不能成立。根据依法行政的基本要求，没有法律、法规和规章的规定，行政机关不得作出影响行政相对人合法权益或者增加行政相对人义务的决定；在法律规定存在多种解释时，应当首先考虑选择适用有利于行政相对人的解释。有权核定并追缴税款，与加收滞纳金属于两个不同问题。根据税收征管法第三十二条、第五十二条第二款、第三款规定，加收税收滞纳金应当符合以下条件之一：纳税人未按规定期限缴纳税款；自身存在计算错误等失误；或者故意偷税、抗税、骗税的。本案中德发公司在拍卖成交后依法缴纳了税款，不存在计算错误等失误，税务机关经过长期调查也未发现德发公司存在偷税、抗税、骗税情形，因此德发公司不存在缴纳滞纳金的法定情形。被诉税务处理决定认定的拍卖底价成交和一人竞买拍卖行为虽然能证明税务机关对成交价格未形成充分竞价的合理怀疑具有正当理由，但拍卖活动和拍卖价格并非德发公司所能控制和决定，广州税稽一局在依法进行的调查程序中也未能证明德发公司在拍卖活动中存在恶意串通等违法行为。同时本案还应考虑德发公司基于对拍卖行为以及地方税务局完税凭证的信赖而形成的信赖利益保护问题。在税务机关无法证明纳税人存在责任的情况下，可以参考《税收征管法》第五十二条第一款关于"因税务机关的责任，致使纳税人、扣缴义务人未缴或者少缴税款的，税务机关在三年内可以要求纳税人、扣缴义务人补缴税款，但是不得加收滞纳金"的规定，作出对行政相对人有利的处理方式。因此，广州税稽一局重新核定德发公司拍卖涉案房产的计税价格后新确定的应纳税额，纳税义务应当自核定之日发生，其对德发公司征收该税款确定之前的滞纳金，没有法律依据。此外，被诉税务处理决定没有明确具体的滞纳金起算时间和截止时间，也属认定事实不清。

没有法律、法规和规章的规定，行政机关不得作出影响行政相对人合法权益或者增加行政相对人义务的决定。税务机关根据《税收征管法》第三十五条第一款第六项的规定行使应纳税额核定权，应当受到《税收征管法》第五十二条关于追缴税款和滞纳金的条件和期限的限制；因不能归责于纳税义务人的原因时，新确定的应纳税额，缴纳义务应当自核定之日发生，征收该应纳税额确定之前的税收滞纳金没有法律依据。"】

"变本加厉啊，说来说去不还是那些理由吗？我们接受吗？"组员说道。

"请示过局里了，也请示过市局。领导说，他们想诉讼就诉讼吧，那是他们的权利。只要我们查办案件时做到依法查定收入、方法合理合法、违法事实清楚、证据充分确凿、适用依据正确、案件定性准确、执法程序合法、处理处罚适当就行。"

短兵相接

2016年8月17日。

汉都市中级人民法院行政审判庭。

我是原告，我要达到：

思柔公司以"事实不清、证据不足、计算方法不当"等为由，请求人民法院依法撤销汉都市国税局稽查局作出的税务处理决定：

第一，稽查行为事实不清、证据不足、计算方法不当。我司9个结算账户货款已经转入会计账簿核算并申报纳税，而汉都市稽查局根据自己制定的资金扣除法，人为地推算出销售收入，并据此作为补缴税款及定性的依据，不符合相关法律的规定。

第二，汉都市稽查局认定思柔公司账目混乱，费用凭证、收入凭证残缺不全与事实不符。我司业务经营、会计核算规范，不存在账目混乱的事实。

第三，汉都市稽查局核定思柔公司漏记销售收入时存在扣除标准过高、扣除有漏项。还有计算错误等情况与事实不符，缺乏依据。汉都市稽查局依据我司的"销售计划表"及九个个人账户资金流水推定事实，进而核定计税依据确定应补税款。汉都市稽查局推定出的销售收入，不存在"资金流、票流、物流"三流合一的事实，不能准确地确定待核事实，计算结果和方法不准确，不能令思柔公司信服。汉都市稽查局在认定账户互转扣除上存在人为拟定标准，扣除不准确的问题。

第四，汉都市稽查局的行政行为存在程序瑕疵。

（一）稽查局超越职权委托司法机构进行司法鉴定程序严重违法。税务机关在行政程序中无权自行委托司法鉴定机构出具《司法鉴定意见》，所以该司法鉴定意见书不具有独立性。尤其是司法会计鉴定机构鉴定时间超期，故对汉都市稽查局非法获取的证据不应采信；

（二）调取账簿资料逾期，调取手续不合法；思柔公司提供的"存放证明"复印件及资料清单（存放时间2013年5月16日-2014年4月11日）可以证明汉都市稽查局调取账簿逾期，程序违法；

（三）未经审理程序即制作出《税务处理决定书》；

（四）存在检查时间前后矛盾等多项问题。

因此，思柔公司请求依法撤销涉案税务处理决定。

我是被告，见招拆招：

第一，思柔公司当庭陈述的事实和理由与其在诉状中陈述的事实和理由不同，稽查局未收到思柔公司新的请求及事实和理由，因此，对思柔公司新陈述事实和理由不应当作为法院审判的范围。

第二，思柔公司当庭陈述的关于我局程序瑕疵的问题在诉状中未作任何表述。思柔公司提起诉讼并未提出此项诉讼主张，属于新增加的诉讼请求，依照诉讼法规定，已经超出法定起诉期限，也不应作为法院审理范围。

第三，思柔公司当庭陈述的有关我局行政处理和处罚行为中的各种扣除不合理，计算错误等问题，均属我局依照《税收征收管理法》依法行使核定应缴税款的法定职责，不存在合法性问题。思柔公司诉称的内容是要求法院对我局的核定方法进行合理性审查，其诉讼主张违背行政诉讼法的规定，该诉讼主张也不应当得到支持。

第四，思柔公司所陈述的各种不合理问题，我局在行政程序中已经给予了思柔公司多次陈述、申辩的机会以及充分提供证据的时间，但是原告并未在行政程序中行使权利，也未提供相应的证据，依照《最高人民法院关于行政诉讼证据若干问题的规定》第五十九条的规定，人民法院依法不予采纳。

根据以上四点，原告当庭所陈述的事实和理由，不符合行政诉讼的法律规定，被告作出的税务处理决定，依法应予维持。

质证博弈

思柔公司：我告你，我有理

第一，对我司核定销售收入时对资金流入款项的扣除不充分。你看看我的 2010 年 4 月第 56 号会计凭证，还有收据、工程合同这些证据都显示了收取山东某公司的工程保证金 20 万元，与你举证资料第二部分证据 8 中侯某二建行 3132 账户的资金流水第 600 页第 6 行是同一笔业务。但是在我公司 2010 年 12 月第 087 号会计凭证、收据中，还有你们的举证资料第二部分证据 8 中张某芬信用社账户中资金流水第 153 页倒数第 6 行收农行还款 20 万元。虽然都是通过银行卡收取的款项，形成了资金流入，但并不属于销售收入。

还有，2010 年 9 月 22 日第 179 号会计凭证、收据及被告举证资料第二部分证据 8 中行张某芬第 469 页右半部分第七行（收政府补贴款 30 万元，现金支票，9 月 28 日进账），这些都是资金流入，但是属于销售收入吗？

【插播稽查局辩驳意见：

你说是收取的有工程保证金没有从资金总流入中扣减。拜托，能不能用点心，如果是收取的工程保证金，就应该有相应的在建工程发生吧？但是你看看你们公司相关的会计账簿和凭证，在"在建工程""固定资产"账簿中有没有发现与合同、收据相关的业务记载啊？你如果说这个工程没有做成，那也成啊，你退保证金，但你得把退款资料找出来作为证据啊？总不能各种不能自圆其说的情况你都是用"因为时间远久记不清"这样的理由来搪塞吧？

我们再说说 2010 年 9 月第 179 号会计凭证收政府 30 万元的事儿，这个财政补贴款是 9 月 28 日才进账的，你以此证明稽查局资金流入扣除不充分。那么你告诉我一下，哪一家政府拨付的财政补贴会往私人账户上打款？在《会计法》《预算法》《财政违法行为处罚处分条例》《预算外资金财政专户会计核算制度》等一整套财政监督体系下，哪一级政府会这样操作？这个理由值得商榷吧？所以你得拿出真凭实据，而不是凭着一张自制的收款收据就说这是专项财政补贴款。对这个补贴款，不行的话，我们可以专门提请财政监察专员办

对这些事项进行监督、鉴别和指导啊!】

你们再看这个,2009 年 4 月 17 日,工行张某芬账户分两次取款 10 万元和 20 万元,当天存入张某芬信用社账户 30 万元,这种情况也应属于资金互转,像这样的"多取一存"业务你们就没有给我们减除,属于重复计算。你们连基础数据都没有搞准确啊。

【插播稽查局辩驳意见:

那咱们就看看你说的"多取一存"到底是个什么业务吧。我们去了两个银行,取得的两份银行存取款记录证明,你公司所说的"多取一存",经查证纯属子虚乌有、虚构事实的好吧。就拿你说的这一笔业务,检查人员通过查询汉城县农信社张某芬账户的往来明细,可以清楚看出张某芬账户是于 2009 年 4 月 17 日 14∶21∶40 时间点以"有折存现"方式存入 300 000 元(见图 81)。

	A	B	C	D	E	F	G	H	I	J
238	县农	县农	张 芬	000000401		有折取现	2009-04-16	15:21:45	2 500	-234 237.73
239	县农	县农	张 芬	000000401		转帐	2009-04-17	08:09:41	27 500	-261 737.73
240	县农	县农	张 芬	000000401		转帐	2009-04-17	11:20:38	100 000	-361 737.73
241	县农	市农	张 芬	000000401		转帐	2009-04-17	11:20:39	42 400	-404 137.73
242	县农	农村	张 芬	000000401		无折存现	2009-04-17	11:40:43	58 520	-462 657.73
243	县农	市	张 芬	000000401		无折存现	2009-04-17	13:16:04	130 000	-592 657.73
244	县农	县农	张 芬	000000401		无折存现	2009-04-17	13:35:26	50 070	-642 727.73
245	县农	湖	张 芬	000000401		无折存现	2009-04-17	14:06:49	60 000	-702 727.73
246	县农	县农	张 芬	000000401		有折存现	2009-04-17	14:21:40	300 000	-1 002 727.73

图 81 账户往来明细图示

但是,张某芬工行账户分两次取款 10 万元和 20 万元的时间点却是在 14∶28∶42 和 16∶26∶17,如图 82、图 83 所示。

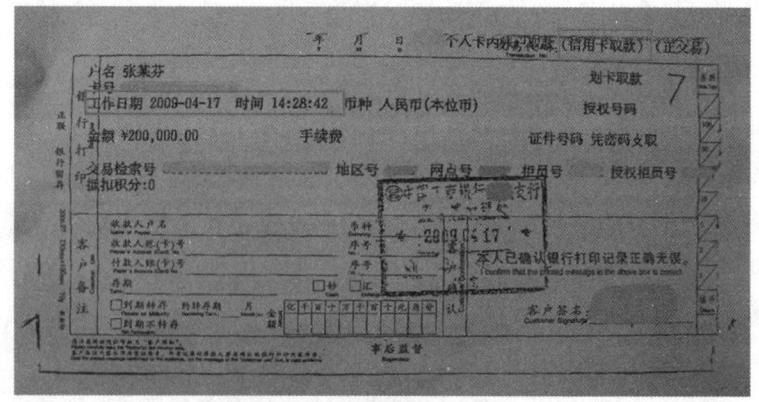

图 82 账户取款时间图示 1

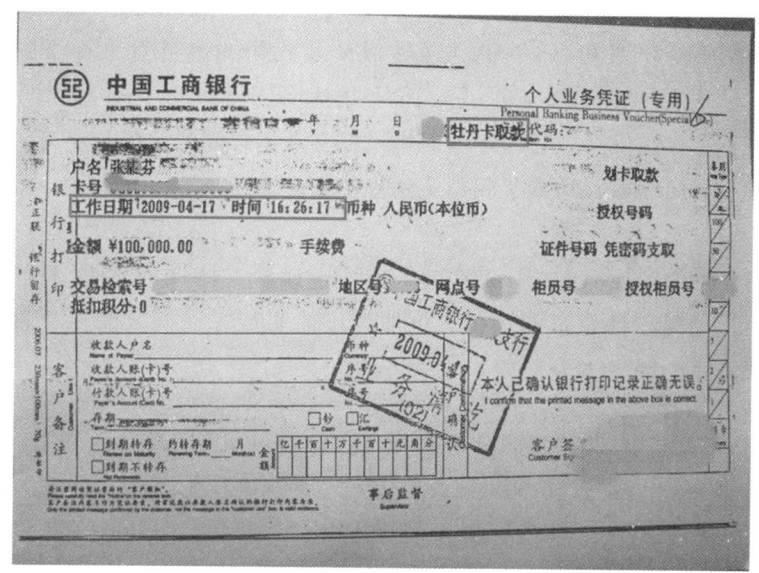

图 83　账户取款时间图示 2

从逻辑关系上讲，思柔公司应当是先去工行账户取出两笔资金 10 万元和 20 万元，然后再汇总存入了农信社账户 30 万元。但是银行提供的当日证据证明，农信社张某芬账户存入的 30 万元资金早于张某芬工行账户的两次取款 10 万元和 20 万元的时间，即：存入的 30 万元资金和两次取款 10 万元、20 万元没有内在关系，企业所说的先分别取出两笔资金后再存入了同一账户这一理由完全不成立。

我们一再强调说，判断一笔资金是否属于 9 个账户间资金互转的逻辑是"以某一个时点为基准日，有一笔资金流出，在该时点之后有同金额的流入，可视同为一笔资金"、成立的条件是"同期同金额、有进必有出、先出后有进"。但是，无论怎样变，都必须是"资金先出后入"，而不是 1 + 1 = 2 的数学加减法。我相信你公司不会穿越时空能够做到下午四点取款后再于下午两点钟存入银行，你这根本就不符合资金"互转情况"的逻辑，这根本就是违背了"众所周知的事实和自然规律及定理"。

更何况，稽查局曾多次责令你公司提供相应证据，你公司不但在规定期限内没有依法提供，并且在行政复议程序中依然不举证不告知。现在你提供出来应扣除未扣除的证据，先不说证据是否有效，最起码你公司在行政处理和行政复议程序中均未提供，这已经是不争的事实。]

第二，在稽查局举证的证据中，稽查局送达我司的汉国税稽通〔2014〕201号《税务事项通知书》、税务送达回证及我司的申辩意见、汉国税稽通〔2014〕202号《税务事项通知书》、税务送达回证及我司的三份申辩意见，证明了我司不存在违反法定程序不按时申辩提交证据；同时，因为所有的财务资料都应在稽查局存放，导致了我司无法提供相关证据。

我司提供的存放时间介于2013年5月16日至2014年4月11日的《账簿存放证明》的复印件及资料清单，更加可以证明稽查局调取账簿逾过法律规定的期限，属于程序违法。

【插播稽查局辩驳意见：

对这组证据我们无异议。但正是这组证据，恰好证明了思柔公司将有关会计资料并不是存放在稽查局，而是存放于思柔公司认可的第三方中介机构博大事务所。把资料暂时存储在第三方的事情是你公司签字认可的，属于你自己的独立民事行为，所以这种存放行为不属于稽查局的行政执法行为，证明不了行政行为违法。况且，你公司若是阅读、复制、调取你公司自己的相关会计财务资料是你自己的事情吧。】

第三，被告提供的举证证据第三部分第1-3页"九账户资金流入统计及扣除项目统计表"中"剔除转入账内账户现金金额"一列与第49页"现金收入统计"表中"现金收回账款"一行及"销售收入（主营业务收入）"一行数据不一致。证明被告核算转入账内现金时有遗漏。

【插播稽查局辩驳意见：

"现金收回账款"一行指的是货款的回款，"销售收入（主营业务收入）"指的是你公司账面记载且已申报的数据，本案就是查证你公司隐瞒收入的行为。况且，你公司现在说"九账户资金流入转入账内现金时有遗漏"，那么就是承认九个账外账户的资金流入并没有全部转入账内呗。那不就是承认有账外隐瞒收入的情形呗。况且，思柔公司在陈述、申辩过程中未提出任何不同意见，且对税务机关要求进行核对的通知置若罔闻，不核对、不提交，由此产生的法律后果，应由思柔公司承担。】

第四，稽查局提供的税务事项通知书汉国税稽通〔2012〕228号及298号。证明稽查局要求我司核对9张银行卡的资金往来以及税务检查中所获取账簿资料，但是核对的内容太笼统不具体，技术上不可行。

【插播稽查局辩驳意见：
我局对该证据有异议，其证明目的不成立：在两份税务事项通知书中，稽查局要求思柔公司核对的是该公司自己银行卡的资金往来。税务检查中所获取的数据源自于思柔公司的账簿、凭证资料。思柔公司作为这些资料的保管方，完全有能力有条件进行收集核对并提交核对意见，不存在技术上不可行的问题。】

稽查局：我从容，我亮剑

首先，我局收到国家税务总局、××省国税局稽查局举报案件交办函、督办函后，将该案交由汉城县国税局稽查局查办，并由我局督办案件。因为思柔公司在当地的社会影响度较大、案件违法性质比较严重、案情比较复杂，这样的话由县局来查处可能存在较大的难度，我局遂于2011年7月8日决定对思柔公司依法立案并进行税务稽查，同时通知汉城县把税务检查过程中提取到的案件资料移交我局。

【插播思柔公司质证意见：
那不对啊！为啥你们的稽查审理报告编号与立案材料的不一致呢？
插播稽查局辩驳意见：正是因为你公司采取设立私人银行卡账户收取账外经营款，肆意隐瞒销售收入进行偷逃税款的行为，导致案件查处难度增加，所以稽查局决定把该案提取至我局，由我局直接组织查办。所以你不能把县稽查局的编号与我局的编号混淆。】

"这是汉城县国家税务局按照我局要求，将已调取的、正在检查的思柔公司的相关涉税账簿资料、凭证、报表移交给我局后，我局按照法定程序进行检查，处理程序合法，涉案资料真实。"法庭上，组长不慌不忙地出示着一系列的"税务稽查立案审批表""税务行政执法审批表"《税务检查通知书》《调取账簿资料通知书》《调取账簿资料清单》及其送达回证等证据。

【插播思柔公司质证意见：

那也不对！我司对此有异议！你说的这些仅能证明你们履行了相应检查程序。但是，我们公司专门存放的有你们稽查局 2011 年 7 月 1 日及 2012 年 9 月 19 日两次相对完整的调账手续。但是，还有一张《调取账簿资料清单》是 2012 年 5 月 14 日的，这张清单没有对应的法律文书，你们这是典型的程序违法。

插播稽查局辩驳意见：2012 年 5 月 14 日《调取账簿资料清单》的由来，如果没记错的话，那是因为你公司没有按照税务机关要求的期限，及时提供与你公司生产经营、纳税相关的资料，后来需要核实数据时，不得已你公司才提供的。《调取账簿资料通知书》我局早已经依法送达，《送达回证》就能充分说明我局是依法调取你公司账簿资料的。

但是，由于需要进一步核实案情，你公司后续陆续补充提供了这些资料，所以当时出具的这个清单只是证明了我局当时依法签收了你公司后续送过来的补充资料。你看看，这是你公司当时陈述为什么没有及时提供资料的《情况说明》。《情况说明》明确显示，你们知晓《征管法》中如果拒绝提供资料，阻挠税务机关检查的，除了由税务机关责令改正外，还可以处以一万元以下罚款的规定，所以当时你们专门附了一份说明。这份说明还需要再呈现一下吗？】

其次，我们对第二部分的证据进行了归集：

第一个证据，2011 年 7 月 8 日，我局对思柔公司原财务人员张某芬账户进行检查的"行政执法审批表"《检查存款账户许可证明》《送达回证》以及查询所得资金往来明细中经销商曹××存入的 22 笔资金，以及经销商朱××存入的 12 笔资金等证据，证明了在检查中发现经销商曹××、朱××等向张某芬个人名下的个人资金账户支付货款，往来数额巨大、交易次数频繁，这就是思柔公司收取货款的模式，即利用张某芬、侯某二等个人账户收取货款，涉嫌收入不入账。

【插播思柔公司质证意见：

我们对你们调查的资金往来明细没有异议。但是，这并不能证明我司收入不入账啊？而且我公司给你们提供的张某芬的证言可以得出结论，个人账户的流入资金全部入账。

插播稽查局辩驳意见：等等！你公司出具的证明不是一直在说自从我局依法询问过张某芬以后，她就因为家庭琐事离家出走去外地搞传销了，一直找不到吗？如果你们说这是以前说的，那么我局于2011年7月21日对张某芬（时任出纳）、刘某晓（原告财务负责人）的询问通知书及送达回证、询问笔录证明：时任出纳张某芬承认其个人银行卡账户上的款项，是思柔公司财务负责人刘某晓安排收取的公司销售货款。而对刘某晓询问时，她承认以侯某二、张某芬名义开具的9个账外资金账户的款项，包括销售货款，视不同情况再决定是否转入账内。那你公司现在又说张某芬说"个人账户的流入资金全部入账"，请问这个证言是什么时间、又从哪儿搞来的呢？为什么持有至今都未向稽查局提供呢？】

第二个证据，刚好回答了思柔公司刚刚质证时的谎言：2011年7月19日，对经销商曹××的询问通知书及送达手续、询问笔录，曹××的个体营业执照及2009年7－9月之间的8张订货单以及曹××提供现金流水账78页。这些证据恰恰证明了：经销商曹××承认给思柔公司打货款时，思柔公司要求将货款打入张某芬个人账户。显然，思柔公司存在销售收入不入账的事实。同时，曹××承认其向思柔公司支付货款后，思柔公司并未向其开具发票，后经查证思柔公司对这些收入并未申报纳税。所以，思柔公司存在账目混乱、销售收入不入账的事实。

【插播思柔公司质证意见：
我们对这些证据的真实性没有异议。但是需要说明的是：第一，我们想说思柔公司设立个人账户并非就是账外账，设立个人账户是由公司的经营性质决定的。第二，目前很多上市公司都不同程度上存在设立个人账户的情况，并不能因为设立了个人账户当然认定存在收入不入账，更不能说明账目混乱。第三，未开发票也不能说明我们没有缴税啊？你们稽查局在检查过程中也看到我公司有两个月的纳税申报表中是显示的有无票销售的啊。你要是觉得我们有哪一笔没有申报，请你指出来吧！】

【插播稽查局辩驳意见：
哦，是吗？那么请你公司就找一下以曹××和朱××为代表的经销商给你公司汇入购货款项以及你公司账面记载销售收入的记录吧？】

【插播思柔公司质证意见：
我们都已经在当期的无票销售中记载了。】

【插播稽查局辩驳意见：

目前证据显示，曹××和朱××无论哪一个经销商从你公司采购的金额都已经远远超过你公司申报表上填列的无票销售额。现在就说一下已调查完毕的47家经销商，对这47家经销商销售货物的记录你公司记在哪个账簿了？】

【插播思柔公司质证意见：

反正账簿上面都有。】

第三个证据，是2011年7月20日稽查局对经销商朱××调查时获取的询问笔录、营业执照、税务登记证及其从思柔公司进货的销货单88张及对账单7张、2010年1月份奖励方案及奖励清单。不但证明了刚才所说的思柔公司的销售货物流程，同时也证明了思柔公司向经销商支付奖励未作账务记载，存在账目混乱、销售收入不入账的违法事实。

【插播思柔公司质证意见：

对证据的真实性我们没有异议。但是，奖励本身不是销售收入啊，入不入账无所谓啊，这能说我们账目混乱啊？】

【插播稽查局辩驳意见：

财税制度规定的账目混乱指的是设置了账簿，但没有按照会计法及会计准则等有关规定进行记账，无法提供真实、完整的会计核算资料。向经销商支付的奖励，你们作了相应的会计处理吗？进行了对应的纳税申报吗？】

第四个证据，汉城县国税局于2011年7月21日对时任出纳张某芬以及稽查局于2011年7月24日对原告财务负责人刘某晓的询问通知书及送达回证、询问笔录。不但证明了思柔公司时任出纳承认其个人账户上的款项，是思柔公司财务负责人安排其收取的公司销售货款，同时刘某晓也承认以侯某二、张某芬名义开具的9个账外资金账户收取的款项就包括销售货款，但是未在账簿上记载。

【插播思柔公司质证意见：

对这个询问笔录的真实性无异议，只能说明我司设立账户原因。但是请你们放心，我公司收取的货款最终都会全部转入公司账户，说明所涉账户与偷税无关联。】

第五个证据,是汉城县国税局对思柔公司时任会计张某进行询问的相关证据、稽查局对思柔公司侯某二丈夫訾某的询问笔录及其提供的二份销售计划表、对刘某晓的询问笔录共三份及核对的 2011 年 1 月销售计划对比表和销售计划与财务记载对比表、产品价格表、产量表、2011 年销售计划与财务记载比对表。还有,这是拷取生产主管吕某娟提供资料的工位电脑的 IP 地址、资料验证哈希值截图和资料上传云盘过程的照片。

这些证据不但可以证明生产管理中心吕某娟 U 盘中的资料是思柔公司的资料,而且身兼公司协调事务的訾某提供的 2011 年 11 - 12 月份以及 2012 年 1 - 2 月份的销售计划表,能够证明思柔公司存在销售计划与实际出库的销售资料,但拒绝提供其他月份的销售计划表、隐瞒收入凭证的事实。吕某娟提供的 2011 年 1 - 10 月份销售计划对比表,及訾某所提供的当年 11 - 12 月份的销售计划对比表,可以完整反映出 2011 年度原告实际销售出库数量,但是经稽查局核查思柔公司的账簿凭证等资料,发现思柔公司财务记账时账面记载的产品销售数量严重低于对比表当中的实际记载出库数量,以此证实思柔公司存在隐瞒销售收入不入账的事实。而思柔公司的产品价格表证明稽查局在核查思柔公司产品的销售单价,用以计算 2011 年原告销售数额,进一步证实思柔公司存在隐瞒产品销售数据、销售收入不入账的事实。同时,各项证据也证实思柔公司拒绝提供其他相关财务资料、拒绝提供知情工作人员吕某娟的下落,致使稽查局无法进行账务核查。

【插播思柔公司质证意见:

我反对!对这些证据的真实性我们没有异议,但是并不能必然得出稽查局查证我公司隐瞒产品销售数据、销售收入不入账的事实。更何况吕某娟 U 盘的资料是我公司高管团队的管理资料,根本就不是财务资料。再说了,这些资料仅仅是孤证,请问你们稽查局执法到底相信财务资料还是相信公司高管团队的管理资料?稽查局想要认定这些资金往来是销售收入还需要其他证据相互印证。】

【插播稽查局辩驳意见:

请稍安勿躁!你想要的其他证据后面会一一展示。税务行政执法不止是检查财务方面的资料,《征管法》有规定,与生产经营相关的、与案件检查有关的、与纳税相关的、情况和资料,稽查局都可以检查。并且,也正是你公司高

管团队的这些管理资料和其他证据,证明了你公司财务账簿凭证的不真实。】

证据六是稽查局对侯某二的询问笔录。思柔公司时任法定代表人侯某二对其以个人名义开立账户用于公司收取货款、销售边角废料不记账不纳税,证明了思柔公司存在记账混乱、收入不入账的事实。

第七份证据是2011年9月份至2013年11月份,对财务负责人刘某晓先后五次的询问笔录、经刘某晓确认的25页9个账外账户资金文本资料、思柔公司关于账外账户资金与其公司收入账之间关系的回复及情况说明以及责令其提供与账外账户资金有关资料的231号《税务事项通知书》及送达回证。这组证据,起到了三个证明作用:其一,稽查局责令思柔公司提供有关账户及成本核算资料时,思柔公司财务负责人刘某晓承认,公司对经销商的奖励以给予货物方式兑现,不计销售收入,废料收入由老板掌握,不交财务就不记账。其二,刘某晓依法接受税务询问时坦承,"思柔公司作为私人企业,很多事都是老板说怎么办就怎么办,私人账户上的钱回到现金账上,其开票或者不开票但申报了收入的得进行成本核算,而你们查出的少缴税款部分的那部分收入没有进到财务账上,也就没有进行成本核算,账外的事糊里糊涂"。该证言足以证实思柔公司存在账目混乱、成本资料不全的事实。虽然在询问中,也明确流露出已经意识到错误了的意思表示,这也证实了其以账外账户收款却不缴、少缴税款的行为具有主观故意性。其三,刘某晓先后在2013年8月9日、11月13日的笔录中,9个账户中的资金均是原告公司的资金,不是个人资金,并称会计现金账上记载的就是指9个私人账户上的现金流量;但是,其在2012年8月20日接受询问时,以及在其书面的回复和说明中,却称9个私人账户的资金核实了一部分,其余账户现金与账面不符的原因自己也说不清楚,无法确认是否是销售收入。这些证据综合证明了思柔公司一方面自认9个账户上的现金就是会计账上记载的现金,一方面又与会计账无法对应,其回答一方面自相矛盾,同时又有意对抗检查,足以证实原告账目混乱,销售收入存在不入账、成本核算资料不全、无法查账核收的情况。

【插播思柔公司质证意见:

对这两个证据的真实性无异议。但是,不能证明稽查局的证明目的是什么?边角废料销售没有记账就能想当然地证明收入混乱了?给经销商的奖励是以给予货物的方式兑现，本身就不是销售收入，我为啥还要记账？稽查局这一部分的证据全部为言词及主观证据，毫无客观证据相互印证，根本不能因此推定我公司账目混乱。】

证据八是稽查局自 2011 年至 2014 年期间查处本案时，检查涉案账户的税务执法行政审批表三份、检查存款账户许可证明十份及其送达回证、本案所涉思柔公司账外收取销售收入的 9 个账外账户银行明细九册等证据证明，思柔公司以侯某二、张某芬名义在中行、工行、建行、农行等金融机构开设的 9 个个人账户中，资金交易量巨大并且交易频次较多。同时经过统计，涉及的流入资金数额达到 6.1 亿元之多。按照一般经营常规，个人正常账户的资金活动，根本不可能存在如此大额的流入资金数额且原告有关人员承认九个私人账户系公司销售收入、系公司收取的货款。

【插播思柔公司质证意见：

对这个证据的真实性无异议。但是，这个证据证明不了稽查局的证明目的啊。同时，这组证据存在严重的程序违法！你们看稽查局在检查侯某二建行三个账户根本就没有履行行政执法审批手续！银行流水记录显示，稽查局在检查侯某二个人账户的时间为 2011 年 8 月 4 日，但案卷中显示的稽查局检查存款账户许可证明，最早日期为 2011 年 12 月 16 日，这个说明稽查局程序严重违法！不但这组证据为非法证据不应采信，同时我们也申请法庭判令稽查局败诉！】

【插播稽查局辩驳意见：

这个案子案情复杂，举报人先是举报至公安部，随后逐级批转至汉都市公安局经侦支队侦办，2011 年 8 月 4 日的银行流水记录就是经侦支队移交给我局的资料。但是因为经侦支队提取的资金流水记录缺少业务发生时间、地点、交易对手等多个信息，我们随后也单独提取了相关的资金交易明细。我们对资金交易明细账的组卷标准是按照金融机构的不同分别立卷。在这组证据的后半部分就是我们提取的证据资料。】

证据九是稽查局制发的〔2012〕21 号、22 号《询问通知书》及送达回证、第 226 号和 229 号《税务事项通知书》及相应送达回证，和思柔公司的回复一份。用以证明稽查局责成思柔公司通知吕某娟、张某芬于 2012 年 6 月 14

日到汉都市国税局稽查局,就吕某娟提供的其移动硬盘中有关生产、销售方面的资料等涉税事宜接受询问,同时提供有关电子文档资料原件。但是思柔公司以其二人已经离职无法查找为由,致使吕某娟至今未到场接受询问,抗拒税务检查。7月6日,稽查局再次送达230号《税务事项通知书》及相应送达回证,责成思柔公司通知吕某娟于2012年7月7日10时到汉都市稽查局就涉税事宜接受询问,但其至今没有接受询问。

【插播思柔公司质证意见:对这组证据的真实性我们没有异议。但是实在无法理解和认同稽查局的证明目的。你们检查我们公司,我们认真配合!但是这个吕某娟又不是我公司财务人员,你们稽查局为什么盯着她不放呢?】

证据十是稽查局制发、送达汉国税稽通〔2012〕223号、228号、229号和298号《税务事项通知书》及送达回证等。用以证明稽查局先后多次依法通知思柔公司应于规定的限期内提供增值税申报表、企业所得税审计报告、附表明细以及与九个账外账户中有关资金往来的现金及银行账、银行卡收款情况对应关系的详细资料,但是思柔公司除提供了纳税申报表外,其他资料均没有提供。

【插播思柔公司质证意见:

我们对这些证据有异议!这不能证明你们的证明目的!我们也没有抗拒检查的事实!更何况你们要这些东西纯属多此一举!先不说我们的申报数据在你们的管理系统里都有,我公司所有的账簿资料都存放在你们稽查局,你自己可以随时查看,为什么还要我公司提供?】

【插播稽查局辩驳意见:

请注意一个事实!稽查局在规定的期限内已经把相关账簿资料退还思柔公司,《调取账簿资料清单》上面有你们签署的退还日期。你公司为了后期的对账便利,是把账簿资料暂存在了第三方的档案保管室。你们看一下你们当时的交接清单,上面写的是你们委托第三方代为保管。按照法律用语说,这是你们与第三方的民事法律关系,与稽查局无关!】

第十一类证据是我局送达的〔2014〕204号《税务事项通知书》及税务文书送达回证。证明我局通知思柔公司应于2014年3月14日前提供涉税资料账簿、凭证等复印件、并对相关数据进行确认、签章,但思柔公司未对统计数据进行确认、签章。

【插播思柔公司质证意见:
我们对这些证据的真实性无异议,但是稽查局所说的统计数据我司从未见到过。】

【插播稽查局辩驳意见:
这里的询问笔录有你们签字,是把统计数据纸质版和电子数据版交由你公司时专门做的笔录。】

【插播思柔公司质证意见:
时间长了,记不清了!谁知道你们当时写的是什么内容!】

第十二类证据是司法会计鉴定机构提供的自2006年至2011年6月期间的账册、凭证共计52卷,以及稽查局对上述账册、凭证与9个原告账外账户资金流向进行抽样对比、调查说明和结果统计等共26页,以及《司法会计鉴定报告》一份。用以证明司法会计鉴定机构依法定程序出具《司法会计鉴定报告》。鉴定报告认定自2006年至2011年期间,用于思柔公司收取销售收入的9个账外个人账户中,经从中抽样核对,其流入的大量收入性质的资金未在思柔公司账面、记账凭证中显示,9个账户资金与其记账凭证会计账簿记载不相符,证明思柔公司存在账目混乱、销售收入不入账的违法事实。

【插播思柔公司质证意见:
我们对这些证据的合法性有异议!这些属于非法证据,不应采信。】

第十三份证据是思柔公司提供的库存商品明细账66页、库存商品余额表2页、成本价格表1张、销售价格表2张、奖励货物统计表7页、奖励问题的报告及思柔公司自行统计提供的财务账与仓库账的差异表1页。以此证明思柔公司的仓库保管明细账与财务账不符、账目混乱,以及奖励经销商的商品3 373 901.52元未记账、未纳税申报。

【插播思柔公司质证意见:
我司提供证据的真实性当然没有问题!但我司对稽查局的证明目的有异

议。我司的行为根本不符合偷税的特征、不符合偷税条件，根本就不是偷税！我司 2010 年刚实行实物奖励政策，财务人员对于视同销售政策理解不到位，不存在少计收入的主观故意，不属于偷税行为。更何况国家税务总局 2009 年的 326 号函《关于未申报税款追缴期限问题的批复》明确规定："纳税人不进行纳税申报造成不缴或少缴应纳税款的情形不属于偷税、抗税、骗税。"同时，我司认为本身就不是收入。而税务机关主观将实物返利少缴的 49 万元税款，推定出账外资金流水少缴税 1 230 万元，混淆概念，没有任何证据和法律依据，纯属主观臆断。】

【插播稽查局辩驳意见：

提请法庭注意，刚刚思柔公司在引用国家税务总局 2009 年的 326 号函的时候断章取义。该文件原文是"税收征管法第五十二条规定：对偷税、抗税、骗税的，税务机关可以无限期追征其未缴或者少缴的税款、滞纳金或者所骗取的税款。税收征管法第六十四条第二款规定的纳税人不进行纳税申报造成不缴或少缴应纳税款的情形不属于偷税、抗税、骗税，其追征期按照税收征管法第五十二条规定的精神，一般为三年，特殊情况可以延长至五年"。但是，目前查证的事实是思柔公司通过采取隐秘手段，设立账外个人账户，在账簿上不列、少列收入，瞒报或者少报收入，并在账簿上作虚假登记，在进行纳税申报的过程中，制造虚假情况，不如实填写或者提供纳税申报表、财务会计报告及其他纳税资料，蒙蔽税务机关，从而达到不缴或者少缴应纳税款的行为。这不是赤裸裸的偷税行为还能是什么？】

第十四组证据是思柔公司提供的"废料收入统计表"一份、《关于废料处理情况的汇报》一份及 15 张记账凭证、发票。用以证明思柔公司承认销售边角废料收入未入账，承认其账目混乱。

【插播思柔公司质证意见：

这个证据是我们提供给稽查局的，对这组证据无异议。但是对稽查局现在拿出来这份证据有异议！在稽查局计算我司销售金额时，这份证据最终未被稽查局采信，并且这个销售金额并不再统计到销售总额了，你还能用废弃的证据来证明我公司账目混乱？笑话！】

【插播稽查局辩驳意见：

提醒一下，之所以当初告诉思柔公司废料销售收入不再计入最终查定的总金额，是因为废料销售收入产生的现金流可能会包含在9个账户的资金流入中，在目前证据不足的情况下，本着有利于纳税人的原则，稽查局没有再行计算。但是，虽然没有把处置废料收入的现金流计入到现金流入总额中，但是销售废品未在账簿凭证中记载这一行为恰恰再一次说明思柔公司账目混乱、会计核算不健全。】

第十五组证据是思柔公司提供的9个账外账户中流入资金存在有外借款项的说明、原法定代表人侯某二的自书情况以及稽查局对涉及出借人进行核实的调查资料。以此证明稽查局在核查9个账外账户时，对思柔公司所称的借款行为进行核实，我们界定的原则是，只要思柔公司提供有借款手续或第三方证明的，在税务机关没有证据证明该借款业务不真实的情况下，一律按照有利于纳税人的角度进行扣除，未作为销售收入进行汇总计算税款。

【插播思柔公司质证意见：
这个证据对我们有利，我们当然无异议。】

第十六组证据是稽查局201号《税务事项通知书》及税务送达回证、思柔公司的陈述申辩意见，稽查局202号税务事项通知书及税务送达回证及三份申辩意见、银行存取款记录二份。以此证明：第一，我局在拟处理处罚之前充分保障纳税人的陈述、申辩权，责成思柔公司在2014年1月3日前提交书面申辩意见。在思柔公司提交"资金往来中非销售事项扣除有漏项，存在多取一存的情形没有考虑"的申辩意见中，经核查该申辩纯属子虚乌有、系虚构事实。刚刚我们已经例举了两份银行存取款记录，2009年4月17日，张某芬信用社账户存入30万元的时间是下午14：21，而从其工行账户两次取出10万、20万元款项的时间则是下午14：28和16：26，我们判断是否属于一笔资金互转的逻辑是"先出后进"，而思柔公司不可能穿越时空，下午16点取款之后再存入到当天下午14点，资金"互转情况"的逻辑并非是1+1=2的凑数游戏！第二，针对思柔公司所称"只对单笔大额资金100万元以上进行扣除，存在扣除不充分"的理由，经过核查，认为该理由成立并予以采纳，降低扣除标准为50万元；第三，思柔公司在2014年1月3日向我局提交陈述、申辩意见后，我局于1月6日通知其应在1月10日前提交与其陈述、申辩意见一致的相关证据，但思柔公司一直不提供。第四，思柔公司在稽查局指定的提交证据期限届满的近 3 个月后，又提供两份申辩意见，其中在 2014 年 3 月 28 日的申辩中自认其管理制度确实不健全、管理措施确实不到位，确实存在涉税问题和漏洞。综上，我局充分给予了思柔公司陈述、申辩及提供证据的机会和权利保障，但是思柔公司并未如期提交证据支持其申辩理由。

【插播思柔公司质证意见：

我们对这个证据有异议。税务机关仅凭一笔"多取一存"不成立，就认为全部类似的业务子虚乌有，缺乏事实依据。相反，我司并未见到稽查局对这 1 万多笔数据逐笔进行一一对应的更多的验证，如何就得出子虚乌有的结论？更何况公司账簿资料都保存在税务机关，稽查局应当依职责予以核对。相反，我公司只需要提供不同意见就行。】

【插播稽查局辩驳意见：

根据《中华人民共和国税收征收管理法》及其实施细则和相关税收法律、行政法规的规定，作为纳税人，一方面在充分享受《征管法》赋予的知情权、陈述与申辩权、税收法律救济权等权利的同时，更要履行《征管法》规定的按时如实申报的义务、接受依法检查的义务、及时提供信息的义务，还有报告其他涉税信息等义务。正是由于信息不对称的因素，对于思柔公司在技术信息、经营信息和开立多个用于经营的私人账户等实际信息掌握中，完全处于有利的控制地位，而稽查局则处于比较不利的被动地位。在思柔公司极度不配合的无奈之下，稽查局只能依照法定程序进行税务检查，只能依靠法律赋予的税务检查权，责成思柔公司如实提供相关证据。如果让稽查局提供思柔公司这 1 万多笔一一对应的证据，几乎不可能做到。因为这些设置多个私人账户进行隐匿销售收入的绝密信息只有思柔公司的核心人员才能掌握！如果随随便便就能掌握这些一一对应的销售信息，那么主管税务机关早就会加强税收征管、堵塞管理漏洞。思柔公司也不会在偷税的路上越走越远，偷税数额也不会越来越大，造成国家税款流失也不会越来越严重！

按照《行政诉讼法》第六条的规定，人民法院审理行政案件，对行政行为是否合法进行审查。对于行政行为的合理性问题，不属于行政审判的审查范围。在本案中，思柔公司所称计算其账外销售收入的方法问题等，均属行政机关行使法定职权过程中的合理性问题，在法律没有规定具体方式、方法

的情况下,税务机关有权确定查定方式,所以思柔公司的该诉称理由不应获得支持。】

再次,我们对第三部分查定增值税证据及计算的法律依据(1-2)进行了归整:

先说法律依据,《税收征收管理法》第三十五条、《税收征收管理法实施细则》第四十七条。按照上述法律法规,纳税人虽设置账簿,但账目混乱或者成本资料、收入凭证、费用凭证残缺不全,难以查账的,税务机关有权核定其应纳税额,且有权按照其他合理方法核定。鉴于本案思柔公司存在账目混乱、成本资料、收入凭证残缺不全的事实,稽查局依法行使法律赋予的税收核定权,在扣除思柔公司账外资金中不应计入销售收入部分的数额后,以余额查定应税销售额。

【插播思柔公司质证意见:

坚决反对!我们认为稽查局对核定征收的概念是误读,人为扩大了其法律外延,核定征收的前提是确定我公司少计或未计收入才行。而现在你们税务机关连资金流水是什么都未证明,何谈核定一说?】

再说查定增值税的证据。

稽查局以思柔公司设立的9个账外账户年度资金流入总金额统计表和扣除项目统计表为主线,证明了与计算增值税有关的事实:第一,思柔公司设立9个账外账户的流入资金总额为601 982 256.51元。第二,在确定应缴税款的销售收入时,稽查局对上述流入资金的非销售行为设定了以下扣除项目,按照余额查定隐瞒销售收入的增值税:(一)个人拆借借款资金75 485 000元;(二)九个账户三日内互转数据23 695 600元;(三)同账户当日互转数据13 703 100元;(四)50万元以上的大额资金往来61 691 782.05元;(五)账内账户现金余额342 549 861.57元;(六)账户计息金额9 539.58元;(七)账户开户金额141 013.00元。扣减上述扣除项目金额后,余额84 706 360.31元即为思柔公司隐瞒的销售收入总额,折合成不含税销售额为72 398 598.56元,应补缴增值税为12 307 761.76元。第三,奖励经销商货物应视同销售金额3 373 901.52

元，应缴增值税 490 225.01 元。

【插播思柔公司质证意见：

强烈反对！第一，稽查局对同账户当日互转数据有遗漏。例如，2008 年 9 月 23 日从侯某二尾号 3124 建行户向侯某二建行尾号 3132 转款 16 000 元你们就没有剔除。我们一眼就发现了这笔遗漏的异常情况，还不知道你们还有多少笔遗漏呢？！第二，财务账的出库单上根本就没有 50 万以上的出库数量，但你也不能反证 50 万以下都是销售额，都给我计算成了销售额啊！

插播稽查局辩驳意见：既然你们能一眼就发现了这笔遗漏的异常情况，为什么在稽查局给一次又一次的机会、一而再再而三的限期内不提出申辩说明意见呢？

稽查局向法庭申请，对于稽查局在税务检查过程中依照法定程序多次要求你公司提供证据，你公司依法应当提供而拒不提供，而在今天诉讼程序中再提供证据，人民法院不应采纳！】

然后，我们再说一下第四部分核定企业所得税的法律依据及计算税款数额的证据来源。

先说法律依据，不但有刚刚已经说明的《征管法》第三十五条、《实施细则》第四十七条，也有《企业所得税法》第四十四条、第四十九条及其《实施条例》第一百一十五条，还有国家税务总局发布的规范性文件《核定征收企业所得税暂行办法》（见国税发〔2000〕38 号文件）及《企业所得税核定征收办法（试行）》（见国税发〔2008〕30 号文件）。按照这些规定，如果纳税人虽然设置账簿，但账目混乱或者成本资料、收入凭证、费用凭证残缺不全，难以查账的，税务机关就有权核定其应纳税额，并且有权按照其他合理方法核定。在本案中，思柔公司存在账目混乱、成本资料、收入凭证残缺不全的事实，稽查局就有权采取核定方式，在扣除公司账外资金中不属于销售收入的数额部分后，以余额查定应税销售额。

再说税款的计算和证据。企业所得税计算是依据 9 个账外账户年度资金流入总金额统计表中资金流入额扣除项目统计表中各年度的当年度扣除额，2006 年应补缴企业所得税 123 607.99 元、2007 年应补缴企业所得税 501 670.11 元、2008 年应补缴企业所得税 726 160.67 元、2009 年应补缴企业所得税 690 599.86

元、2010 年应补缴企业所得税 1 529 777.33 元、2011 年 1—6 月应补缴企业所得税 912 176.12 元，合计应补缴企业所得税 4 483 992.08 元。支撑这些数据的证据不但包括 9 个账外账户年度资金流入总金额统计表，还有扣除项目统计表，以及各年度企业所得税纳税申报表以及财务报表等证据。

【插播思柔公司质证意见：
不管你怎么计算，反正我就是强烈反对！我连你们核定的收入都不认可，更谈不上认可税款的事。再说了，你们《税务处理决定书》中计算企业所得税和计算增值税的计算依据都不一致，一定是计算错误。】

【插播稽查局辩驳意见：
企业所得税和增值税因为税制原理不一样，所以计税依据不一致。】

我们继续说第五部分证据，包括：鉴定证据、思柔公司提交的涉税会计资料、出库汇总单、出库单等。以此证明江南博大会计师事务所作为专业司法会计鉴定机构，接受稽查局委托，对思柔公司涉及偷逃税的数据进行了审核和鉴定，鉴定意见证明思柔公司应纳增值税及企业所得税的税款数额具有真实性、合法性。思柔公司自 2006 年—2011 年 6 月间，向主管税务机关少申报缴纳增值税 12 797 986.77 元，少申报缴纳企业所得税 4 483 992.08 元。

【插播思柔公司质证意见：
这一部分证据为非法证据，不应采信！稽查局超越职权委托鉴定机构进行司法鉴定，程序严重违法，司法鉴定意见书不具有独立性，稽查局非法获取的这个鉴定结论不应采信！还有鉴定时间超期，并且稽查局向第三方委托鉴定是法律不允许的。所以这个司法鉴定的程序严重违法！】

【人物内心：
敲黑板啦！针对以上内容，结合《最高人民法院关于行政诉讼证据若干问题的规定》（法释〔2002〕21 号）等规定，请思考并回答：会计师事务所的司法会计鉴定报告能否作为定案证据？

当前，虚开增值税发票案件井喷式增长，偷逃税案件又因案情复杂、专业性强等缘故，公安部门对税务稽查移送的涉嫌犯罪案件，往往会要求附带司法会计鉴定机构出具的《司法鉴定报告》作为证明犯罪事实的证据等要求以使各方得到安心的保障，一度有效地提高了行政执法自信。

鉴定意见，作为法定的证据类型之一，无论在《刑事诉讼法》《民事诉讼法》还是《行政诉讼法》中，都起着至关重要的作用。司法部 2000 年 1 月施行的《司法鉴定执业分类规定（试行）》第九条"运用司法会计学的原理和方法，通过检查、计算、验证和鉴证对会计凭证、会计账簿、会计报表和其他会计资料等财务状况进行鉴定"的规定，明确了司法会计鉴定属于十六项司法鉴定类型之一。同时，也对司法会计鉴定作出了规范，即作为有效的法定证据，就应当接受主管部门的监管。

有效的司法会计鉴定报告必须遵循行业管理的相应规则：

1. 机构合法：执业机构必须具备《司法鉴定机构登记管理办法》规定的条件；

2. 人员合规：执业人员必须具备《司法鉴定人登记管理办法》规定的条件；

3. 取得资格：经省级司法行政机关审核登记，已取得《司法鉴定许可证》；

4. 专业不越界：在登记的司法鉴定业务范围内，依据管理规范开展司法鉴定活动。

思考二连击：司法会计鉴定书是否是税务行政执法过程中的必备程序？请自行思考。】

此外，第六部分，是稽查局依法作出税务行政处理的证据。这些证据包括有：

1. 稽查局汉国税稽处〔2014〕67 号《税务处理决定书》及其送达回证。以此证明稽查局已于 2014 年 4 月 10 日向思柔公司送达《税务处理通知书》，并通知思柔公司应于规定时限内缴纳涉税款项及对本处理决定不服可申请复议。

【插播思柔公司质证意见：

我们有异议！该证据不具有真实性，税务机关未经审理即作出决定书，程序违法。】

2. 思柔公司提交的部分会计记账凭证、《分阶段交纳税款申请书》及公司存在困难的证据，三份《缓缴查补税款申请》、汉都市国税局稽查局《关于思柔公司分期缴纳查补税款申请意见的回复》及送达手续各一份。以证明思柔公司是在稽查局已经完成稽查、审理程序及处理决定等行政程序之后,才向稽查局提交了两笔记账凭证进行申辩,并请求分期缴纳查补税款,理由仅是公司资金紧张,生产经营存在严重困难。三份申请足以证明原告对处理决定没有异议,已认可处理结果,被告依法对其申请予以回复。

【插播思柔公司质证意见:

有异议!稽查局认为思柔三份申请是对处理决定的认可是逻辑错误。首先缴纳税款是复议及诉讼的前置程序,不能基于此就认为是对决定的认可。而且自始至终包括在法庭上我方从未停止对自己权利的主张,从未认同稽查局决定的数据的正确性。】

【插播稽查局辩驳意见:

既然你们说三份《缓缴查补税款申请》不是对处理结果的认可,那么请法庭审阅,在三份《缓缴查补税款申请》中,无一不是说"因公司资金紧张,生产经营存在严重困难"。《征管法》规定,纳税人应按照法律、法规规定或者税务机关依法确定的期限,缴纳税款。若纳税人因有特殊困难,不能按期缴纳税款的,经省级税务局批准,可以延期缴纳税款,但是最长不得超过三个月。这里的"特殊困难",在《征管法实施细则》中只规定有两项,要么是不可抗力导致纳税人发生较大的损失,正常生产经营活动受到较大影响的,要么是当期货币资金在扣除应付职工工资、社会保险费后,不足以缴纳税款的。但是,问题就在这里,思柔公司提请《申请延期缴纳税款报告》附带的当期货币资金余额情况及所有银行存款账户的对账单、资产负债表、应付职工工资和社会保险费等支出预算,仅仅是账面数据,并没有包含这次举报信中所附带的9个账外账户的货币资金信息。所以,稽查局并未同意思柔公司的延期缴纳税款申请。更何况,如果思柔公司若不是认可处理决定书的内容的话,怎么会只在《申请延期缴纳税款报告》中申辩说企业资金困难,而不对其所认为的权利进行主张?】

3. 稽查局2014年226号《税务事项通知书》及税务文书送达回证再次证明,稽查局依法通知思柔公司于2014年5月20日前将查补税款17 281 978.85元并缴纳相应滞纳金。但是思柔公司仍未缴纳。

【插播思柔公司质证意见：
坚决反对！我们对稽查局的数据不认可，所以不存在缴纳的基础。】

【插播稽查局辩驳意见：
对！这才是你们正常的反应。你们对数据不认可立马就会反对，但是刚刚那组证据显示的不是你们的反对意见，而仅仅只是认可事实下的缓交税款请求！】

第七部分，是稽查局依法作出税务行政处罚的证据。包括：

1. 稽查局 2014 年 34 号《税务行政处罚事项告知书》及税务文书送达回证证明，稽查局对思柔公司少缴税款行为依法认定为偷税，并依法告知思柔公司拟对其处以 10 369 187.31 元的行政罚款，同时告知思柔公司享有陈述、申辩和要求听证的权利。

【插播思柔公司质证意见：
无异议。】

2. 思柔公司于 2014 年 5 月 21 日提交《税务行政处罚听证申请书》，又于 5 月 23 日、26 日先后提交《关于撤销听证申请》一份及《税务行政处罚申辩材料》一份。以此证明，稽查局依法进行了行政处罚告知，思柔公司依法向稽查局申请听证，但又申请撤销听证的事实。同时，证据显示稽查局充分保障了思柔公司的陈述、申辩权利，但思柔公司并未依法提交申辩理由所附带的证据。

【插播思柔公司质证意见：
无异议。】

3. 稽查局 2014 年 66 号《税务行政处罚决定书》及税务文书送达回证证明，稽查局决定对思柔公司的偷税行为处以 10 369 187.31 元的处罚，并告知思柔公司有权在收到决定之日起六十日之内提起行政复议或收到本决定书之日起三个月内向法院起诉。

【插播思柔公司质证意见：

有异议！行政处罚不但缺乏事实依据，而且把返利折货还有2011年1—6月份少缴的税款定义为偷税，严重违法。】

最后，是第八部分。税务检查前及审理证据（1—2），主要包括

1. "税务稽查案件延期审批表""检查纳税人电子信息系统审批表"证明，稽查局依法办理了相关执法程序。

【插播思柔公司质证意见：
无异议。】

2.《税务稽查报告》《税务稽查案件提请审理书》《税务稽查审理报告》证明：检查程序实施完结后，依法提请审理。

【插播思柔公司质证意见：
有异议！
首先，司法鉴定意见书、税务处理决定书及税务稽查报告，2007年与2009年计税基础数据自相矛盾。
其次，《税务处理决定书》是2014年4月10日下发，《税务稽查审理报告》签发日期为2014年5月19日，说明《税务处理决定书》未按程序审理。
再次，稽查工作底稿原告并未签字。
最后，《税务稽查审理报告》没有采信我司申辩意见，我公司在稽查决定做出前，共向稽查人员提出三次申辩意见（均在稽查局提交法院的案卷中有保留），而《稽查报告》仅包括部分内容，遗漏了关键的申辩意见。】

【插播稽查局辩驳意见：
对于思柔公司提出的第一点异议，我们在前面已经辩驳过的意见不再重复！第二点，2014年4月10日送达《税务处理决定书》后，出于对案件的慎重考虑，我们先后邀请了国内法律专家及学者对其行政处罚事宜进行商讨后，于2014年5月19日再次召开案审会，出具了对思柔公司行政处罚的《税务稽查审理报告》，合法合规！第三点，对于思柔公司所说稽查工作底稿未经原告签字问题，根据《税收征管法》《税务稽查工作规程》等规定，《税务稽查工

作底稿》是记录案件调查事实、归集相关证据材料，由被查对象签署意见的一种书证。从文书设置的初衷讲，填写完毕后，由检查人员签名，并交被查对象（当事人）核对无误、陈述意见后签章。但是，税务总局也考虑到被查对象因种种原因可能存在拒签的情形，这样由检查人员在底稿中加以注明即可。或者，也可以邀请基层组织人员或者其他第三方见证人到场，记明拒签事由和日期。或者，还可以通过制作视听资料进行记录。之所以交由被查对象签章是尽可能保障被查纳税人的知情权、陈述权、申辩权以及税收法律救济等权利。《询问笔录》《现场笔录》等证据证明，稽查局已经充分给予思柔公司的案件知情权。至于第四点，怎样采信申辩意见，不但要有纳税人的陈述申辩意见，更重要的是要有与陈述申辩意见相匹配的证据来证实。没有证据证明的申辩意见，不予采纳。】

一审判决：我秉公，不偏袒

经审理查明，该案事实如下：

【人物内心：

"组长，我有一个想法。"一组员说道。

"您说吧，我们兄弟们还有什么遮遮掩掩的呢？"组长笑着说道。

"是这样的，我们在前面介绍案例的时候，是不是有点太官方用语了，会不会显得太教科书了？"

"怎讲？仔细说说看。"组长说道。

"我是这样想的，我们如果全部按照法院审判的形式来说的话，是不是有点本本主义？读者与其在这里听你用官方语言来介绍案件的审判结果，那还不如我自己去中国裁判文书网找到判决书自己看呢？那可全部都是妥妥的法律用语，谁还有空在这儿听你瞎叨叨？"组员喝了口水，继续说道，"我们能不能改一下表述形式，以时间轴为主线，换一个表达方式如何？"

"那换成什么样的模式呢？"组长热切而又充满期待的眼神。

"顺口溜啊、打油诗啊什么的呗。反正只要沿着时间主线顺序而行，再加上读着顺嘴不绕口就行。这样行不行？"

"太好了！这个事儿就交给你了！"组长坏坏地笑了一下，"你没听说现在流行的紧箍咒咒语不就是你能干，所以你多干，谁让你能干，能者多劳，年终先进就是你，你是单位的得力干将，只有你能行。"

"好，那我试试看！不过不许打击我哈！"组员满怀壮志。】

(2011年5月4日)

总局稽查局交办，违法案件举报函。严格要求要保密，案件转交省局办。

附件只有举报信，制式文书寥寥言。信件再短也是案，基层怎能不为难？

(2011年5月25日)

省局收悉举报信，即刻决定即督办。案件再转汉都去，汉都行文转汉城县。

(2011年6月29日)

私设个人多账户，账外收取销售款。汉城县稽查速立案，力争圆满办铁案。

(2011年7月1日)

汉城县国税送通知，检查起点〇六年。同日同时即《调账》，一直调到一〇年。

(2011年8月30日)

俩月时光星斗移，举报人儿意志坚。点点鼠标再回车，举报信息总局传。

汉城县压力猛骤增，才知这活不好干。按照流程急请示，汉都市局终来函：

鉴于查处难度大，社会影响面还宽。涉案税额难预测，保守估计上千万，

案情复杂影响大，市局稽查来查办。文书证据和资料，全部打包市局转。

税务稽查多艰辛,查账盘存协查函。参照标的规模小,外地取经也困难。

账面数据真混乱,企业账目糊涂仙。销售收入不入账,成本资料也不全。

生产发现有疑点,实地勘验生产线。生产主管不配合,抗拒检查玩失联。

幸甚已经取证据,关键时刻突破案。虽然案件有突破,距离真相差得远。

再理思路往回看,最终还得账户盘。账外账户现九个,分在四大农信联。

资金数据太庞大,流入总额六亿元。被查对象不乐意,很多不能算收入:

开户金额和利息,还有资金相互转;私人借款几十人,资金就有七千万;

应扣尽扣有依据,大额资金也不算。稽查理念要清晰,逻辑思维很关键:

同一时期同金额,有进必是出在先,先出后进合逻辑,一定杜绝把数攒。

合理原因尽扣除,余额八千四百万。收入本是不含税,含税金额要还原。

收入查定7千万,增值税近1 300万。视同销售奖货物,增值税有49万。

所得计算最是烦,依据就有一大串:法律条例和细则,查定终是杀手锏。

最终核定所得额,应补税款448万。不但稽查如是说,司法鉴定也这般。

13年委托来鉴定,知名会所敢接单。2014年出鉴定,数据吻合不一般。

(2014年4月10日)

案审会后出决定,当日送达效率先。企业不服寻救济,纳税担保走在前。

(2014年6月9日、2014年8月5日)

行政复议是前置，为撤决定律师搬。意料之中复议败，法院起诉把他参。

(2012年12月26日、2013年3月29日、2013年7月24日)

还有事项也查明，通知事项有多单：责成原告核对数，也无异议也无怨。

时光匆匆流水过，白驹过隙又一年。继续通知核事项，这次干脆不语言。

慎重慎重再慎重，再次提醒衷善言：如有异议要重视，只有证言无附件。

(2014年1月2日、2014年1月6日)

新春伊始万象新，元旦次日通知传。稽查服务做得好，再限期间提申辩。

为防再走回头路，苦口婆心又劝言。又延时间给机会，可惜自把机会断。

【人物内心：

"唉呀，妈呀，大几千字的判决内容居然被我用顺口溜给写出来了。组长，你得给我放一天假，这脑细胞都不知道死了多少了，我得养养神。"组员说道。

"你太牛了，兄弟！居然吟得一手好诗！"一组员赞到。

"我这只是顺口溜哈，哪敢叫诗啊？"组员谦虚地说。

"别谦虚了！谦虚多了那可就是傲娇！你这要是顺口溜的话，那我昨天刚好在网上看到的一首诗，据说是一个作家协会的作家写的呢。我咋就觉得他那首诗还不如你这顺口溜读着顺口呢！来来来，我给你们念念哈。"，这组员清清嗓子念到："清明时节刮大风……"

"别啊，你们看我干啥呢？"组员边吟边笑，乐不可支。讲完后突然发现，小组的几位同事神色凝重，一脸怀疑的表情。"收起你的怀疑，你自己可以上网查。不过你们看看这写作风格，简直都可以和白乐天相媲美了，都是'辞质而径、言直而切、事核而实、体顺而肆'啊。"

"好诗,好诗啊!"大家哈哈笑着。

"行行行,没问题!等案件结束了咱一块儿休息呗。"就听组长有些愧歉地看着大家说,"因为这个案子,咱们都有好几个月没有休息了吧?"】

经审理,法院认为:

稽查局根据举报,对思柔公司自 2006 年至 2011 年 6 月期间的纳税情况进行检查。经多次调查、查询、询问,稽查局认定思柔公司虽然设置账簿,但存在账目混乱、成本资料、费用凭证、收入凭证残缺不全难以查账,少缴税款的事实。该事实已由稽查局提供的有效证据予以证实。

基于上述事实及法律、法规的规定,稽查局对思柔公司的应纳税额依法享有税收核定的法定职权。这些以核定方式计算出的思柔公司少缴增值税税额以及企业所得税税额的方法合理且不违反法律规定。因此,稽查局依照《中华人民共和国税收征收管理法》第三十二条规定,作出责令思柔公司限期缴纳税款及滞纳金的税务处理决定事实清楚,证据充分,适用法律、法规正确。同时,在行政执法程序方面,稽查局依法履行了立案、检查、送达、告知、审理、决定等程序性规定,程序合法。

思柔公司诉称"稽查局认定其偷税行为定性错误、认定其账务混乱、费用凭证、收入凭证残缺不全与事实不符"的主张,因缺乏事实根据,缺乏法律依据,不采信。

思柔公司诉称"稽查局核定其漏记销售收入时存在扣除标准过高、扣除有漏项、计算错误等情形",该主张所指事项均属税务机关依法行使税收核定权时所采取的合理方法。同时,稽查局就税务检查情况已多次告知思柔公司依法享有核对的权利并多次要求其提供证据,但思柔公司并未在行政程序中提供。依据最高人民法院 2002 年第 21 号司法解释《关于行政诉讼证据若干问题的规定》第五十九条之规定,思柔公司在行政程序中未提供但在诉讼程序中提供的证据,依法不予采信。

根据《税收征管法》第三十五条中税务机关对"虽设置账簿,但账目混乱或者成本资料、收入凭证、费用凭证残缺不全，难以查账的情形有权核定其应纳税额"，该法第三十二条"纳税人未按照规定期限缴纳税款的，税务机关除责令限期缴纳外，从滞纳税款之日起，按日加收滞纳税款万分之五的滞纳金"，以及《税收征管法实施细则》第四十七条"纳税人有税收征管法第三十五条或者第三十七条所列情形之一的，税务机关有权采用下列任何一种方法核定其应纳税额：（一）参照当地同类行业或者类似行业中经营规模和收入水平相近的纳税人的税负水平核定；（二）按照营业收入或者成本加合理的费用和利润的方法核定；（三）按照耗用的原材料、燃料、动力等推算或者测算核定；（四）按照其他合理方法核定。采用前款所列一种方法不足以正确核定应纳税额时，可以同时采用两种以上的方法核定。纳税人对税务机关采取本条规定的方法核定的应纳税额有异议的，应当提供相关证据，经税务机关认定后，调整应纳税额"之规定，思柔公司的诉求及理由不能成立。据此，稽查局的行政行为证据确凿，适用法律、法规正确，符合法定程序，依照《中华人民共和国行政诉讼法》第六十九条之规定，依法判决驳回思柔公司的诉讼请求。

不服再来

不服、不服、我不服！我要去上诉！

思柔公司：我对稽查局的不合理不服！

我对汉都市局的不合规不服！

我对一审法院认定的事实不服！

第一炮，先轰一审法院：认定事实有两错！

一错！你根本就不知道我司利用个人账户收取经销商货款后，早已即时转入会计账簿进行核算并依法纳税，我司根本就不存在收入未入账、隐瞒收入等偷税的主观故意和客观后果！

二错！稽查局要求我司核对检查情况，却不给我们提供检查情况的具体材料,连你们原本讲理的地方都不支持我,你让我咋核对嘛?你让我情何以堪?

第二炮,再轰稽查局:错上加错很多错!

你也错!你稽查局在核定我司应纳税款时,扣除标准过高!扣除事项有遗漏!核定方式不合理!处理决定存在明显错误!

你还错!本案这么大的案值,恐怕早就超过了你稽查局的审理权限了吧?是不是应该由汉都市国税局审理委员会来审理?稽查局超越职权审理本案错误!

你又错!你稽查局调取账簿资料未履行法定程序、调账严重超期,单方委托司法鉴定,……统统都错!

综上,请求二审法院撤销一审判决,改判我司胜诉或者发回重审。

【人物内心:】
这段反驳意见已经被重复描述得几乎想"吐"!但,我们尊重法律、尊重规则!

继续辩驳!

第一,思柔公司虽然设置了账簿,但账目混乱,成本资料、费用凭证、收入凭证残缺不全。现有证据显示,上诉人已知的9个个人账户的账外收入,并未记入到企业收入账户进行核算,难以查账的情况客观存在,我局作出的处理决定事实清楚、证据确凿。

第二,基于思柔公司存在账目混乱、无法查账的客观事实,我局采取合理方式核定其应纳税款的税务处理决定,法律依据充分、内容适当。

第三,税款的核定方法属于税务机关的法定职责,属于行政自由裁量权范围,不属于行政审判的审查范围。同时,我局核定税款的方法全面合理,结论正确,属于税务机关具体行政行为的合理性范畴,不属于行政审判的审查范围。

第四，根据《重大税务案件审理办法》，本案不属于应由市局审理的重大复杂案件，我局在作出本案处理决定中充分保障了思柔公司的知情权、申辩权，严格做到程序合法。同时，委托具有鉴定资质的司法会计鉴定机构进行鉴定，作出的处理决定正确。

综上，请求二审法院驳回上诉，维持原判。

终审判决

时间，定格在2018年12月24日。

这天，是行政判决的日子。

二审法院查明的事实与一审一致。认为：

对稽查局提供的证据足以证明思柔公司虽设置账簿，但存在账目混乱或者成本资料、费用凭证、收入凭证残缺不全难以查账的事实，予以认定。根据《中华人民共和国税收征收管理法》第三十五条第一款第（四）项、《中华人民共和国税收征收管理法实施细则》第四十七条第一款、第二款的规定，稽查局依法对思柔公司享有核定应纳税额的法定职权，其以核定方式计算出的思柔公司少缴增值税税额以及企业所得税税额，方法合理且不违反法律规定，思柔公司虽有异议但未提供相应证据，对其主张不予支持。在程序方面，稽查局履行了立案、检查、送达、告知、审理、裁决等程序性规定，程序合法。

一审判决驳回思柔公司的诉求并无不当。思柔公司的上诉理由不能成立，本院不予支持。依照《中华人民共和国行政诉讼法》之规定，驳回上诉，维持原判。

……

收拾好东西心闲悠哉地回宿舍。忽然发现，冬日的保障湖畔，在夕阳的映射下，变得格外有生机。

顶层设计，断案常思何方乱
一分为 Z，横看成岭侧成峰

核（查）定之争

核定权的问题

所谓的核定，最基本的法律依据是《税收征管法》第三十五条和第三十六条，第三十六条是针对关联交易、反避税行为的。虽然增值税、企业所得税等税种也有一些核定的规定，但这些规定都是《税收征管法》确定的核定制度所派生。

第三十五条列举了六种情况，纳税人有相关情形之一，税务机关有权核定其应纳税额：

（一）依照法律、行政法规的规定可以不设置账簿的；

（二）依照法律、行政法规的规定应当设置账簿但未设置的；

（三）擅自销毁账簿或者拒不提供纳税资料的；

（四）虽设置账簿，但账目混乱或者成本资料、收入凭证、费用凭证残缺不全，难以查账的；

（五）发生纳税义务，未按照规定的期限办理纳税申报，经税务机关责令限期申报，逾期仍不申报的；

（六）纳税人申报的计税依据明显偏低，又无正当理由的。

税务机关核定应纳税额的具体程序和方法由国务院税务主管部门规定。

上述条文可以看出，《税收征管法》第三十五条其实包括了两种性质不同的核定：第一种是事前核定，是作为一种征管方式的核定。但因纳税人的纳税义务尚未发生，稽查局不涉及这种核定。第二种是事后核定，即纳税人的纳税义务已经发生，稽查局实施税务检查中，由于纳税人的责任，造成税务机关虽然正常地履行了检查职责，但仍无法完全查清事实，或只能查清楚部分事实。在此情况下，法律赋予了税务机关认定这部分事实、运用法定的规则和合理的方法对纳税人整体的应纳税事实作出的一种推定。这种核定，作为认定事实的方法，属于稽查局检查权的一种。这种核定，集合了检查权与核定权，准确地说应当称之为查定。

【人物内心：

总结一下，当核定作为认定事实方法的时候，税务局稽查局拥有核定权，但必须满足以下条件：

第一，归责于纳税人，造成检查人员无法检查；

第二，稽查局确实已查明了部分事实；

第三，运用法定的规则和方法做出合理的推断。

综上，税务局稽查局享有税收核定权。】

核定税款的问题

第一，对企业所得税的核定：

在本案中，对企业所得税采用核定方法的理由是充分的：

通过9个银行卡的资金往来、企业相关人员对银行卡实际使用方的确认等一系列证据，可以得出企业存在大量收入未入账的基本判断。

由于企业账外收入占比过重，可能因部分账外成本未能取得相关票据而导致账外成本在账内未足额扣除的现象，如果对账外收入全额调增应纳税所得额而不顾及账外成本问题，则可能有失公允。此时，根据全部收入，按照合理的企业所得税应税所得率计算应纳税所得额，采用这种核定方法，实则有利于纳税人。这种情况下，认定其成本资料、收入凭证、费用凭证残缺不全、难以查账，应符合《中华人民共和国税收征收管理法》第三十五条第一款第（四）

项的规定。

第二,对增值税的核定:

对增值税的查补,用核定来解释稍显困难。本案中根据9个银行卡的流入资金和其他证据,合理排除非经营性质收入的资金往来,余额认定为企业的经营收入,以此计算纳税人的增值税销项税额,作出查补税款决定。这种方法不叫核定,而属于查定。

纵观本案,并非全部查补税款都归结为核定方法运用的结果,增值税是根据查定的经营收入依法计算得出的结果。

偷(漏)税之争

企业的行为属于偷税

思柔公司采用个人银行卡周转经营资金,大量销售收入并未在账簿中反映,也未申报缴纳税款,其行为属于在账簿上不列、少列收入、并在账簿上作虚假登记,进行虚假纳税申报,应定性为偷税。

争议所在

无论是企业所得税还是增值税,无论是采用核定还是所谓的查定等方法,对企业的账外收入都必须事实清楚,都要有充分的证据予以证明。本案其实并非系偷税认定之争,也非核定方法之争,争议点实际在于对企业账外经营收入的认定结论是否作到了事实清楚、证据充分。

案件查办思考

资金性质判定

9张个人银行卡上的资金,分别属于货款、借款、银行贷款转入、银行卡之间互转、银行卡内部之间互转以及其他往来等多种不同性质的款项。

如何区分各种不同性质的款项,确实是一件很困难的事。但是,通过本案的查处，或会给稽查人员带来一些启示。

企业的诉讼策略

本案中，思柔公司坚持"否定局部即否定全部"的策略，通过单笔或少部分反证进而来推翻税务机关的总体结论。其基本逻辑是：

银行卡上的资金，存在多种不同性质，并非全部都是销售收入。税务机关能够具体证明哪一笔属于销售收入的资金，我才认定成销售收入。如果不能查清楚，我就不认可其属于销售收入。

稽查局的基本逻辑

我已经证明了银行卡上的全部资金都属于企业的资金，企业就必须对资金的性质作出合理解释，无法解释的就不能证明为非销售收入的，就应认定为销售收入。主要理由有：

第一，税务机关已经证明了银行卡属于企业使用，卡上资金全部都是企业的资金，与名义持卡人个人无关；

第二，在税收层面，根据企业应税经营收入计算而不用考虑企业取得该收入的具体业务差异，税法只要求税务机关查明企业确实取得了应税收入，而并不苛求税务机关对每笔收入的合同签订、履行、纠纷等具体情况要全面核查清楚。这些具体情况属于企业的民事活动，而不影响税收的属性。

第三，由于企业刻意隐瞒收入，未提供记录账外经营收入的相关账簿、凭证和资料，造成稽查局无法确切核实每笔收入所对应的具体的生产经营情况。对于企业生产经营具体情况，稽查局与企业之间处于信息不对称地位，企业非常清楚自己每一笔资金的具体情况，而稽查局关并不能完全掌握企业每一个账户、每一笔资金的具体情况。

在稽查局已经证明银行卡中资金归属于企业所有的前提下，如果企业主张银行卡上的某笔资金属于非经营收入，就有责任和义务对该笔收入的具体情况作出解释和证明。

《税收征管法》第三十五条规定的核定制度，正是基于这种信息不对称情形，授权税务机关在无法查清企业生产经营具体事实的情况下，通过核定的方法推定事实，查补税款。因此，不能苛求税务机关去查清楚每一张银行卡上的每一笔资金往来的具体情况，而只能由企业自己作出合理的解释。

第四，税务机关已经充分考虑了银行卡上非经营收入款项的排除。在检查过程中，企业对银行卡上的资金作出了辩解，提出了部分资金属于借款、账户间往来等情况，税务机关对于企业提出了异议并提供了证明资料的情况，都予以了充分考虑，合理排除了部分非经营收入性质的款项之后，才得出了账外经营收入的初步认定意见。

第五，税务机关给予了企业充分的举证、陈述申辩机会。税务机关在作出经营收入认定结论之前，将初步认定意见告知了企业，并提示企业举证、陈述申辩，提醒其对哪笔收入认定有不同意见的，均可提出异议但应提供相应证明资料。同时，稽查局也明确告知企业应承担不举证、不进行陈述申辩的后果。但企业并未对税务机关的初步认定意见提出不同意见，且没有提供反证。根据《行政诉讼法》相关规定，企业在行政诉讼中再提出相反意见和反证的，不应采信。

未竟之事：不可示人的伤

截至目前，思柔公司已通过税款征收——查补预缴模块入库增值税12 797 986.77元、企业所得税4 483 992.08元、税收罚款0元、滞纳金0元。

【人物内心：
"怎么？怎么只缴纳了查补的税款，而滞纳金、税收罚款怎么都没有缴纳呢？"一组员审阅到这里，疑惑地问到，"《征管法》规定，纳税人若是有特殊困难，不能按期缴纳税款的，经省级国家税务局、地方税务局的批准，可以延期缴纳税款，但是最长不得超过三个月。你们这样做符合相关规定吗？"

"你别这样直勾勾地盯着我看好吧？我也就一讲故事的人，我咋知道呢？"讲述者笑道。】

按照《税收征管法》第三十二条"纳税人未按照规定期限缴纳税款的，

扣缴义务人未按照规定期限解缴税款的，税务机关除责令限期缴纳外，从滞纳税款之日起，按日加收滞纳税款万分之五的滞纳金"的规定，当前金税三期征管系统下，通过稽查查补预缴模块入库检查税款，可能存在"追缴入库一定时长的税款时，金三系统自动加收的滞纳金至入库之日止，或会超出应补缴税款数额"的执法风险。这与《中华人民共和国行政强制法》第四十五条"行政机关依法作出金钱给付义务的行政决定，当事人逾期不履行的，行政机关可以依法加处罚款或者滞纳金。加处罚款或者滞纳金的标准应当告知当事人。加处罚款或者滞纳金的数额不得超出金钱给付义务的数额"的规定相悖。

表 35　　　　　　　　　增值税、企业所得税滞纳金计算表

单位名称：思柔公司　　　　　年度：2006－2011 年度　　　　　　　　　单位：元

税种	税款所属期	税款金额	应申报日期	实际申报日期	2001 年 5 月 1 日后（0.5‰部分）		滞纳金金额合计
					滞纳天数	滞纳金额	
企业所得税	2006 年	123 607.99	2007/4/12	2014/5/14	2 590	160 072.35	160 072.35
	2007 年	501 670.11	2008/4/16	2014/5/14	2 220	556 853.82	556 853.82
	2008 年	726 160.67	2009/5/26	2014/5/14	1 815	658 990.81	658 990.81
	2009 年	690 599.86	2010/4/29	2014/5/14	1 477	510 008.00	510 008.00
	2010 年	1 529 777.33	2011/4/28	2014/5/14	1 113	851 321.08	851 321.08
	2011 年 1－6 月	912 176.12	2012/4/27	2014/5/14	748	341 153.87	341 153.87
金额合计		17 281 978.84			0	11 188 371.60	11 188 371.60

【人物内心：

"组长，目前某信朋友圈里有很多对滞纳金的争论啊，这边刚刚有专家说过税款滞纳金不得超过税款本身的，那边立马就有专家说税款滞纳金可以超过税款本身。这连专家们都有争议的事儿，我们基层应该怎样执行呢？组员迷惘地说道。

"《行政强制法》制定这个法条的初衷，原本是针对现实中因为行政机关未及时通知、催告当事人履行缴纳罚款或者有关税费的义务，出现滚雪球式的罚单，导致滞纳金远高出罚款数额的情况，所以 2011 年全国人大常委会在审核时增加了这一款规定。但是这一条款不断被现实所诟病。财税圈的专家们也

是争议不断！"组长无奈地说，"2014年海南地税有个检查房地产的案例，企业补缴税款129万元，但是滞纳金却加收了192万元。这个可是《海南日报》官方的报道。专家说，税收滞纳金因为性质与一般意义上的滞纳金不同，突出的是'税收'二字，是你纳税人迟交、缓交税款所占用税款的利息，所以《征管法》不适用《行政强制法》执行的封顶条款。"

"哟，税收滞纳金不是滞纳金？那不就是著名的哲学命题白马非马论吗？"组员笑着说道。

"也有法院判决认为，根据我国《立法法》'新法优于旧法'的立法原则，作为同一机关制定的《征管法》和《行政强制法》，新的《行政强制法》才有'滞纳金封顶'的规定，而旧的《征管法》没有类似规定，这就不存在冲突问题啊，那就封顶呗！"组长说，"这个观点可以找一下2013年的时候，佛山顺德的金冠涂料集团有限公司状告某省国税局的案子。"

"你们看，这个判决书里有这么一段话。"组长打开浏览器，上网搜出这个判决书，"关于税收强制执行决定是否违反《中华人民共和国行政强制法》的强制性规定的问题。《中华人民共和国行政强制法》第四十五条规定，行政机关依法作出金钱给付义务的行政决定，当事人逾期不履行的，行政机关可以依法加处罚款或者滞纳金。加处罚款或者滞纳金的标准应当告知当事人。加处罚款或者滞纳金的数额不得超出金钱给付义务的数额。该法自2012年1月1日起施行，被上诉人于2012年11月29日作出被诉税收强制执行决定应符合该法的规定。被诉税收强制执行决定从原告的存款账户中扣缴税款2 214.86元和滞纳金3 763.04元，加处滞纳金的数额超出了金钱给付义务的数额，明显违反上述法律的强制性规定，亦应予以撤销。"

"那也不对啊，组长。"组员拿出《立法法》，指着说，"您们看，这九十二条的原文可是这样说的啊，同一机关制定的法律、行政法规、地方性法规、自治条例和单行条例、规章，特别规定与一般规定不一致的，适用特别规定；新的规定与旧的规定不一致的，适用新的规定。这可是先说的特别法与一般法，再说的新法与旧法的顺序啊。"

"哈哈，这就好玩了，《行政强制法》是新法、是一般法，《征管法》是旧法，也是特别法，同样是滞纳金的问题，新的一般规定与旧的特别规定不一致，那咱这点小事儿总不能就按《立法法》第九十四条的规定，报全国人民代表大会常务委员会裁决去吧？"另一组员笑了。

"目前因为企业缴纳税款都是走的查补预缴模块,所以目前还暂时涉及不到滞纳金是否超过本金的问题。"组长很认真地说。

"组长,那你说,如果现在真的遇到这个滞纳金超过税款本金的问题,我们该怎样处理?"组员问到,"加收滞纳金超过本金吧,有违《行政强制法》;执行滞纳金封顶吧,《征管法》并没有这样规定,说不定会带来的税收执法中渎职的风险。我好难啊!"

"总局曾经转发的《中华人民共和国税收征收管理法修订草案(征求意见稿)》中,已经把税收滞纳金拆分为税收利息与滞纳金。法条修订以后或许能够解决税法的滞纳金和强制法的滞纳金怎样去衔接的问题。"组长说,"现在就是等规定呗。"

"那万一现在遇到了,该咋办呢?"组员继续追问,"总局在2011年11月28日发布的《关于贯彻落实〈中华人民共和国行政强制法〉的通知》,专门对税收征管法等规定与《行政强制法》不相衔接的问题进行了汇总,但是并没有后续文件规定怎样执行啊?"

"虽然总局官方文件没有进行明确,但是在2012年和2015年总局的网站和公众号官推答复说,国家税务总局对于税收滞纳金的加收,按照《税收征管法》的规定执行,不适用《行政强制法》关于'加处罚款或者滞纳金的数额不得超出金钱给付义务的数额'的规定,不存在是否超出税款本金的问题,如果滞纳金的加收超过税款本金,仍应按照《税收征管法》的规定加以征收。"组长笑着回答,"虽然这个答复没有行文,但是毕竟在税务总局官网挂出来,它的影响力有多大是可想而知的。所以,这个答复应该让你放心吧。"

"别操那个心啦!"另一组员接过话茬,说道"现在企业是在查补预缴模块缴的税,而滞纳金是企业在缴纳税款时在征收模块加收的,现在还没有进行预缴税款分配的操作。只有进行了预缴税款的分配,才会把税收滞纳金带出来,才形成应征信息。但那都是系统初始设置时按照开发需求维护好的吧?若是我们按照稽查规范来执行,想必一切都是极好的。"这一句"甄嬛体"的造句,不禁让大家笑了起来……}

叮零零零……

教研办公室内,一阵清脆的手机铃声响起。

"老师，我是您稽查班的学员郑毅，还记得吗？就是您下课了还向您请教问题的那个问题学员。"电话里传来一阵爽朗的笑声。

"记得呢。您思考问题的角度很是特别，对您的印象特别深呢。对了，记得您还是你们市局法规处的公职律师，对不？您有什么事吗？"

"我用您在课堂上讲授方法，搜索资料时看到一个案例，看到是您查办的，就一直关注着。二审的判决结果您知道了吧？"电话那边说。

"我已经看到判决书了。"

"老师，我有几个问题，没搞明白。不知道您是否有空聊一下呢？"

"好的，您说，我看看能不能回答您的问题。毕竟，我离开稽查岗位已经两三年了。"

"培训时听过信息化稽查的课程后，我就比较关注一些稽查的信息化手段和方法，我课后就下载了您常用的×眼查、×查查、×到、还有×信宝那几个程序。看过这个判决书后，然后我就追踪了一下案例中这个企业的情况。好像有点疑问。"

"您继续说。"赶紧找出纸和笔，随时准备记载可能对案件有益的建议。

"先说第一个，我查了一下，这个企业 2014 年和 2017 年的纳税人信用级别都是 A 级，这就有点奇怪了。"电话那边顿了一下，继续说道"按照国家税务总局 2014 年第 40 号公告《纳税信用管理办法（试行）》的规定，税务机关每年 4 月确定上一年度纳税信用评价结果，对吧？"

"没问题，文件就是这样规定的呀。"

"老师您想想，既然说税务机关每年 4 月确定上一年度纳税信用评价结果，也就是说在 2015 年确定 2014 年的纳税信用评价结果。而看判决书的内容，这个案子应该是在2014年出具的《处理决定书》《处罚决定书》的,若是这样的话,那么问题就来了,查询这个企业2014年的纳税人信用级别却是 A 级,这是不是有点儿奇怪了?您先看一下那个《办法》的第二十条前几项的规定。我五分钟以后再打给您。"

遂赶紧打开私人订制的税法查询软件《飞狼财税通》,搜索,查询,如图84所示。

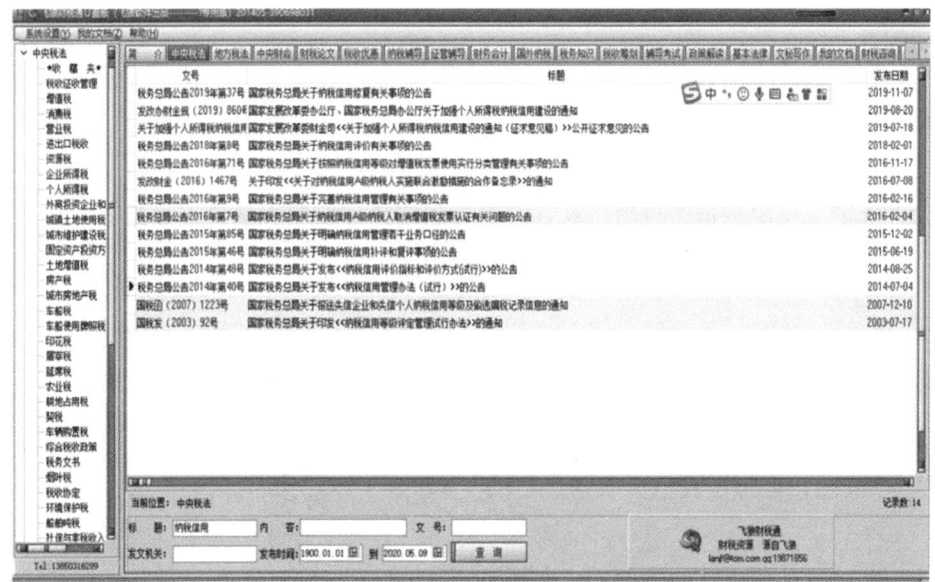

图84　搜索查询图示

《纳税信用管理办法(试行)》第二十条规定,有下列情形之一的纳税人,本评价年度直接判为 D 级:

(一)存在逃避缴纳税款、逃避追缴欠税、骗取出口退税、虚开增值税专用发票等行为,经判决构成涉税犯罪的;

(二)存在前项所列行为,未构成犯罪,但偷税(逃避缴纳税款)金额10万元以上且占各税种应纳税总额10%以上,或者存在逃避追缴欠税、骗取出口退税、虚开增值税专用发票等税收违法行为,已缴纳税款、滞纳金、罚款的;

(三)在规定期限内未按税务机关处理结论缴纳或者足额缴纳税款、滞纳金和罚款的;

……

"老师您在吗?您想想,既然定性为偷税,当时又是提供的纳税担保进行的行政复议,那么也就是说当时并没有缴纳税款,连税款都没有清缴,滞纳金和罚款应该也不会缴吧?那信用评价时为什么还能评价为A级呢?"

"还有呢,看判决书内容,偷逃税的金额应该超过了刑法规定逃税罪的金额和比例吧?如果经税务机关依法下达追缴通知后,补缴了应纳税款、缴纳了滞纳金,接受了行政处罚的是不予追究刑事责任的,但是现在的信息是,纳税人败诉了,还应该追缴应纳税款、滞纳金和行政处罚啊,纳税人如果不补缴的话,是不是应该依法移送公安机关,那么……"

没等电话那边说完,这边说道,"是这样的,小郑,毕竟我只是一个故事的讲述者,后续的情况我就不太清楚了,我问过之后再回复您好吗?"

"好的,老师。我们多联系。"

默默地挂断电话,不禁陷入了沉思……